Grammaire du Français

COURS DE CIVILISATION FRANÇAISE DE LA SORBONNE

Y. DELATOUR, D. JENNEPIN,
M. LÉON-DUFOUR,
A. MATTLÉ-YEGANEH, B. TEYSSIER

HACHETTE F.L.E.
58, rue Jean-Bleuzen
92170 Vanves

Pour mettre en application le contenu de cette grammaire,
pour un entraînement systématique :

Collection Exerçons-nous

350 exercices de grammaire
par des professeurs des Cours de civilisation française de la Sorbonne

Des mêmes auteurs :

350 exercices de grammaire
niveau moyen

*
* *

Et aussi :

– 350 exercices de grammaire
niveau débutant
par J. Bady, I. Greaves, A. Petetin

– 350 exercices de grammaire
niveau supérieur I
par J. Cadiot-Cueilleron, J.P. Frayssinhes, L. Koltz,
N. Lefebvre du Prëy, J. de Montgolfier

– 350 exercices de grammaire
niveau supérieur II
par C.-M. Beaujeu, A. Carlier, R. Mimran, M. Torrès, J. Vrillaud-Meunier

Couverture : Version Originale
Conception graphique : Katy Lhaïk
Maquette : Marie-France Godon
Dessins : Laurent Lalo

ISBN 2-01-015601-3

Avant-propos

Bouvard et Pécuchet, après avoir étudié de nombreux ouvrages de grammaire, « en conclurent que la syntaxe est une fantaisie et la grammaire une illusion ». Ce point de vue de Flaubert – boutade ou conviction? – ne peut être en tout cas celui de professeurs dont la tâche est d'aider les étudiants étrangers dans cette entreprise difficile qu'est l'étude du français!

Certes, rien ne vaut le bain linguistique, le contact direct avec la langue. Il n'en est pas moins vrai que l'approche grammaticale permet une réflexion sur des mécanismes de langue souvent mal perçus et donc imparfaitement reproduits. Ce processus d'intellectualisation accélère et perfectionne le processus d'assimilation. Combien de fois ne l'avons-nous pas constaté dans nos cours!

Ce constat nous avait dans un premier temps amenées à écrire « 350 Exercices de Grammaire », destinés aux étudiants de niveau moyen. L'accueil favorable que ce petit livre a reçu nous a encouragées à écrire un manuel plus théorique.

La grammaire que nous proposons présente une description du français destinée, non pas aux francophones à qui, par exemple, il serait inutile de rappeler la contraction de « à + le », mais aux étrangers dont la langue est parfois très éloignée de la nôtre. Ainsi, nombre d'entre eux sont déroutés par le système des modes et des temps. Faire nôtre cet œil étranger sur la langue française, tel a été notre souci constant.

Nous nous sommes tout d'abord efforcées de privilégier ce qui est nécessaire à une bonne maîtrise du français, tant dans le choix des faits de langue – la clarté de l'exposé imposait, en effet, des limites – que dans le contenu et le niveau des explications grammaticales. Celles-ci sont brèves et la terminologie employée est volontairement traditionnelle, puisqu'elle est encore celle que comprend le mieux la majorité des étudiants.

Par ailleurs, si fort que soit le désir des étrangers de se voir proposer, dans tous les cas de figures, des règles à appliquer, nous avons tenu à souligner le caractère vivant de la langue en indiquant les règles en évolution : peut-on en effet faire totalement abstraction de la mouvance des emplois du subjonctif? Existe-t-il une norme grammaticale absolue? Bien souvent l'usage vient contredire ce qui est encore la règle. Dans ce même esprit nous avons signalé les différents niveaux de communication : langue familière, parlée, courante, soutenue et littéraire. Enfin, nous avons attiré l'attention sur les exceptions, les expressions idiomatiques, en un mot sur ce qui ne peut s'expliquer mais doit s'admettre.

L'organisation du manuel répond à l'objectif pédagogique que nous nous sommes assigné : chaque chapitre se présente comme un cours dans lequel les éléments de la langue les plus simples ou les plus courants sont étudiés en priorité. Viennent ensuite les constructions plus complexes, plus nuancées et d'un maniement plus subtil.

Les exemples font appel à la réflexion, soit parce qu'ils sont expliqués, soit parce qu'ils font jouer les comparaisons dès qu'il y a une notion plus fine à analyser. Les situations et le vocabulaire proposés sont ceux de la réalité quotidienne pour que l'étudiant comprenne, acquière et reproduise dans un cadre qui lui est familier les structures étudiées.

La disposition de la page vise à la clarté : sur la partie de gauche, on trouvera les règles, les explications et les exemples. La colonne de droite regroupe trois types de rubriques :

– La **Remarque** : elle apporte un complément d'information ou signale une construction moins fréquente ou plus complexe.
– Le **Renvoi** : il indique qu'un point de grammaire est développé dans une autre partie du chapitre ou du livre.
– L'**Attention** : il signale un risque d'erreur ou une confusion possible.

En outre, des astérisques annoncent un niveau de difficulté supérieur.

À la fin de nombreux chapitres, des tableaux récapitulatifs présentent une synthèse du cours, et une rubrique intitulée **« Ne dites pas / Dites »** aidera l'étudiant à identifier ses fautes, à s'interroger sur leur nature et l'incitera à relire plus attentivement la leçon.

Cette grammaire permettra, nous l'espérons, de dédramatiser l'étude du français réputé « langue difficile ». Est-il besoin d'ajouter que cet ouvrage ne se prétend pas définitif et que nous accueillerons avec intérêt et gratitude les critiques et suggestions que voudront bien nous adresser ses utilisateurs.

Les Auteurs

Introduction

La structure de la phrase

1. Le français, l'italien et l'espagnol *sont* des langues romanes.
2. Le français, l'italien et l'espagnol *sont* des langues romanes parce qu'ils *viennent* du latin.

▶ **Une phrase est un assemblage de mots formant une unité de sens. À l'écrit le premier mot commence par une majuscule et le dernier est suivi d'un point (.), d'un point d'exclamation (!), d'un point d'interrogation (?) ou de points de suspension (...).**

▶ **La phrase simple (1) contient un seul verbe conjugué, c'est ce qu'on appelle une *proposition*. La phrase complexe (2) contient deux ou plusieurs verbes conjugués, elle est donc composée de deux ou plusieurs propositions.**

SOMMAIRE

LA PHRASE SIMPLE

Il existe différents types de phrases simples.

Renvoi

Voir le chapitre 1 sur les constructions verbales.

■ SUJET + VERBE

- *Je* lis.
  (je = sujet)
- *Les oiseaux* volaient.
  (les oiseaux = sujet)
- *Nous* avons compris.
  (nous = sujet)

Remarque

- Viens !
- Ne pas entrer !

À l'impératif et à l'infinitif, le sujet n'est pas exprimé.

■ SUJET + VERBE + ATTRIBUT

- La Terre est *ronde.*
- Alain deviendra *avocat.*

L'attribut est un adjectif ou un nom relié au sujet par le verbe *être* et quelques autres verbes.

■ SUJET + VERBE + COMPLÉMENT D'OBJET

- Le Soleil éclaire *la Terre.*
- Elle téléphonera *à son père.*

Le complément d'objet complète le sens du verbe.

Ces trois types de phrases peuvent être accompagnés de *compléments circonstanciels.* Ils expriment le lieu, le temps, la cause, etc. Leur place dans la phrase est variable.

- Il y avait beaucoup de monde *à l'église.*
  (c. circonstanciel de lieu)
- *L'année prochaine,* Alain deviendra avocat.
  (c. circonstanciel de temps)
- Elle téléphonera à son père *pour son anniversaire.*
  (c. circonstanciel de but)

Remarque

La phrase peut se limiter à un nom ou à un groupe nominal.
- Attention !
- Ouverture automatique des portes.

LA PHRASE COMPLEXE

Une *phrase* est dite *complexe* lorsqu'elle est formée de deux ou plusieurs propositions.

1. La subordination

1. La proposition qui est complétée par une ou plusieurs propositions est dite *proposition principale.*

– *Le chat est un animal domestique* / parce qu'il peut vivre avec l'homme.
(proposition principale) **(proposition subordonnée)**

2. La ou les propositions qui complètent une autre proposition sont dites *propositions subordonnées.*

– *Dès qu'elle rentre chez elle* / elle allume la radio.
(proposition subordonnée) **(proposition principale)**

– *Quand j'ai fait mes études de droit* / j'ai suivi également un cours d'anglais / *qui m'a été très utile pour trouver mon premier travail.*
(proposition subordonnée 1) **(proposition principale)** **(proposition subordonnée 2)**

3. Il y a différents types de subordonnées.

- **La subordonnée *relative* introduite par un pronom relatif.**

– L'abeille est un insecte *qui fait du miel.*

Renvoi
Voir le chapitre 26.

- **La subordonnée *complétive* introduite par la conjonction *que.***

– On m'a dit *que ce musée restait ouvert jusqu'à 21 heures.*

Renvoi
Voir le chapitre 27.

• **Les subordonnées *circonstancielles* introduites par des conjonctions :**

Renvoi

Voir les chapitres 29 à 35.

– de cause

– Elle pleurait *parce que son ami l'avait quittée.*

– de conséquence

– Elle avait *tellement* pleuré *que ses yeux étaient rouges.*

– de temps

– *Quand le printemps arrive,* tout le monde a envie de sortir.

– de but

– J'enverrai cette lettre en exprès *pour qu'elle arrive dès demain.*

– de condition

– Je veux bien emmener votre fils en bateau, *à condition qu'il sache nager.*

– d'opposition

– *Bien que Caroline et Isabelle soient jumelles,* elles ne se ressemblent pas.

– de comparaison

– Elle parle à son chien *comme si c'était un être humain.*

• **La subordonnée *interrogative indirecte* introduite par des mots interrogatifs.**

– Elle a demandé *si ce livre était traduit en anglais.*

Renvoi

Voir le chapitre 28.

4. Beaucoup de propositions subordonnées ont *des équivalents :*

• **un groupe nominal**

– Il est rentré { parce qu'il pleuvait. / *à cause de la pluie.* }

• **un infinitif**

– J'espère { que je réussirai. / *réussir.* }

• **un adjectif**

– Ce sont des explications { qu'on ne peut pas comprendre. / *incompréhensibles.* }

2. La coordination

Les propositions peuvent être reliées par :

1. des conjonctions de coordination : *et, ou, ni, mais, or, car, donc.*

- Elle rentre chez elle *et* elle allume la radio.
- Cet enfant est très intelligent *mais* il a beaucoup de difficultés à se concentrer.
- Ils avançaient difficilement *car* le chemin était plein de pierres.

2. des mots de liaison : *pourtant, en effet, c'est pourquoi, d'ailleurs, puis,* etc.

- Ce magasin offre des réductions importantes ; *c'est pourquoi* il a beaucoup de clients.
- Je suis très fatigué ; *pourtant* je rentre de vacances.

PREMIÈRE PARTIE

Le verbe

1

Les constructions verbales

1. Il neige.
2. J'aime la musique classique.
3. Catherine est très jolie.
4. Elle a accepté de venir.
5. J'espère que tout ira bien.

▶ **Le verbe peut être employé seul (1) ou être suivi d'un complément (2, 4), d'un attribut (3), ou d'une proposition subordonnée complétive (5).**

■ VERBE EMPLOYÉ SEUL

C'est un verbe *intransitif* (sans complément d'objet).

- Le vent *soufflait.*
- Ne *partez* pas !

■ VERBE SUIVI D'UN NOM COMPLÉMENT D'OBJET

C'est un verbe *transitif.* Il y a deux sortes de complément d'objet.

1. Complément d'objet direct (COD).

- Elle a mis *son manteau et ses gants.*
- Tout le monde admirait *les danseurs.*

L'action passe *directement* sur l'objet, sans l'intermédiaire d'une préposition.

2. Complément d'objet indirect (COI).

- J'ai écrit *à ma sœur.*
- Il s'occupe *de son jardin.*

L'action passe *indirectement* sur l'objet au moyen d'une préposition (*à* ou *de*).

3. Certains verbes peuvent passer d'une catégorie à l'autre. Ils peuvent être transitifs ou intransitifs, ce qui entraîne parfois un changement de sens.

Comparez :

- Il parle beaucoup. (intransitif)
- Il parle à son cousin. (transitif)
- La température a baissé. (intransitif)
- Baissez les bras ! (transitif)
- Le temps passe vite ! (intransitif)
- Il a passé deux examens dans la même journée. (transitif)

■ VERBES SUIVIS D'UN ATTRIBUT (adjectif, nom ou participe passé à valeur d'adjectif)

Ce sont les verbes :

être	avoir l'air	devenir	mourir	naître
paraître	sembler	rester	tomber	vivre etc.

- Il paraissait (semblait, avait l'air) *joyeux.*
- Elle deviendra *pharmacienne.*
- Elle vit *seule.*
- Victor Hugo est mort très *vieux.*
- Elle est tombée *malade* et elle est restée *couchée* trois jours.
- Il est né *blond* aux yeux bleus.

■ VERBES SUIVIS D'UN INFINITIF

Renvoi

Voir le chapitre 11 sur l'infinitif.

1. Certains verbes sont directement suivis d'un infinitif :

- J'aime *faire* du bateau.
- Je voudrais *téléphoner.*
- L'homme semblait *ne pas comprendre.*

aimer	aller	désirer	détester	devoir	écouter
entendre	espérer	faire	faillir	falloir	laisser
oser	penser	préférer	pouvoir	regarder	savoir
sembler	souhaiter	valoir	voir	vouloir	etc.

2. D'autres sont suivis d'une préposition + infinitif. Les deux prépositions les plus fréquentes sont : *à* et *de*.

PRÉPOSITION **À**

– Il hésite *à accepter* cette proposition.
– Je n'ai pas pensé *à prendre* mon parapluie.

s'amuser	arriver	apprendre	chercher	se décider
s'habituer	hésiter	se mettre	parvenir	réussir
tenir	commencer (*à* ou *de*)	penser	continuer (*à* ou *de*)	etc.

PRÉPOSITION **DE**

– Ils ont décidé *de vendre* leur maison.
– Je regrette *de ne pas savoir jouer* d'un instrument de musique.

accepter	arrêter	avoir besoin	avoir envie	avoir peur
cesser	choisir	craindre	décider	se dépêcher
essayer	éviter	faire exprès	finir	oublier
refuser	regretter	risquer	tâcher	tenter etc.

■ VERBES SUIVIS DE DEUX COMPLÉMENTS

De nombreux verbes peuvent avoir deux compléments.

1. La construction la plus fréquente est :

VERBE + COD + COI (= quelque chose à quelqu'un)

– J'ai offert *des fleurs à ma mère.*
– Il a emprunté *de l'argent à son amie.*

apporter	demander	donner	écrire	emprunter	envoyer
expliquer	indiquer	lire	montrer	prêter	promettre
proposer	raconter	rendre	répondre	vendre	etc.

2. On trouve également :

VERBE + COI (à quelqu'un) + DE + INFINITIF

– J'ai demandé *au serveur de m'apporter* un café.
– Elle a conseillé *à sa fille de ne pas conduire* de nuit.

dire	écrire	conseiller	défendre	demander
interdire	pardonner	permettre	promettre	proposer
reprocher	recommander	suggérer	etc.	

VERBE + COD (quelqu'un) + À + INFINITIF

- Il a aidé *la vieille dame à porter* sa valise.
- Les professeurs encouragent *cet élève à poursuivre* ses études.

autoriser	aider	encourager	forcer	obliger	etc.

VERBE + COD (quelqu'un) + DE + INFINITIF

- Je chargerai *Sylvie de poster* le paquet.
- Le maire a félicité *les pompiers d'avoir montré* tant de courage.

accuser	convaincre	charger	dispenser
empêcher	excuser	féliciter	persuader etc.

VERBE + COD (quelqu'un) + DE + NOM

- Il faudra remercier *Mme Dubois de son invitation.*
- Le porte-parole a informé *les journalistes des décisions prises* par le gouvernement.

accuser	avertir	charger	dispenser
excuser	féliciter	informer	prévenir etc.

■ VERBES SUIVIS D'UNE PROPOSITION (subordonnée complétive ou interrogative indirecte)

Renvoi

Voir les chapitres 27 et 28.

Ces verbes sont nombreux.

- Le présentateur a annoncé *qu'il y avait un changement dans le programme de la soirée.* **(subordonnée complétive)**
- Il demande à l'agent de police *s'il peut garer sa voiture à cet endroit.* **(subordonnée interrogative indirecte)**

■ VERBES À CONSTRUCTIONS VARIÉES

Un même verbe peut avoir plusieurs constructions.
Elles entraînent parfois un changement de sens.

SAVOIR

- Il sait *sa leçon.* (COD)
- Il sait *conduire.* (infinitif)
- Il sait *que nous avons déménagé.* (subordonnée complétive)
- Il sait *pourquoi je ne suis pas venu.* (subordonnée interrogative)

PENSER

- Elle pense *à sa famille.*
- Pense *à me rapporter mon livre.*
  (= N'oublie pas de...)
- Je pense *acheter une nouvelle voiture.*
  (= J'envisage d'acheter...)
- Que pensez-vous *de ce journal?*
  (= Quelle est votre opinion sur...)
- Je pense *que c'est un excellent journal.*
  (= Mon opinion est que...)

SERVIR

- La vendeuse sert *les clients.*
- J'ai servi *l'apéritif à mes invités.*
- *À quoi* sert cet appareil ?
  (= Quel est l'emploi de cet appareil?)
- Il sert *à ouvrir les boîtes de conserve.*
- *Je me sers d'un ordinateur* pour faire ma comptabilité.
  (= J'utilise un ordinateur...)

MANQUER

- *Deux étudiants* manquent dans la classe.
  (= Deux étudiants sont absents)
- Je manque *de temps.*
  (= Je n'ai pas assez de temps)
- Il a manqué *son train.*
  (= Il n'a pas pu prendre son train)
- Sa famille *lui* manque.
  (= Il voudrait voir sa famille)

Remarque

Le verbe ***manquer*** peut aussi se construire impersonnellement :
- Il *manque* deux étudiants.
- Il me *manque* trois francs.

■ FAIRE

1. *Faire* + complément d'objet direct.

- Ma cousine Juliette *a fait* le tour du monde.
- Je vais *faire* un gâteau au chocolat.

2. *Faire* + infinitif (sens causal).

- **sens actif**
- Mme Blanc *fait travailler* ses enfants tous les soirs.
- Mme Blanc *fera étudier* les langues étrangères à ses enfants.
- Elle *fera faire* une promenade aux enfants.

Attention!

Avec un adjectif on emploie le verbe ***rendre :***
- Ces huîtres m'*ont rendu malade.*
- Lavez votre linge avec cette lessive ; cela le *rendra* plus *souple.*

- **sens passif**
- *J'ai fait réparer* ma voiture par le garagiste du village.
  (= Ma voiture a été réparée par...)

Renvoi

Voir le chapitre 4 sur la voix active et la voix passive, p. 29-30.

2

Les auxiliaires et les semi-auxiliaires

1. Elle *a* reçu une lettre de son ami.
2. Marie *est* arrivée à midi.
3. Il *vient de* partir.

▶ **Les auxiliaires *avoir* et *être* servent à conjuguer les verbes aux temps composés (1, 2).**

▶ **Les semi-auxiliaires (3) servent à exprimer différentes valeurs de temps et de sens.**

S O M M A I R E

2

LES AUXILIAIRES

Les verbes *être* et *avoir*, suivis d'un participe passé, servent à former les temps composés ; c'est pourquoi on les appelle « auxiliaires ».

Attention!

Le verbe ***être*** est conjugué avec l'auxiliaire ***avoir*** :
– J'*ai* été.
– J'*avais* été.

■ AVOIR

C'est l'auxiliaire de la majorité des verbes.

INDICATIF	passé composé	il **a** compris	Subjonctif passé	qu'il **ait** compris
	passé surcomposé	il **a eu** compris	Conditionnel passé	il **aurait** compris
	plus-que-parfait	il **avait** compris	Participe passé	**ayant** compris
	passé antérieur	il **eut** compris	Infinitif passé	**avoir** compris
	futur antérieur	il **aura** compris		

Remarque

Avoir est également un verbe.
– Il *a* une belle maison.
– Tu *as eu* de la chance.
Il est aussi employé dans de nombreuses expressions : avoir vingt ans ; avoir faim, froid, soif... ; avoir besoin de, envie de, etc.

■ ÊTRE

Il sert à former :

1. les temps composés de certains verbes :
***aller, arriver, décéder, entrer, mourir, naître, partir* et *repartir*, *rester, tomber* et *retomber*, *venir* et ses composés : *devenir, revenir*, etc. (Exceptions : *prévenir* se conjugue avec *avoir*, *convenir* se conjugue avec *être*, mais plus souvent avec *avoir*.)**

INDICATIF	passé composé	il **est** arrivé	Subjonctif passé	qu'il **soit** arrivé
	passé surcomposé	il **a été** arrivé	Conditionnel passé	il **serait** arrivé
	plus-que-parfait	il **était** arrivé	Participe passé	**étant** arrivé
	passé antérieur	il **fut** arrivé	Infinitif passé	**être** arrivé
	futur antérieur	il **sera** arrivé		

Remarque

Être est également un verbe :
Marc est intelligent.
Nous sommes en novembre.
Ils sont à Marseille.
Je suis de Toulouse.
Ce stylo est à Claudine.

2. les temps composés des verbes pronominaux :

se promener → nous nous *sommes* promenés
s'asseoir → elle s'*était* assise

Renvoi

Voir le chapitre 5 sur la forme pronominale.

3. la voix passive :

inviter → *être* invité
je *suis* invité
j'*ai été* invité

Renvoi

Voir le chapitre 4 sur la voix active et la voix passive.

■ AUXILIAIRE ÊTRE OU AVOIR ?

Les verbes *descendre, monter, passer, rentrer, retourner, sortir* sont conjugués :

- **avec *avoir* quand ils sont *transitifs***
- **avec *être* quand ils sont *intransitifs.***

Comparez :

- Elle *a rentré* les chaises qui étaient dehors, parce qu'il allait pleuvoir.
  (chaises = COD)
- Elle *est rentrée* à 5 heures.
  (« rentrer » n'a pas de COD)
- J'*ai monté* les valises dans ma chambre.
  (valises = COD)
- Nous *sommes montés* en ascenseur.
  (« monter » n'a pas de COD)

2

LES SEMI-AUXILIAIRES

Les semi-auxiliaires sont des verbes et des expressions verbales suivis d'un infinitif. Ils permettent d'exprimer :

■ LE FUTUR

- ***aller* + infinitif → futur proche**

– Le bébé *va s'endormir.*
– J'*allais m'endormir* quand le téléphone a sonné.

- ***être sur le point de* + infinitif → futur immédiat**

– L'avion est au bout de la piste ; il *est sur le point de décoller.*

- ***devoir* + infinitif**

– Nos amis Petit *doivent arriver* à la gare de Lyon ce soir à 9 heures.

Renvoi

Voir le chapitre 7 sur l'indicatif, pour les temps du futur proche, pp. 54 et 56, et du passé récent, p. 48.

■ LE PASSÉ

- ***venir de* + infinitif → passé récent**

– Est-ce que Martine est là ? Non, elle *vient de sortir.*
– Martine *venait de sortir* quand Jérôme est arrivé.

Les verbes *aller* et *venir* suivis de l'infinitif sont aussi des verbes de mouvement :

Semi-auxiliaires	Verbes de mouvement
Aller : Il *va* rentrer dans cinq minutes. **Venir :** Il *vient de* rentrer.	Tu pars ? – Oui, je vais chercher les enfants. On a sonné. C'est le technicien qui vient réparer la télévision.

■ LA DURÉE

• ***être en train de* + infinitif**

– Les élèves *étaient en train de relire* leur dictée, quand la cloche a sonné la fin du cours.

■ LE DÉBUT D'UNE ACTION

• ***commencer à, se mettre à* + infinitif**

– Tout le monde *s'est mis à rire.*

■ LA FIN D'UNE ACTION

• ***finir de, cesser de, s'arrêter de* + infinitif**

– La pluie *a* enfin *cessé de tomber.*

► ***Remarque***

Cesser de et ***arrêter de*** à la forme négative expriment la durée :
– Il n'arrête pas de fumer.
(= Il fume tout le temps.)

■ LA PROBABILITÉ

• ***devoir* + infinitif**

– Le soleil est haut dans le ciel ; il *doit être* environ midi.

• ***pouvoir* + infinitif**

– La salle était pleine ; il *pouvait y avoir* 300 personnes.

■ L'OBLIGATION

• ***devoir* + infinitif**

– Tout le monde *doit respecter* la loi.

► ***Remarque***

Au conditionnel, ***devoir*** exprime :
• au conditionnel présent
→ un conseil :
– Tu *devrais* faire plus de sport ;
• au conditionnel passé
→ un reproche :
– Tu *aurais dû* faire réviser ta voiture avant de partir en vacances.

3

L'accord du verbe avec le sujet

1. Les enfants aiment les dessins animés.
2. C'est nous qui avons pris ces photos.
3. La plupart des gens ont la télévision.

▶ **Le verbe s'accorde avec le sujet.**

1. Règle générale

Le verbe s'accorde avec le sujet, en *nombre* et en *personne*.

- En octobre, *les feuilles* commenc*ent* à tomber.
- *Elle est* arrivé*e* hier soir.
- *Nous nous sommes* souvenu*s* de cette histoire.
- *Tu* verra*s* Alain ce soir.
- *J'ai* fait une erreur.

Renvoi

Pour l'accord du participe passé employé avec *être*, voir le chapitre 5, sur la forme pronominale, et le chapitre 12, sur le participe.

Lorsque le sujet est le pronom relatif *qui*, le verbe s'accorde avec l'antécédent.

- C'est moi *qui ai fait* cette erreur.
- C'est nous *qui sommes arrivés* les premiers.

Le sujet peut être placé après le verbe.

- C'est dans ce quartier qu'*habitaient mes grands-parents.*
- Après le discours du ministre, *se succédèrent* à la tribune *plusieurs députés* de l'opposition.

Si le verbe a plusieurs sujets singuliers, il se met au pluriel.

- *Mon père* et *ma mère ont* le même âge.

2. Cas particuliers

■ LES SUJETS SONT DES PERSONNES DIFFÉRENTES

Lorsque le verbe a des sujets de personnes différentes, l'accord du verbe se fait ainsi :

- *Toi* et *moi avons* le même âge.
  (2e pers. + 1re pers. → nous)
- *Lucien* et *moi aimons* le cinéma.
  (3e pers. + 1re pers. → nous)
- *Votre mari* et *vous devriez* visiter cette exposition au musée de la Marine.
  (3e pers. + 2^e^ pers. → vous)

■ LES SUJETS SONT COORDONNÉS PAR OU, NI... NI

1. *Ou* : le verbe est au singulier ou au pluriel selon le sens de la phrase.

- Le Président ou le Premier ministre *accueillera* le chef d'État étranger à sa descente d'avion.
  (= l'un ou l'autre)
- Le passeport ou le permis de conduire *sont* des pièces d'identité.
  (= tous les deux)

2. *Ni... ni* : le verbe est au singulier ou au pluriel.

- Ni son père ni sa mère { ne *viendront.* / ne *viendra.* }

- Ni l'un ni l'autre { n'*a* raison. / n'*ont* raison. }

LE SUJET EST UN NOM COLLECTIF

Si le sujet est un nom collectif : *peuple, foule, groupe, orchestre, équipe, majorité,* etc., le verbe est généralement au singulier.

– Ma *famille est* d'origine anglaise.
– Le *public a applaudi* pendant dix minutes.
– Une *foule de touristes visite* Versailles.
– La *majorité des Français a approuvé* cette mesure.

******Remarque***

Quand le collectif est suivi d'un nom pluriel, le verbe peut être au pluriel :
– Une foule de touristes *visitent* Versailles.
– La majorité des Français *boivent* du vin aux repas.

BEAUCOUP, PEU, TROP, ASSEZ, COMBIEN... LA PLUPART 10 %, 50 %... } DE + nom pluriel

Le verbe est au pluriel.

– *Beaucoup d'*étudiants *ont* réussi l'examen.
– *10 % des* électeurs *ont* voté pour le candidat écologiste.
– *La plupart des* magasins *sont* ouverts jusqu'à 19 h 30.

Remarque

1. ***Beaucoup de, trop de,*** etc. + nom singulier → le verbe est au singulier :
– Beaucoup de *monde est* venu.
2. ***Beaucoup, la plupart,*** etc., employés seuls → le verbe est au pluriel :
– Les étudiants ayant bien travaillé, *la plupart ont* réussi.

LE SEUL QUI / LE PREMIER QUI / LE DERNIER QUI, etc.

On peut accorder le verbe :
– avec le sujet du verbe principal;
– avec *le seul, le premier, le dernier,* etc.

– Vous êtes le seul qui { *puissiez* m'aider. / *puisse* m'aider. }

NE DITES PAS	DITES
~~C'est Marc et moi qui ont fait ça.~~	C'est Marc et moi qui **avons fait** ça.
~~Tout le monde sont venus.~~	Tout le monde **est venu.**
~~Ma famille étaient à Paris.~~	Ma famille **était** à Paris.
~~Elle vous avez parlé.~~	Elle vous **a parlé.**
~~Il nous avons dit.~~	Il nous **a** dit.

4

La voix active et la voix passive

1. La télévision *retransmettra* ce match de football.
2. Ce match de football *sera retransmis* par la télévision.

▶ **La phrase 1 est à la voix active : le *sujet* fait l'action.**

▶ **La phrase 2 est à la voix passive : le *complément d'agent* fait l'action.**

SOMMAIRE

FORMATION DE LA VOIX PASSIVE

1. Passage de l'actif au passif

M. Lévêque	dirige	cette école	depuis 15 ans.
(sujet)	**(verbe)**	**(COD)**	
(sujet)	**(verbe)**	**(c. d'agent)**	
Cette école	est dirigée	par M. Lévêque	depuis 15 ans.

Il entraîne les modifications suivantes :
1. Le complément d'objet direct du verbe actif devient le sujet du verbe passif.

2. Le sujet du verbe actif devient le complément d'agent du verbe passif, introduit par la préposition *par*.

3. Le verbe de la voix active se transforme. Il est formé de *être* + participe passé. L'auxiliaire *être* est au même temps que le verbe actif.

– L'arbitre *a sifflé* la fin du match.
(passé composé actif)
→ La fin du match *a été sifflée* par l'arbitre.
(passé composé passif)

Seuls les verbes transitifs directs (= qui ont un complément d'objet direct) peuvent se mettre à la voix passive.

aider quelqu'un
– Catherine a aidé *Isabelle.* **(COD)**
→ Isabelle a été aidée par Catherine.

téléphoner à quelqu'un
– Catherine a téléphoné *à Isabelle.* **(COI)**
→ La transformation est impossible.

Remarque

Lorsque le sujet actif est ***on,*** la voix passive n'a pas de complément d'agent.
– *On* a interdit le stationnement sur les trottoirs.
→ Le stationnement a été interdit sur les trottoirs.

Remarque

Il est préférable de ne pas employer la voix passive lorsque le complément d'agent est un pronom personnel. On ne dit pas :
– Cette lettre a été écrite *par moi.*
On dit :
– J'ai écrit cette lettre.
– C'est moi qui ai écrit cette lettre.

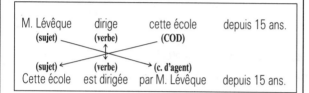

2. Conjugaison passive

Le temps est indiqué par l'auxiliaire. Le participe passé s'accorde toujours avec le sujet.

Attention!

Ne pas confondre :
– Il est sorti (passé composé actif).
– Il est invité (présent passif).

Indicatif	présent	→	La décision	**est** prise par le Président
	futur			**sera** prise
	futur proche			**va être** prise
	futur antérieur			**aura été** prise
	passé composé			**a été** prise
	passé récent			**vient d'être** prise
	imparfait			**était** prise
	plus-que-parfait			**avait été** prise
	passé simple			**fut** prise
	passé antérieur			**eut été** prise
Conditionnel	présent	→		**serait** prise
	passé			**aurait été** prise
Subjonctif	présent	→		**soit** prise
	passé			**ait été** prise
Infinitif	présent	→		(doit) **être** prise
	passé			(doit) **avoir été** prise

Remarque

L'adverbe se place généralement entre l'auxiliaire et le participe passé :
– La décision sera *bientôt* prise.

4

EMPLOI DE LA VOIX PASSIVE

■ LA VOIX ACTIVE ET LA VOIX PASSIVE NE SONT PAS ABSOLUMENT ÉQUIVALENTES

Comparez :

- *Cet immeuble* a été construit par Le Corbusier.
  (C'est l'immeuble qui est important)
- *Le Corbusier* a construit cet immeuble.
  (C'est Le Corbusier qui est important)

C'est pourquoi la forme passive est souvent employée sans complément d'agent quand on ne veut pas donner d'importance à celui-ci :

- Les volets ont été repeints en vert.
  (peu importe par qui)
- Cette table est très joliment décorée.

La forme passive a une valeur de description ; dans ce cas, le participe passé est devenu un adjectif qualificatif :

- Cet acteur est très *connu.*
- Il y avait de la neige *fondue* sur le trottoir.

Renvoi

Voir le chapitre 12 sur le participe, p. 82.

■ PAR ou DE ?

La plupart des verbes à la voix passive sont construits avec la préposition *par.* Cependant quelques-uns d'entre eux sont de préférence suivis de la préposition *de.*
Ce sont :

1. Un certain nombre de verbes de *description,* surtout lorsque l'agent est inanimé : *être accompagné, composé, couvert, décoré, entouré, fait, garni, orné, planté, précédé, rempli,* etc.

- Le parc est entouré *d'*un haut mur.
- Sa table était couverte *de* papiers.
- Ce puzzle est composé *de* 1 500 pièces.

2. ***Des verbes de *sentiment : être admiré, adoré, aimé, apprécié, craint, estimé, haï, méprisé, redouté, respecté,* etc.

- Cet homme politique est respecté *de* tous.
- Le maire de notre village est apprécié *de* ses concitoyens.

3. ***D'autres verbes sont employés au *sens propre* avec la préposition *par* et au *sens figuré* avec la préposition *de.* Comparez :

- Le chien a été écrasé *par* une voiture.
- Jean est écrasé *de* soucis.

- Les cambrioleurs ont été surpris *par* un voisin.
- Il a été surpris *de* ma réaction.

AUTRES MOYENS D'EXPRIMER LE PASSIF

■ LA FORME PRONOMINALE DE SENS PASSIF

Cette construction est très fréquente. Le sujet est généralement un non-animé. L'agent n'est pas indiqué.

- Dans les mots « estomac » et « tabac », le « c » ne *se prononce* pas. (= n'est pas prononcé)
- Les taches de jus de fruit *s'enlèvent* difficilement. (= sont enlevées)
- Les produits surgelés *se conservent* à une température minimale de – 18 °C. (= sont conservés)

■ LE VERBE FAIRE + INFINITIF

Cette structure peut avoir un sens passif.

- Nous *avons fait examiner* notre fille par un spécialiste des yeux. (= Notre fille a été examinée par...)
- Les forces de police *ont fait évacuer* la salle. (= La salle a été évacuée par...)

> **Attention!**
> L'infinitif après le verbe ***faire*** n'a pas toujours un sens passif.
> – Le clown fait rire les enfants (= les enfants rient → sens actif).

■ *** SE FAIRE ET SE LAISSER + INFINITIF

Le sujet est toujours un animé.

1. *Se faire* insiste sur la responsabilité du sujet.

- Catherine *s'est fait punir* pour bavardage à l'école.
  (= Catherine a été punie)
- Je *me ferai remplacer* par un collègue.
  (= Je serai remplacé)

2. *Se laisser* insiste sur la passivité du sujet.

- Il *s'est laissé condamner* sans se défendre.
  (= Il a été condamné)
- Ne *vous laissez* pas *décourager* par ce mauvais résultat.
  (= Ne soyez pas découragé)

■ *** LE PASSIF IMPERSONNEL

- Il *a été décidé* de limiter la vitesse sur les routes.
  (= On a décidé de...)
- Il *est recommandé* de ne pas emprunter l'autoroute A 10 pendant la durée des travaux.
  (= On recommande de...)
- Il est formellement *interdit* de fumer dans le métro.
  (= On interdit de...)

Certains verbes passifs peuvent s'employer impersonnellement, en particulier dans la langue administrative ou juridique. Cet emploi fait complètement disparaître le sujet.

NE DITES PAS	DITES
~~Ce gâteau a été fait par elle.~~	**C'est elle qui** a fait ce gâteau.
~~J'ai été demandé de venir.~~	**On m'a demandé** de venir.
~~J'ai été offert un foulard.~~	**On m'a offert** un foulard.

5

La forme pronominale

1. La jeune fille *se regardait* dans la glace.
2. Ils ne veulent plus *se parler.*
3. Nous *nous sommes absentés* pendant deux semaines.

▶ **Ces verbes sont *pronominaux* parce qu'ils sont précédés d'un pronom de la même personne que le sujet.**

▶ **Dans les phrases 1 et 2, le pronom est complément du verbe.**

▶ **Dans la phrase 3, le pronom n'a pas de fonction; il fait partie du verbe.**

SOMMAIRE

5

FORMATION DES VERBES PRONOMINAUX

1. Le verbe est toujours précédé d'un pronom de la même personne que le sujet.

Je	→	me
Tu	→	te
Il/Elle	→	se
Nous	→	nous
Vous	→	vous
Ils/Elles	→	se

- *Je me* couche généralement vers minuit.
- Comment *vous* appelez-*vous?*
- *Le camion se* dirigeait vers Dijon.
- Attention! *Tu t'*assieds sur une chaise cassée.

Remarque

À l'impératif affirmatif, ***te*** devient ***toi*** :
- Assieds-toi!
- Tais-toi!

2. Aux temps composés, on emploie l'auxiliaire *être*.

INDICATIF	passé composé	Je me **suis** promené	Subjonctif passé	Que je me **sois** promené
	plus-que-parfait	Je m'**étais** promené	Conditionnel passé	Je me **serais** promené
	passé antérieur	Je me **fus** promené	Participe passé	S'**étant** promené
	futur antérieur	Je me **serai** promené	Infinitif passé	S'**être** promené

LES CATÉGORIES DE VERBES PRONOMINAUX

■ VERBES PRONOMINAUX DE SENS RÉFLÉCHI

Le sujet fait l'action pour lui-même ou sur lui-même :
- *Il se lève* tous les matins à 7 heures.
- *Elle se fait* une tasse de thé.
- *Il s'est inscrit* à un cours de dessin.

On emploie très souvent la forme pronominale lorsque le sujet exerce ou subit une action sur une partie de son propre corps (*se laver, se couper, se raser, se maquiller, se brûler,* etc.).
- *Il s'est cassé* la jambe.
- *Je me suis coupé* les ongles.

Attention!

Ne confondez pas l'action et le résultat de l'action :

action	résultat de l'action
je me couche	→ je suis couché
je m'habille	→ je suis habillé
je m'assieds	→ je suis assis

■ VERBES PRONOMINAUX DE SENS RÉCIPROQUE

Le sujet est nécessairement au pluriel.
- Brigitte et Guy *se téléphonent* tous les jours.
  (= B. téléphone à G. et G. téléphone à B.)
- Les enfants *se lançaient* un gros ballon rouge.
  (= Chacun des enfants lançait le ballon à un autre)

■ VERBES PRONOMINAUX DE SENS PASSIF

- Ce tableau *s'est vendu* très cher.
  (= Ce tableau a été vendu très cher : forme passive)
- Ce plat *se prépare* en cinq minutes.
  (= Ce plat est préparé...)

Renvoi

Voir le chapitre 4 sur la voix active et la voix passive, p. 29.

■ VERBES UNIQUEMENT PRONOMINAUX

Ces verbes n'existent qu'à la forme pronominale : *se souvenir, s'en aller, s'abstenir, s'évanouir, se moquer, s'absenter, s'envoler, s'enfuir, s'emparer,* etc.
- Je ne *me souviens* plus très bien de ce livre.
- L'oiseau a eu peur et il *s'est envolé.*

■ FORME PRONOMINALE ET CHANGEMENT DE SENS

Certains verbes peuvent prendre un sens particulier à la forme pronominale.
Comparez :

- Je *passerai* le baccalauréat dans un mois.
  (= Je me présenterai au bac...)
- Cette histoire *se passe* en Champagne.
  (= Cette histoire a lieu...)

- On *a trouvé* un portefeuille dans la classe.
- Notre chalet *se trouve* près de Chamonix.
  (= Notre chalet est situé...)

- Je *doute* que ce projet soit réalisable.
  (= Je ne suis pas sûr que...)
- Vous avez fait un long voyage ; je *me doute* bien que vous êtes très fatigué.
  (= Je suis presque sûr que..., je devine que...)

De même :

apercevoir / s'apercevoir → se rendre compte
rendre / se rendre → aller
mettre / se mettre à → commencer
servir / se servir de → utiliser
etc.

■ D'UNE CATÉGORIE À L'AUTRE

Certains verbes peuvent passer d'une catégorie à une autre.

	sens réfléchi	**sens réciproque**	**sens passif**	**sens particulier**
apercevoir On aperçoit le mont Blanc de la terrasse. (on voit...)	Je m'aperçois dans la glace. (je me vois...)	Ils se sont aperçus de loin. (ils se sont vus...)	Le mont Blanc s'aperçoit de la terrasse de l'hôtel. (... est vu...)	Je me suis aperçu de mon erreur. (j'ai remarqué...)
entendre Nous avons déjà entendu cette chanson.	Il y avait de l'écho, je m'entendais parler.	La communication était mauvaise ; nous nous entendions très mal.	Cette expression est à la mode ; elle s'entend beaucoup.	Je m'entends très bien avec ma sœur. (j'ai de bonnes relations...)
mettre Il a mis une cravate.	Elle s'est mis un ruban dans les cheveux.		Le champagne se met en bouteille longtemps après les vendanges.	La pluie s'est mise à tomber vers 8 heures. (la pluie a commencé à...)

ACCORD DU PARTICIPE PASSÉ

■ VERBES RÉFLÉCHIS ET RÉCIPROQUES

1. Le participe passé s'accorde avec le pronom complément d'objet direct placé devant l'auxiliaire.

- Ils *se* sont couché**s** très tard.
  (se = COD)
- Elles *se* sont rencontrée**s** dans le métro.

Quand l'objet direct est un nom placé après le verbe, le participe ne s'accorde pas.

- Elle s'est lav**é** *les mains*.
  (COD)
- Je m'étais achet**é** *cette robe* pour un mariage.
  (COD)

Remarque

Le complément d'objet direct peut être un pronom personnel ou relatif :
– Voici la robe *que* je me suis achetée.
(que = COD ; me = COI)
– Cette robe, je me *la* suis fait*e* l'année dernière.
(la = COD).

2. Le participe passé ne s'accorde pas avec le pronom complément indirect.

- Ils se sont téléphon**é** hier.
  (se = COI → téléphoner *à* quelqu'un)
- Elle s'est demand**é** pourquoi il n'avait rien dit.
  (se = COI → demander *à* quelqu'un)

Comparez :

- Ils se sont vu**s** cet été.
  (se = COD)
- Ils ne se sont pas parl**é**.
  (se = COI)

■ VERBES UNIQUEMENT PRONOMINAUX – À SENS PARTICULIER – DE SENS PASSIF

Le participe passé s'accorde avec le sujet.

Verbe uniquement pronominal.

- En entendant cette nouvelle, *elle* s'est évanoui**e**.

Remarque

Certains verbes ont un participe passé invariable : *se rendre compte, se rire de, se succéder, se plaire, se déplaire,* etc.
– Elle s'est rend*u* compte qu'il était déjà midi.

Verbe à sens particulier.

– *Nous* nous sommes trouvé**s** dans une situation très difficile.

Verbe de sens passif.

– *Cette coutume* s'est pratiqué**e** jusqu'à la Révolution.

NE DITES PAS	DITES
~~Je m'ai promené.~~	Je me **suis** promené.
~~Je lave mes mains.~~	Je me lave **les** mains.
~~Je me lave mes mains.~~	Je me lave **les** mains.
~~Je me tombe.~~	Je tombe.

6

Les constructions impersonnelles

1. *Il pleut.* Rentrons !
2. *Il vaut mieux* que nous rentrions !

▶ **Les verbes impersonnels sont des verbes employés à la 3e personne du singulier. Le sujet est le pronom neutre *il*.**

S O M M A I R E

6

LES VERBES TOUJOURS IMPERSONNELS

■ VERBES D'INDICATION MÉTÉOROLOGIQUE

- ***Il pleut, il neige, il gèle,* etc.**

- ***Il fait* + adjectif ou nom**

– *Il fait* beau, froid, bon, doux, etc.

– *Il fait* un temps splendide, *il fait* un froid de canard, etc.

– *Il fait* nuit, *il fait* jour.

– *Il fait* 15 °C.
(= La température est de 15 °C)

■ IL FAUT + { infinitif ou nom / subordonnée introduite par *que* }

– *Il faudra* répondre très vite.

– *Il faut* un visa pour aller dans ce pays.

– *Il faut* que tout soit prêt ce soir.

■ IL S'AGIT DE + nom ou infinitif

– Dans ce livre, *il s'agit d'*un petit prince qui rencontre un aviateur.
(= Le sujet du livre est un petit prince...)

– Maintenant que tu es au lycée, *il s'agit de* travailler sérieusement !
(= ... il faut que tu travailles...)

■ IL Y A + nom ou pronom

– *Il y a* du soleil aujourd'hui.

– *Il y a* quelqu'un à la porte.

LES VERBES OCCASIONNELLEMENT IMPERSONNELS

■ IL EST + adjectif + { DE + infinitif / QUE + subjonctif

***Il est normal, important, possible, étonnant,* etc.**

– *Il est important* d'avoir ses papiers en règle.
– *Il est étonnant* que votre voiture soit si mal entretenue.

Remarques

1. À l'oral, on emploie très souvent ***c'est*** à la place de ***il est.***
– *C'est* difficile de répondre à cette question.
2. Le pronom ***il*** n'est pas toujours neutre.
Comparez :
– David n'a pas peur ; *il est certain* de réussir son examen. (il = David)
– Je ne suis pas inquiet ; *il est certain* que David réussira son examen.
(il = pronom neutre)

■ AUTRES STRUCTURES AVEC « ÊTRE »

***Il est 8 heures, minuit, tôt, tard,* etc.**

Il est temps, il est l'heure **{ + *de* + infinitif. / + *que* + subjonctif.**

– *Il est temps* que vous partiez pour l'aéroport.
– *Il est l'heure* de coucher les enfants.

■ VERBES CONSTRUITS AVEC « QUE » + subordonnée

***Il paraît que, il arrive que, il me semble que, il semble que, il vaut mieux que, il se peut que, il suffit que,* etc.**

– *Il arrive* que cette rivière déborde en hiver.
– *Il paraît* que le vin sera excellent cette année.

Remarques

1. ***Il vaut mieux*** et ***il suffit*** se construisent aussi avec un infinitif :
– *Il vaut mieux* se renseigner avant de se décider.
– *Il suffit* d'arriver à 8 heures.
2. Notez l'absence de *il* dans certaines expressions :
– *Peu importe* que Paul vienne ou non !
– *Mieux vaut* te renseigner avant de partir.

■ VERBES SUIVIS D'UN SUJET RÉEL

- *Il reste* quelques places dans le train de 14 heures.
  (= Quelques places restent...)
- *Il* me *manque* 10 francs pour acheter ce livre.
  (= 10 francs me manquent...)
- *Il se passe* des événements importants.
  (= Des événements importants se passent)
- *Il suffit* de quelques minutes pour faire cuire ce plat surgelé.
  (= Quelques minutes suffisent...)
- En France, *il naît* moins d'enfants qu'au XIXe siècle.
  (= Moins d'enfants naissent...)

  Etc.

Cet emploi donne moins d'importance au sujet et insiste sur le verbe.

■ ***VERBES À LA FORME PASSIVE

- *Il est rappelé* qu'*il est interdit* de fumer.
- *Il a été proposé* de nouveaux horaires.

Renvoi

Voir le chapitre 4 sur la voix active et la voix passive, p. 30.

NE DITES PAS	DITES
~~Un lit et une table sont dans ma chambre.~~	**Il y a** un lit et une table dans...
~~Ce livre s'agit de...~~	Dans ce livre, **il s'agit de...**
~~Le temps fait beau.~~	**Le temps est** beau / **Il fait** beau.

INTRODUCTION

Modes et temps

1. Modes

Le mode est la manière dont le locuteur considère ce qu'il dit.

1. Il *viendra* ce soir avec nous.
2. Je suis ravi qu'il *vienne* avec nous ce soir.
3. Il *viendrait* avec nous ce soir s'il pouvait.
4. *Viens* avec nous ce soir !

Mode **indicatif** (1)	Le locuteur présente le fait comme *certain.*
Mode **subjonctif** (2)	Le locuteur donne son *appréciation* sur le fait.
Mode **conditionnel** (3)	Le locuteur présente le fait comme *éventuel.*
Mode **impératif** (4)	Le locuteur donne un *ordre.*

Dans ces quatre modes, les formes verbales varient selon la personne du sujet : ce sont des modes *personnels*.

Il existe deux modes *impersonnels* : l'infinitif et le participe. Leurs formes verbales ne dépendent pas d'un sujet.

Je veux
Il veut
Nous voulons } *venir* avec toi.

Voulant déménager, { je visite...
il visite des appartements.
nous visitons...

2. Temps

Chaque mode comprend des temps simples et des temps composés.

1. Les *temps simples* sont formés d'un radical et d'une terminaison :

je chant-**ais**
chant-**ant**

Ils présentent le fait en cours d'accomplissement, c'est-à-dire en train de se réaliser.

2. Les *temps composés* sont formés d'un auxiliaire et d'un participe passé :

j'ai chanté
avoir chanté

Ils présentent le fait comme accompli, c'est-à-dire terminé.

– Le serveur *apporte* aux clients les plats qu'ils *ont commandés*.
(action en train de se réaliser) **(action terminée)**
– Nous lui *montrerons* nos photos dès que nous les *aurons fait* développer.
(fait futur) **(fait accompli par rapport à un moment donné du futur)**

Comparez :

– Je suis content de *voir* cette exposition.
(fait en train de se réaliser)
– Je suis content d'*avoir vu* cette exposition.
(fait présent) **(fait terminé)**
– Je doute qu'il *comprenne* ce que je dis.
(fait en train de se réaliser)
– Je doute qu'il *ait compris* ce que je lui ai dit.
(fait terminé)

L'indicatif a des temps qui situent les faits dans la chronologie, c'est-à-dire le passé, le présent et le futur.

– Hier, c'*était* le 7 mai.
– Aujourd'hui, c'*est* le 8 mai.
– Demain, ce *sera* le 9 mai.

Les temps des autres modes ont une valeur temporelle beaucoup moins précise.

– Je suis content qu'il *soit* là aujourd'hui.
(fait présent : il est là)
– J'étais content qu'il *soit* là hier soir.
(fait passé : il était là)
– Il dit qu'il *aimerait* partir maintenant.
(fait présent)
– Il disait qu'il *aimerait* un jour faire le tour du monde.
(fait futur)

7

L'indicatif

1. Hier, nous *sommes allés* à la piscine.
2. Nous *allons* à la piscine tous les mercredis.
3. Demain, nous *irons* à la piscine.

▶ **L'indicatif est le mode qui présente un fait comme certain, dans le passé (1), le présent (2) ou le futur (3).**

SOMMAIRE

7

LE PRÉSENT

1. Formation

Il existe deux systèmes de terminaisons selon le groupe du verbe.

Renvoi

Pour le classement des verbes en trois groupes, voir p. 309.

– Verbes du *premier groupe.*
Radical + **-e, -es, -e, -ons, -ez, -ent.**

Je	chant**e**	Nous	chant**ons**
Tu	chant**es**	Vous	chant**ez**
Il	chant**e**	Ils	chant**ent**

– Verbes du *deuxième groupe.*
Radical + **-s, -s, -t, -ons, -ez, -ent.**

Je	fini**s**	Nous	finiss**ons**
Tu	fini**s**	Vous	finiss**ez**
Il	fini**t**	Ils	finiss**ent**

– Verbes du *troisième groupe.*

Radical (souvent variable)
+ **-s, -s, -t** (ou **d**[1]), **-ons, -ez, -ent**
+ **-e, -es, -e, -ons, -ez, -ent**
+ **-x, -x, -t, -ons, -ez, -ent**[2]

[1] Infinitifs en ***-endre, -andre, -ondre, -erdre*** et ***-ordre.***
[2] *Pouvoir, vouloir, valoir.*

Un radical : ouvrir → **ouvr**e
Deux radicaux : écrire → **écri**s / **écriv**ons
Trois radicaux : recevoir → **reçoi**s / **recev**ons / **reçoiv**ent
vouloir → **veu**x / **voul**ons / **veul**ent

2. Emploi

1. Le présent situe un fait au moment où l'on parle. Il présente l'*action en cours d'accomplissement.*

– Les enfants *jouent* au ballon dans le parc.

Remarque

Pour insister sur la durée, on emploie ***être en train de* + infinitif :**
– Les enfants *sont en train de* jouer dans le parc.

2. Le présent n'a pas de limites précises. Accompagné d'une indication de temps, il peut exprimer :

- **un fait qui *a commencé dans le passé***

– John *est* à Paris depuis plusieurs semaines.

- **un fait qui se *réalisera prochainement***

– Dépêchez-vous ! Le film *commence* dans quelques minutes.
– L'hiver prochain, nous *partons* faire du ski.

3. Il exprime l'habitude, la répétition.

– Tous les dimanches, nous *faisons* une marche en forêt.
– À Paris, je *prends* toujours le métro. C'est plus rapide !

4. Il est employé dans une analyse (résumé ou commentaire d'un film, d'un texte, etc.).

– Dans *le Père Goriot*, Balzac *peint* un amour paternel passionné.
– Ce documentaire des années 80 *décrit* la vie des animaux en Afrique.

******Remarque***

Dans un récit au passé, il rend un événement plus vivant.
C'est le présent de **narration** :
– Nous roulions tranquillement sur l'autoroute. Tout à coup devant nous, une voiture *freine* brutalement.
– Le 14 juillet 1789, le peuple *s'empare* de la Bastille.

5. Il sert à exprimer une vérité générale, un proverbe.

– L'eau *gèle* à 0 °C.
– L'argent ne *fait* pas le bonheur.

6. Il s'emploie dans une structure d'hypothèse.

– Si tu *viens* à Paris en septembre, nous nous verrons sûrement.

Renvoi

Voir le chapitre 34 sur l'expression de la condition et de l'hypothèse, p. 288.

Les temps du passé

L'IMPARFAIT

1. Formation

Elle est régulière pour tous les verbes : radical de la 1re personne du pluriel de l'indicatif présent + *-ais, -ais, -ait, -ions, -iez, -aient.*

- Nous chant-ons → je chant**ais**, nous chant**ions**...
- Nous finiss-ons → je finiss**ais**, nous finiss**ions**...
- Nous voul-ons → je voul**ais**, nous voul**ions**...

2. Emploi

1. L'imparfait indique, comme le présent, une action en cours d'accomplissement. Il n'a pas de limites précises. Il s'emploie dans une description (commentaire, explication, etc.).

- Du haut de la colline, on *apercevait* un petit village dont les toits *brillaient* au soleil.
- Marie *portait* une robe qui lui *allait* très bien.
- Monsieur Barbier n'a pas pu participer à cette réunion, parce qu'il *était* en voyage à l'étranger.
- Ils habitent dans une maison qui *était* autrefois un moulin.

2. Il s'emploie pour exprimer une habitude (accompagné en général d'une indication temporelle).

- Autrefois cette bibliothèque *était ouverte le samedi* de 9 heures à midi.
- Pendant les vacances ma grand-mère nous *faisait toujours* des crêpes.

3. Employé avec la conjonction *si*, ce n'est pas un temps du passé. Il exprime l'hypothèse ou l'irréalité d'un fait.

- Si nous *avions* une voiture, nous pourrions aller visiter les châteaux de la Loire.
- Ah, si j'*étais* riche.
- Elle s'habille comme si elle *avait* vingt ans.

Renvoi

Voir les chapitres 24 sur la phrase exclamative, 34 sur l'expression de la condition et 35 sur l'expression de la comparaison.

4. * Il s'emploie aussi dans une formule de politesse : valeur d'atténuation.**

- Excusez-moi de vous déranger ; je *voulais* vous demander un renseignement.

Les temps du passé

LE PASSÉ COMPOSÉ

1. Formation

Auxiliaire *être* ou *avoir* au présent + participe passé.
- Parler : j'**ai** parlé.
- Sortir : je **suis** sorti.

2. Emploi

Le passé composé exprime un fait accompli à un moment donné du passé.
- Je *suis allé* en Italie l'an dernier.

1. Il s'emploie dans un contexte passé pour exprimer :

- **une succession d'événements**
- Je *suis allé* avec les enfants à la plage ; ils *ont joué* au ballon et *ont construit* un château de sable, puis ils se *sont baignés.*

Remarque

La succession d'événements est fréquemment soulignée par des adverbes de temps comme : *alors, puis, ensuite, après, tout à coup,* etc.

- **une répétition**
- J'*ai vu* quatre fois ce film.

- **une durée limitée**
- Elle *a fait* son choix en dix minutes.
- Mon père *a* longtemps *travaillé* comme médecin militaire.

2. Il s'emploie en relation avec un présent pour exprimer l'antériorité.
- Quand on *a perdu* sa carte bancaire, il *faut* tout de suite le signaler à la banque.
- Ils *ont acheté* une grande maison : ils *ont* encore beaucoup de travaux à y faire.

Le passé composé exprime fréquemment un fait passé qui a des prolongements dans le présent. C'est le temps de la conversation, de la correspondance, c'est-à-dire de la communication courante.

3. Le passé récent

Le passé récent (*venir de* au présent + infinitif) s'emploie pour exprimer un fait accompli depuis peu de temps.

– Je *viens d'arriver* à Paris.
(= Je suis arrivé il y a peu de temps)

Remarque

Dans un contexte passé, le verbe *venir* est à l'imparfait :
– Je *venais d'arriver* à Paris quand j'ai rencontré mon futur mari.

4. Imparfait et passé composé

Comparez :

– La foule *sortait* du cinéma quand l'orage *a éclaté.*
(Les deux faits sont simultanés, mais le premier [sortait] est en cours d'accomplissement, tandis que le deuxième [a éclaté] est accompli à un moment précis du temps)

– Il *pleuvait* quand nous *sommes sortis* du cinéma.
(L'imparfait crée un décor [la pluie] qui est le cadre de l'action « sortir »)

– Dans ma jeunesse, je *jouais* régulièrement au tennis.

– Cet été, j'*ai joué* très régulièrement au tennis.

(Les deux phrases expriment une habitude, mais la première est située dans une durée imprécise [la jeunesse] et la seconde dans une durée précise et limitée [cet été])

– Enfant, il *était* souvent malade.
(L'accent est mis sur la description)

– Enfant, il *a été* souvent malade.
(L'accent est mis sur la répétition)

– Ah ! Vous êtes là ! Je vous *croyais* en vacances.
(Aucune indication de temps)

– On a entendu un choc épouvantable ; j'*ai cru* qu'il y avait eu un accident.
(Indication précise du temps : le moment du choc)

– Je ne *savais* pas que ses parents étaient morts.
(Aucune indication de temps)

– Hier à l'examen, je n'*ai* pas *su* répondre à la question n° 3.
(Indication précise du temps : hier à l'examen)

Les temps du passé

LE PASSÉ SIMPLE

1. Formation

Le radical du passé simple est *le même à toutes les personnes.*

– Verbes du 1er groupe : radical + **-ai, -as, -a, -âmes, -âtes, -èrent.**

Je chant**ai**	tu chant**as**	il chant**a**
nous chant**âmes**	vous chant**âtes**	ils chant**èrent**

– Verbes du 2e groupe : radical + **-is, -is, -it, -îmes, -îtes, -irent.**

Je fin**is**	tu fin**is**	il fin**it**
nous fin**îmes**	vous fin**îtes**	ils fin**irent**

– Verbes du 3e groupe :
radical + **-is, -is, -it, -îmes, -îtes, -irent**
ou + **-us, -us, -ut, -ûmes, -ûtes, -urent**
ou + **-ins, -ins, -int, -înmes, -întes, -inrent**[1]

voir :	je v**is**	tu v**is**	il v**it**
	nous v**îmes**	vous v**îtes**	ils v**irent**
vouloir :	je voul**us**	tu voul**us**	il voul**ut**
	nous voul**ûmes**	vous voul**ûtes**	ils voul**urent**

[1] Verbes *tenir* et *venir* et leurs composés.

2. Emploi

Le passé simple présente un fait accompli à un moment donné du passé. Il a les mêmes valeurs que le passé composé (fait accompli, successions d'événements, répétition, durée limitée), mais le fait est envisagé comme lointain, sans contact avec le présent. C'est pourquoi il est employé à l'écrit, dans un récit (roman, conte, biographie), surtout à la 3e personne.

– Napoléon *mourut* à Sainte-Hélène en 1821.
– « Elle le *but* froid, une grande tasse [...] puis elle *alluma* une cigarette et elle *retourna* s'asseoir sur les marches de la véranda, près de l'enfant » (M. Duras).
– En attendant Ulysse, Pénélope *fit* et *refit* sa toile de nombreuses fois.

******Remarque***

On peut aussi l'employer dans un contexte présent, il donne alors une dimension historique aux faits.
– On dit que Mozart *composa* l'ouverture de *Don Juan* en une nuit.
– De nos jours, de nombreux pays utilisent le système métrique qui *fut établi* sous la Révolution française en 1791.

Les temps du passé

LE PLUS-QUE-PARFAIT

1. Formation

Auxiliaire *être* ou *avoir* à l'imparfait + participe passé.

J'**avais** parlé.
J'**étais** sorti.

2. Emploi

1. Il exprime l'antériorité d'un fait par rapport à un autre fait passé.

- J'ai acheté le livre dont vous m'*aviez parlé*.
  (Antériorité par rapport au passé composé)
- Ils *avaient marché* plusieurs heures ; ils mouraient de soif.
  (Antériorité par rapport à l'imparfait)
- Il crut que son interlocuteur n'*avait* pas bien *compris* ses véritables intentions.
  (Antériorité par rapport au passé simple)

2. Employé avec la conjonction *si*, il exprime l'irréalité d'un fait passé.

- Si nous *avions eu* une voiture, nous serions allés visiter les châteaux de la Loire.
- Ah, si tu *avais suivi* mes conseils !
- Il m'a regardé comme si j'*avais dit* une bêtise.

Attention !

Dans la subordonnée introduite par ***quand, après que,*** etc., le plus-que-parfait exprime l'antériorité par rapport à l'imparfait seulement, voir le chapitre 32, p. 269 sur l'expression du temps.

******Remarque***

Le plus-que-parfait peut aussi marquer l'antériorité par rapport à un présent :
- Marc n'est pas là ce soir ! Pourtant il m'*avait dit* qu'il viendrait.

Renvoi

Voir les chapitres 34, 35 et 24 sur l'expression de la condition, de la comparaison et sur la phrase exclamative.

Les temps du passé

***LE PASSÉ ANTÉRIEUR*

1. Formation

Auxiliaire *être* ou *avoir* au passé simple + participe passé.

J'**eus** parlé.
Je **fus** sorti.

2. Emploi

Il s'emploie à l'écrit, essentiellement dans la subordonnée de temps, pour marquer l'antériorité immédiate par rapport à un passé simple.

- Dès qu'il *eut prononcé* ces mots, un concert de protestations s'éleva dans la foule.
  (= tout de suite après le discours)

Renvoi

Voir le chapitre 32 sur l'expression du temps, p. 269.

Dès qu'il eut prononcé ces mots, un concert de protestations s'éleva dans la foule.

7

Les temps du passé

***LE PASSÉ SURCOMPOSÉ

1. Formation

Auxiliaire *être* ou *avoir* au passé composé + participe passé.

J'**ai eu** parlé.
J'**ai été** sorti.

2. Emploi

Il s'emploie essentiellement dans la subordonnée de temps pour marquer l'antériorité immédiate par rapport à un passé composé.

- Quand j'*ai eu claqué* la porte, je me suis aperçu que j'avais laissé les clés à l'intérieur.
- Les serveurs ont rangé la salle de restaurant une fois que les derniers clients *ont été partis*.

Renvoi

Voir le chapitre 32 sur l'expression du temps, p. 269.

Quand il a eu claqué la porte, il s'est aperçu qu'il avait laissé les clés à l'intérieur.

Les temps du futur

LE FUTUR

1. Formation

Pour la plupart des verbes, le radical du futur est l'infinitif.
Les terminaisons sont *-ai, -as, -a, -ons, -ez, -ont.*

– Verbes des 1er et 2e groupes : infinitif + terminaisons.
parler : je parler-**ai**
choisir : je choisir-**ai**

– Verbes du 3e groupe.
Verbes en **-re** (sauf *faire*) : infinitif sans *e* + terminaisons.
→ conduire : je conduir-**ai**
Verbes en **-ir** : certains sont réguliers : infinitif + terminaisons.
→ sortir : je sortir-**ai**
D'autres sont irréguliers.
→ venir : je viendr-**ai**
→ courir : je courr-**ai**
Verbes en **-oir** : la plupart sont irréguliers.
→ savoir : je saur-**ai**

2. Emploi

Le futur situe le fait dans un avenir proche ou lointain.

– « Des orages *éclateront* dans la soirée », annonce la météo.
– Nous *visiterons* Venise l'été prochain.

Le futur peut être employé à la place d'un impératif. Il atténue l'ordre.

– Vous me *donnerez* votre réponse au plus tard la semaine prochaine.
(= Donnez-moi...)

Les temps du futur

LE FUTUR PROCHE

1. Formation

Verbe *aller* au présent + infinitif.
Je **vais** partir.

2. Emploi

1. Il situe le fait dans un avenir très proche. Cet emploi est très fréquent à l'oral.
– Le ciel est noir ; un orage *va éclater*.
– Nous *allons visiter* Venise cet été.

2. Il présente aussi comme certain un fait situé dans un avenir lointain.
– Dans trois ans, nous *allons célébrer* le millénaire de notre ville.

Attention !

Ne pas confondre le futur proche avec le verbe ***aller*** (indiquant un mouvement) + infinitif :
– Il est midi ; je *vais* bientôt *déjeuner*.
– Attends-moi ! je *vais* acheter du pain. (= Je vais à la boulangerie pour acheter...)

• **Remarque générale**
Devoir et ***être sur le point de*** + infinitif ont une valeur de futur proche :
– Mon père *doit se faire* opérer mardi. (= Mon père va se faire opérer.)
– L'avion *est sur le point de* décoller. (= va décoller)

Les temps du futur

LE FUTUR ANTÉRIEUR

1. Formation

Auxiliaire *être* ou *avoir* au futur + participe passé.

J'**aurai** parlé.
Je **serai** sorti.

2. Emploi

1. Dans une subordonnée de temps, il s'emploie pour marquer l'antériorité par rapport à un futur (ou un impératif).

- Je vous préviendrai quand j'*aurai pris* ma décision.
- Nous allons partir en vacances dès que les enfants *auront passé* leurs examens.
- Quand tu *auras lu* le journal, donne-le-moi !

Renvoi

Voir le chapitre 32 sur l'expression du temps, p. 269.

2. * Employé seul, il présente le fait comme accompli par rapport à un moment donné du futur, généralement précisé par une indication de temps.**

- Dans un mois, nous *aurons déménagé.*
- Nous *serons arrivés* avant 8 heures.
- Il *aura fini* son rapport à la fin de la semaine.

******Remarque***

- Paul n'est pas encore arrivé ; il *aura oublié* notre rendez-vous.

Le futur antérieur exprime ici une probabilité.

7

Les temps du futur

LES FUTURS DANS LE PASSÉ

Dans un contexte passé, on n'emploie ni le futur ni le futur antérieur. On emploie :

■ LE FUTUR DANS LE PASSÉ (forme identique à celle du conditionnel présent)

Comparez :

- C'*est* le 15 décembre ; Noël *sera* bientôt là.
- C'*était* le 15 décembre ; Noël *serait* bientôt là.
- On *annonce* que les élections *auront* lieu le 15 mai.
- On *a annoncé* que les élections *auraient* lieu le 15 mai.

■ LE FUTUR ANTÉRIEUR DANS LE PASSÉ (forme identique à celle du conditionnel passé)

Comparez :

- J'*espère* que François *passera* nous voir quand il *sera rentré* du Gabon.
- J'*espérais* que François *passerait* nous voir quand il *serait rentré* du Gabon.
- Le médecin *dit* que le malade *pourra* sortir quand il *aura repris* des forces.
- Le médecin *a dit* que le malade *pourrait* sortir quand il *aurait repris* des forces.

■ LES FUTURS PROCHES DANS LE PASSÉ (imparfait des verbes *aller, devoir* et *être sur le point de* + infinitif)

Comparez :

- Il dit qu'il *va m'aider*.
- Il a dit qu'il *allait m'aider*.
- Le train *doit* arriver dans une heure.
- Le contrôleur m'*a dit* que le train *devait* arriver dans une heure.
- Il *était sur le point de* traverser la rue quand une voiture a surgi.

LA CONCORDANCE DES TEMPS À L'INDICATIF

Lorsque le verbe principal est au passé (imparfait, passé composé, passé simple, plus-que-parfait), le verbe subordonné doit également être à un temps du passé.

Verbe introducteur au présent	Verbe subordonné	Verbe introducteur au passé	Verbe subordonné
Je sais	qu'il **est** là qu'il **sera** là qu'il **va être** là qu'il **sera parti** qu'il **est parti** qu'il **vient de partir**	Je savais	qu'il **était** là qu'il **serait** là qu'il **allait être** là qu'il **serait parti** qu'il **était parti** qu'il **venait de partir**

- **Remarque générale**

La règle de concordance des temps n'est pas toujours appliquée :

1. **lorsque le verbe principal est au passé composé :**
— Éric m'*a dit* ce matin que les Dupont sont en voyage et qu'ils *reviendront* bientôt.
(*ce matin* donne au passé composé une valeur de présent)

2. **lorsque la subordonnée exprime une vérité générale :**
— Le professeur *expliquait* aux élèves que la Terre *tourne* autour d'elle-même et autour du Soleil.

NE DITES PAS	DITES
~~Il étude.~~	Il étu**die.**
~~Il a resté.~~	Il **est** resté.
~~Il habitait longtemps au Mexique.~~	Il **a habité** longtemps au Mexique.
~~Quand j'ai fini ça, je sortirai.~~	Quand j'**aurai fini** ça, je sortirai.
~~Il a dit qu'il irait sortir.~~	Il a dit qu'il **allait sortir.**
~~Il disait qu'il le fera.~~	Il disait qu'il le **ferait.**

8

Le subjonctif

1. Il faut que j'*aille* à la poste.
2. Nous sommes ravis que vous *ayez pu* venir.
3. Rentrons vite avant qu'il *fasse* nuit.

▶ **Le mode subjonctif s'emploie dans une proposition subordonnée pour exprimer une appréciation ou une interprétation (1 et 2) et après certaines conjonctions (3).**

▶ **Comparez :**

Je viens d'apprendre que Pierre *est* malade.
(Le fait est présenté objectivement → indicatif)
Je suis désolé que Pierre *soit* malade.
(Appréciation du fait → subjonctif)

SOMMAIRE

FORMATION DU SUBJONCTIF

Le subjonctif a quatre temps :
– deux temps simples : le présent et l'imparfait;
– deux temps composés : le passé et le plus-que-parfait.

Seuls le présent et le passé sont couramment employés. L'imparfait et le plus-que-parfait appartiennent à la langue soutenue ou littéraire.

■ LE PRÉSENT

Règle générale : radical de la 3e personne du pluriel de l'indicatif présent + les terminaisons *-e, -es, -e, -ions, -iez, -ent.*

Parler :	ils parl-ent	→ que je parl-**e**
Finir :	ils finiss-ent	→ que je finiss-**e**
Mettre :	ils mett-ent	→ que je mett-**e**

À la 1re et à la 2e personne du pluriel, certains verbes du 3e groupe ont le radical de la 1re et de la 2e personne du pluriel de l'indicatif présent.

Recevoir :	ils reçoiv-ent	→ que je reçoiv-**e**
	nous recev-ons	→ que nous recev-**ions**
	vous recev-ez	→ que vous recev-**iez**
Prendre :	ils prenn-ent	→ que je prenn-**e**
	nous pren-ons	→ que nous pren-**ions**
	vous pren-ez	→ que vous pren-**iez**

Attention !

Les verbes *aller, avoir, être, faire, falloir, pouvoir, savoir, valoir, vouloir* ont des formes très irrégulières. Voir tableaux p. 317.

■ LE PASSÉ

Auxiliaire *avoir* ou *être* au subjonctif présent + participe passé.

Travailler :	que j'**aie travaillé**
Partir :	que je **sois parti**

■ ***L'IMPARFAIT

Il est formé sur le passé simple de l'indicatif + les terminaisons *-sse, -sses -^t, -ssions, -ssiez, -ssent.*

Parler :	je parla(i)	→	que je parla-**sse**, qu'il parlâ-**t**
Finir :	je fini(s)	→	que je fini-**sse**, qu'il finî-**t**
Vouloir :	je voulu(s)	→	que je voulu-**sse**, qu'il voulû-**t**
Voir :	je vi(s)	→	que je vi-**sse**, qu'il vî-**t**

Attention!

Ne pas confondre :

passé simple	*subj. imparfait*
il eut	qu'il eût
il parla	qu'il parlât

■ ***LE PLUS-QUE-PARFAIT

Auxiliaire *avoir* ou *être* au subjonctif imparfait + participe passé.

Faire : que j'**eusse fait**
Venir : que je **fusse venu**

Jeune homme il fallait absolument que je vous visse.
Il ne pourrait pas dire : "que je vous voie" comme tout le monde.

EMPLOIS DU SUBJONCTIF

■ DANS DES PROPOSITIONS SUBORDONNÉES

C'est dans les propositions subordonnées que l'on rencontre le plus souvent le subjonctif : les subordonnées relatives, complétives, les subordonnées de cause, de conséquence, de temps, de but, etc.

Renvoi

Voir les chapitres 26 à 35 sur :
les subordonnées relatives,
les subordonnées introduites par *que*,
l'expression de la cause,
l'expression de la conséquence,
l'expression du but,
l'expression du temps,
l'expression de l'opposition,
l'expression de la condition.

■ EMPLOYÉ SEUL

À la 3e personne du singulier ou du pluriel, il a une valeur d'impératif. Il est précédé de *que*.

- Que les candidats *soient* là demain à 8 heures !
- Que personne ne *sorte !*

■ ***DANS DES EXPRESSIONS FIGÉES

On le rencontre dans certaines expressions précédées ou non de *que*.

Vive la République !
Dieu *soit* loué !
Sauve qui peut !
Que le meilleur *gagne !*
Soit !

VALEURS DES TEMPS DU SUBJONCTIF

■ LE PRÉSENT

1. Le verbe subordonné est au subjonctif présent quand il y a simultanéité par rapport au verbe principal, c'est-à-dire lorsque les faits sont situés au même moment. Le verbe principal peut être au présent, au passé, au futur ou au conditionnel.

- Je *suis* bien content qu'il *soit* là ce matin.
- J'*étais* bien content qu'il *soit* là hier.
- Je *serais* bien content qu'il *soit* là.
- Nous *travaillerons* demain bien que ce *soit* dimanche.

2. Le subjonctif présent peut aussi avoir la valeur d'un futur par rapport au verbe principal qui peut être au présent, au passé, au futur ou au conditionnel. Il y a alors postériorité.

- Je ne *suis* pas sûr qu'il *fasse* beau demain.
- Il était très occupé ; il *a demandé* que je *revienne* le lendemain.
- Je *rentrerai* tôt pour que nous *puissions* regarder cette émission à la télévision.

■ LE PASSÉ

1. Le verbe subordonné est au subjonctif passé quand il y a antériorité par rapport au verbe principal, c'est-à-dire lorsque le fait exprimé dans la subordonnée a lieu avant le fait principal. Le verbe principal peut être au présent, au passé, au futur ou au conditionnel.

- Nous sommes très contents que vous *ayez réussi* l'examen que
  (action 2) **(action 1)**
  vous avez passé le mois dernier.

- C'est dommage que tu n'*aies* pas *pu* venir hier.
  (action 2) **(action 1)**

- Bien qu'il *ait* déjà *vu* ce film, Marc est retourné le voir avec
  (action 1) **(action 2)**
  nous.

2. ***Il exprime un fait accompli par rapport à une limite temporelle.

- Il faut que vous *ayez fini* votre travail avant 19 heures.
- On demande aux passagers de ne pas quitter leurs places avant que l'avion (ne) se *soit* complètement *immobilisé.*
- En attendant que leur mère *soit rentrée,* les enfants regardaient la télévision.

■ ***L'IMPARFAIT OU LE PLUS-QUE-PARFAIT

Dans la langue classique, on observait la concordance des temps. Lorsque le verbe principal était au passé ou au conditionnel, on employait l'imparfait pour exprimer la simultanéité ou la postériorité par rapport au verbe principal, et le plus-que-parfait pour exprimer l'antériorité et l'accompli.
De nos jours, cette concordance ne se rencontre plus que dans la langue soutenue et littéraire.

Comparez :

Langue courante : Le préfet de police *a ordonné* que la foule se *disperse.*

Langue soutenue : Le préfet de police *ordonna* que la foule se *dispersât.*

- « Quoique cette brusque retraite de la maladie *fût* inespérée, nos concitoyens ne se *hâtèrent* pas de se réjouir » (Camus, *la Peste*).

Langue courante : On s'*étonnait* qu'il ne *soit* pas encore *arrivé.*

Langue soutenue : On s'*étonnait* qu'il ne *fût* pas encore *arrivé.*

- « La vue de la petite madeleine ne m'*avait* rien *rappelé* avant que je n'y *eusse goûté* » (Proust, *À la recherche du temps perdu*).

******Remarque***

Dans la langue très littéraire, le plus-que-parfait peut avoir la valeur d'un conditionnel passé ou d'un plus-que-parfait de l'indicatif :
– « Quel homme *eût été* Balzac, s'il *eût su* écrire ! » (Flaubert).
(= Quel homme *aurait été* Balzac, s'il *avait su* écrire).

LA CONCORDANCE DES TEMPS AU SUBJONCTIF

Verbe principal au présent ou au futur de l'indicatif, ou au présent du conditionnel	Subj. présent	Simultanéité	je suis je serai content qu'il **soit** là je serais
		Postériorité	je suis je serai content qu'il **vienne** bientôt je serais
	Subj. passé	Antériorité	je suis je serai content qu'il m'**ait téléphoné** je serais avant mon départ

Langue courante **Verbe principal au passé**	Subj. présent	Simultanéité	j'étais j'ai été content qu'il **soit** là j'aurais été
		Postériorité	j'étais j'ai été content qu'il **vienne** le lendemain j'aurais été
	Subj. passé	Antériorité	je regrettais j'ai regretté qu'il **ait oublié** le rendez-vous j'aurais regretté
*****Langue soutenue** **Verbe principal au passé**	Subj. imparfait	Simultanéité	il était il fut il serait désolé qu'elle **refusât** il aurait été
		Postériorité	il craignait il craignit qu'elle ne **vînt** pas il craindrait il aurait craint
	Subj. pl.-q.-p.	Antériorité	il regrettait il regretta qu'elle **fût** déjà **partie** il regretterait il aurait regretté

9

Le conditionnel

1. Une réunion des chefs d'État européens *aurait lieu* en décembre.
2. Nos amis nous ont dit qu'ils *arriveraient* dans la soirée.

▶ **Le conditionnel est un mode qui exprime essentiellement l'éventuel (1). Il a aussi la valeur d'un futur dans le passé (2).**

SOMMAIRE

9

FORMATION DU CONDITIONNEL

Le conditionnel a deux temps : le présent et le passé.

■ LE PRÉSENT

Radical du futur + terminaisons de l'imparfait *(-ais, -ais, -ait, -ions, -iez, -aient).*

Je saur-ai → je saur-**ais**
Tu finir-as → tu finir-**ais**
Il viendr-a → il viendr-**ait**
Nous manger-ons → nous manger-**ions**
Vous pourr-ez → vous pourr-**iez**
Ils jouer-ont → ils jouer-**aient**

Attention!

Ne pas confondre :

conditionnel	*imparfait*
je mettrais	→ je mettais
je préparerais	→ je préparais

Notez le *r* caractéristique du conditionnel.

■ LE PASSÉ

Auxiliaire *avoir* ou *être* au conditionnel présent + participe passé.

J'aurais fait.
Elle serait partie.
Vous vous seriez assis.
Ils seraient venus.

******Remarque***

Le conditionnel passé 2e forme ne se rencontre que dans la langue littéraire. Sa conjugaison est celle du subjonctif plus-que-parfait.
Il *eût* voulu = il *aurait* voulu.

EMPLOIS DU CONDITIONNEL

■ LE CONDITIONNEL – MODE

1. Il peut exprimer :

• **le désir, le souhait (conditionnel *présent*); le regret (conditionnel *passé*)**

– Par un temps pareil, ce *serait* bien agréable d'être à la plage.
– J'*aurais* bien *voulu* entrer dans cette école, mais je n'ai pas réussi le concours.

• **une information non confirmée (emploi fréquent dans la presse)**

– L'avion s'est écrasé à l'atterrissage ; il y *aurait* une trentaine de morts.
(= Il y a peut-être...)
– On dit qu'il n'*aurait* pas *gagné* cet argent par des moyens très honnêtes.
(= Il n'a peut-être pas gagné...)
– D'après les sondages, ce parti *aurait* une large majorité aux prochaines élections.
(= Ce parti aura peut-être...)

• **un fait imaginaire**

– Deux enfants jouent. L'un dit à l'autre : « Je *serais* la maîtresse très sévère, tu *serais* l'élève insupportable. »
– Il rêve d'habiter à Paris ; son appartement se *trouverait* au Quartier latin, ses fenêtres *donneraient* sur un jardin...

• **l'atténuation (conditionnel de politesse, suggestion)**

– *Pourriez*-vous me rendre un service, s'il vous plaît ?
– J'*aurais voulu* avoir quelques renseignements sur les vols « charter » à destination de la Martinique.
– On *pourrait* aller au cinéma ce soir ; qu'est-ce que tu en penses ?

• **une nuance de probabilité par rapport à l'indicatif**
Comparez :
- Je connais quelqu'un qui *peut* te renseigner. (C'est sûr)
- Je connais quelqu'un qui *pourrait* te renseigner. (C'est probable)
- Juan parle si bien français qu'on le *prend* souvent pour un Français. (Fait réel)
- Juan parle si bien français qu'on le *prendrait* pour un Français. (Fait probable)

• *** **la surprise, l'indignation**
- Paul se *marierait*. Quelle surprise !
- Quoi ! Il y *aurait* encore *eu* un accident à ce carrefour !

2. Il est employé :

• **dans une proposition principale en relation avec une subordonnée introduite par *si***
- Nous *verrions* ces amis plus souvent s'ils habitaient à Paris.
- Si j'avais eu ton adresse, je t'*aurais envoyé* une carte postale de Grèce.

Renvoi
Voir les chapitres 33 sur l'expression de l'opposition et 34 sur l'expression de la condition et de l'hypothèse.

• **après les conjonctions suivantes :**

AU CAS OÙ
- Au cas où il *pleuvrait*, le match aurait lieu le lendemain.

*** QUAND BIEN MÊME
- Quand bien même tu me *jurerais* que c'est vrai, je ne te croirais pas.

■ LE CONDITIONNEL – TEMPS

Il a la valeur d'un futur lorsque le verbe principal est à un temps du passé (passé composé, imparfait, plus-que-parfait, passé simple).

Renvoi
Voir le chapitre 7 sur l'indicatif, p. 56.

• **Le conditionnel présent = futur dans le passé**
Comparez :
- Il *promet* à ses parents qu'il leur *téléphonera* dès son arrivée.
- Il *a promis* à ses parents qu'il leur *téléphonerait* dès son arrivée.

• **Le conditionnel passé = futur antérieur dans le passé**
Comparez :
- Le Premier ministre *déclare* qu'il prendra une décision quand il *aura consulté* toutes les parties intéressées.
- Le Premier ministre *a déclaré* qu'il prendrait une décision quand il *aurait consulté* toutes les parties intéressées.

10

L'impératif

1. *Assieds-toi!*
2. *Passons* plutôt par cette porte!
3. *Allez* porter cette lettre à M. Legrand!

▶ **L'impératif est un mode qui exprime l'ordre.**

SOMMAIRE

FORMATION DE L'IMPÉRATIF

- **L'impératif n'a que trois personnes : 2es personnes du singulier et du pluriel, 1re personne du pluriel**

Regarde !
Regardons !
Regardez !

> ***Remarque***
> Notez le point d'exclamation.

- **Il n'y a pas de pronom sujet**

L'impératif a deux temps :

■ L'IMPÉRATIF PRÉSENT

- **Les formes sont celles de l'indicatif présent pour les trois personnes**

Tu fais	→ fais !	Tu finis	→ finis !
Nous faisons	→ faisons !	Nous finissons	→ finissons
Vous faites	→ faites !	Vous finissez	→ finissez !

- **Pour les verbes dont la 2e personne est terminée par *-es*, la terminaison est *-e***

Tu travailles → Travaille !
Tu ouvres → Ouvre !

> ***Remarque***
> Lorsque l'impératif est suivi des pronoms ***en*** et ***y*** on ajoute un ***-s*** pour l'euphonie.
> Vas-y ! Donnes-en !

- **Pour le verbe *aller***

Tu vas → Va !

> ***Remarque***
> Quatre verbes ont un impératif irrégulier ; les formes sont celles du subjonctif présent :
> **Avoir** : aie, ayons, ayez.
> **Être** : sois, soyons, soyez.
> **Savoir** : sache, sachons, sachez.
> **Vouloir** : veuille, veuillons, veuillez.

- **Verbes pronominaux**

Lève-**toi** !
Levons-**nous** !
Levez-**vous** !

■ L'IMPÉRATIF PASSÉ

Il est formé de l'auxiliaire à l'impératif et du participe passé.

Sois rentré !	Aie fini !
Soyons rentrés !	Ayons fini !
Soyez rentrés !	Ayez fini !

EMPLOIS DE L'IMPÉRATIF

■ L'IMPÉRATIF PRÉSENT

Il exprime un ordre, une défense, un souhait, une demande.
- Nous allons être en retard. *Dépêchons-nous !*
- *N'entrez pas* ici !
- *Passez* de bonnes vacances !
- *Excusez-moi !*

L'impératif a une valeur de futur immédiat ou plus lointain.
- *Ferme* la porte !
  (futur immédiat)
- Quand vous serez à Londres, *téléphonez*-nous !
  (futur lointain)

Remarque

Pour donner un ordre à la 3e personne du singulier ou du pluriel, on emploie le subjonctif :
- Qu'ils viennent à midi !
- Que personne ne sorte !

■ L'IMPÉRATIF PASSÉ

Son emploi est peu fréquent. Il indique qu'un fait devra être accompli avant un moment déterminé du futur.
- *Sois parti* d'ici au plus tard à 5 h 15 !
- *Ayez fini* avant midi !

- **Remarque générale sur l'emploi de l'impératif**

Pour renforcer l'impératif, on emploie souvent ***donc :***
- Venez *donc* dîner à la maison !
- Tais-toi *donc !*

11

L'infinitif

1. Il vaut mieux *attendre.*
2. Je regrette d'*avoir acheté* cet appareil.
3. J'ai entendu la porte *s'ouvrir.*

L'infinitif est un mode impersonnel qui a deux formes :

- **une forme simple : l'infinitif présent (1 et 3).**
- **une forme composée : l'infinitif passé (2).**

SOMMAIRE

FORMATION DE L'INFINITIF

■ L'INFINITIF PRÉSENT

1er groupe : chant**er**.
2e groupe : réfléch**ir**.
3e groupe : v**oir**, ven**ir**, entend**re**, peind**re**, condu**ire**, rép**ondre**, offr**ir**, etc.

Forme pronominale : **se** lev**er**, **s'**apercev**oir**.
Forme passive : **être** affiché, **être** ouvert.

► **Attention!**

Ne pas confondre :
– Je regrette d'*être allé* tout seul visiter ce musée.
(Infinitif passé actif)
et
– Ce verbe doit *être suivi* de la préposition « à ».
(Infinitif présent passif)

■ L'INFINITIF PASSÉ

Auxiliaire à l'infinitif + participe passé : avoir chanté, avoir réfléchi, avoir entendu, être venu.
Forme pronominale : s'être levé, s'être aperçu.
Forme passive : avoir été affiché, avoir été ouvert.

■ L'INFINITIF À LA FORME NÉGATIVE

À la forme négative, la négation précède le verbe :

Ne pas entrer
Ne plus fumer
Ne jamais se tromper
Ne rien faire
Ne pas s'être réveillé
Ne pas avoir compris

EMPLOIS DE L'INFINITIF

■ VALEURS DE L'INFINITIF

1. Les faits exprimés par le verbe à l'infinitif présent et par le verbe principal sont simultanés :

Il veut
Il voulait } *venir* avec nous.
Il voudra

2. Le fait exprimé par l'infinitif passé est :

• **antérieur au fait exprimé par le verbe principal**
- Marc est content d'*avoir reçu* des nouvelles de sa famille.
- Après *avoir entendu* ce pianiste en concert, j'ai acheté tous ses disques.

• **accompli par rapport à une limite temporelle**

Catherine est sûre d'*être rentrée* chez elle avant midi.
(accompli)

■ EMPLOIS DE L'INFINITIF

• **Comme sujet**
- Trop *fumer* est mauvais pour la santé.
- *Vivre* à la campagne me plairait beaucoup.

• **Après un verbe (*aller, devoir, penser, pouvoir, savoir, vouloir,* etc.)**
- Je ne sais pas *faire* la cuisine.
- Elle est allée *acheter* du pain.

• **Après une préposition (sauf *en* qui est suivi du participe présent)**
- Ils ont l'habitude *de passer* leurs vacances à la montagne.
- *Après avoir visité* le Louvre, ils ont acheté des cartes postales.
- Êtes-vous prêts *à partir?*
- Le directeur a décidé *d'engager* cette jeune candidate.

Remarque

Un certain nombre d'infinitifs sont devenus des noms :
le déjeuner, le dîner, le souvenir, le pouvoir, etc.

■ LA TRANSFORMATION INFINITIVE

L'infinitif remplace une subordonnée complétive ou circonstancielle lorsque le verbe principal et le verbe subordonné ont le même sujet.

- *Les experts* pensent qu'*ils trouveront* une solution à ce problème.
  → Les experts pensent *trouver* une solution à ce problème.

1. Elle est obligatoire quand le verbe de la subordonnée est au subjonctif après les conjonctions suivantes :

que sans que	pour que afin que de peur que de crainte que	avant que en attendant que le temps que

- Je veux *partir.*
  (et non : Je veux que je parte)
- L'enfant a traversé la rue sans *faire* attention.
  (et non : ... sans qu'il fasse attention)

2. Elle est facultative quand le verbe de la subordonnée est à l'indicatif :

- J'espère { *que je partirai* demain. / *partir* demain.
- Vous remettrez le dictionnaire à sa place { *après que vous l'aurez consulté.* / *après l'avoir consulté.*

Renvoi

Voir les chapitres 27 sur les complétives, p. 227-228, 31 sur l'expression du but, p. 258, 32 sur l'expression du temps, p. 271-272, 33 sur l'expression de l'opposition, p. 282-283, 34 sur l'expression de la condition, p. 294.

■ LA PROPOSITION INFINITIVE

Les verbes de perception (*écouter, entendre, regarder, voir, sentir,* etc.) ainsi que les verbes *laisser* et *faire* se construisent avec un infinitif qui a son propre sujet.

- Nous regardions *les avions s'éloigner dans la nuit.*
  (proposition infinitive : « les avions » est le sujet de « s'éloigner »)
- Ne laissez pas *les enfants jouer sans surveillance.*
  (« les enfants » : sujet de « jouer »)
- On a fait *entrer les spectateurs dans la salle.*
  (« les spectateurs » : sujet de « entrer »)

Remarque

Si l'infinitif n'a pas de complément, son sujet se place avant ou après, sauf dans le cas du verbe *faire.*
- Je regarde la pluie *tomber.*

Ou
- Je regarde *tomber* la pluie.

Mais
- Elle *fait bouillir* de l'eau.

(Et non : elle fait de l'eau bouillir.)

■ AUTRES EMPLOIS

1. L'infinitif peut exprimer *l'ordre, le conseil.* Cet emploi est très fréquent dans les recettes de cuisine, les modes d'emploi et les avis au public.

- Ne pas *gêner* la fermeture des portes.
- *Laver* les pommes, les *éplucher* puis les *faire cuire* au four pendant trente minutes.

2. ***Dans des phrases exclamatives ou interrogatives, il exprime *le doute, le souhait, l'indignation.*

- Que *faire ?* Qui *croire ?*
- Ah ! *Quitter* cette maison au plus vite !
- Toi, *agir* ainsi !

3. ***Il s'emploie dans les *subordonnées interrogatives* indirectes et dans certaines *relatives.*

- Je ne sais pas *à qui m'adresser.*
- Cet étudiant cherche quelqu'un *avec qui partager son appartement.*

Renvoi

Voir les chapitres 26 sur la proposition subordonnée relative p. 217 et 28 sur le discours direct et le discours indirect, p. 234.

12

Le participe

1. On demande un interprète *parlant* l'allemand et l'italien.
2. C'est une route *bordée* d'arbres centenaires.

▶ **Il y a deux sortes de participes : le participe *présent* (1) et le participe *passé* (2).**

SOMMAIRE

12

LE PARTICIPE PRÉSENT

1. Formation

Pour la plupart des verbes, il est formé sur le radical de la 1re personne pluriel de l'indicatif présent + *-ant* :

Regarder : nous regardons → regard**ant**
Agir : nous agissons → agiss**ant**
Faire : nous faisons → fais**ant**

► ***Remarque***

Quelques verbes ont un participe présent irrégulier
être → *étant*
avoir → *ayant*
savoir → *sachant*

2. Emploi

■ *** LE PARTICIPE PRÉSENT EMPLOYÉ COMME VERBE

• Il exprime la simultanéité par rapport au verbe principal. Il se rapporte à un nom ou à un pronom; il est invariable et s'emploie surtout à l'écrit.

– Voulant se reposer, { elle s'allonge. / elle s'est allongée. / elle s'allongea. / elle s'allongera. }

• Il est fréquemment suivi d'un complément d'objet

– Les personnes *ayant* un ticket bleu doivent se présenter au contrôle.
(ticket bleu = complément d'objet)

• Il peut être remplacé par une subordonnée relative

– Sur la route, marchait un groupe de jeunes *chantant et riant.*
(= ... qui chantaient et qui riaient)

• Il peut être remplacé par une subordonnée circonstancielle

– *Ne sachant pas* comment vous joindre, je n'ai pas pu vous prévenir de mon retour.
(= Comme je ne savais pas...)

– *Répondant aux questions des journalistes,* le ministre a confirmé qu'il se rendrait en U.R.S.S. prochainement.
(= Quand il a répondu...)

■ *** LA SUBORDONNÉE PARTICIPIALE (surtout à l'écrit)

Le participe a son sujet propre. La subordonnée est toujours séparée du reste de la phrase par une virgule. Elle exprime essentiellement la cause.

- *Le professeur de maths étant absent,* les élèves sont autorisés à quitter la classe.
  (= Comme le professeur est absent...)
- *L'examen étant très facile,* les résultats ont été excellents.
  (= Étant donné que l'examen était très facile...)

■ L'ADJECTIF VERBAL

Certains participes présents sont devenus des adjectifs verbaux. Ils s'accordent avec le nom auquel ils se rapportent.

des livres *intéressants*
une expérience tout à fait *passionnante*
une rue très *passante*
une entrée *payante*
des trottoirs *glissants*
une femme *charmante*

L'adjectif verbal n'a jamais de complément d'objet.

Comparez :

- Il nous a raconté des histoires très *amusantes.*
  (= adjectif verbal)
- Les clowns *amusant* tous les enfants eurent beaucoup de succès.
  (= participe présent suivi d'un complément d'objet)
- Elle a une vie *fatigante.*
  (= adjectif verbal)
- Ce traitement médical la *fatiguant* beaucoup, elle a dû arrêter de travailler.
  (= participe présent)

*****Attention !**

Quelques adjectifs verbaux ont une orthographe différente de celle du participe :

adjectif	*participe*
fatigant	fati**guant**
communicant	communi**quant**
provocant	provo**quant**
convaincant	convain**quant**
etc.	

LE GÉRONDIF

1. Formation

***en* + participe présent :**

en marchant
en agissant
en faisant

2. Emploi

Le gérondif se rapporte à un verbe. Il a le même sujet que ce verbe. Il indique la *simultanéité* d'une action par rapport à ce verbe. Son emploi est très fréquent. Il joue le rôle d'un complément circonstanciel.
Il exprime en général *le temps.*

– Elle aime travailler *en écoutant* de la musique.
(= ... pendant qu'elle écoute...)
– *En visitant* Venise, j'ai rencontré Bernard et sa femme.
(= Tandis que je visitais Venise...)

Il peut exprimer également :

- **la cause**

– L'enfant a pris froid *en sortant* sans bonnet et sans écharpe.
(= parce qu'il est sorti...)

- **la manière**

– Ils sont sortis *en courant.*
(= comment ? en courant)

- **la condition**

– *En arrivant* de bonne heure, vous trouverez encore des places pour le spectacle de ce soir.
(= Si vous arrivez...)

- **l'opposition (obligatoirement précédé de *tout*)**

– *Tout en travaillant* beaucoup, il sort très souvent.

******Remarque***

Le gérondif peut être précédé de ***tout*** quand on veut insister sur la durée.
– Elle aime travailler *tout en écoutant* de la musique.

Attention !

Ne confondez pas
- J'ai aperçu Paul *sortant* du métro.
(participe présent : Paul sortait du métro)
- J'ai aperçu Paul *en sortant* du métro.
(gérondif : *Je* sortais du métro)

LE PARTICIPE PASSÉ

1. Formation

1er groupe : terminaison *-é*.
mangé, amené
2e groupe : terminaison *-i*.
fini, réussi
3e groupe : formes irrégulières.
mis, su, dit, parti, ouvert, peint, cuit, etc.

Le participe passé est variable (voir les règles de l'accord p. 83).

2. Emploi

■ EMPLOYÉ AVEC L'AUXILIAIRE « ÊTRE » OU « AVOIR »

Il sert à former *les temps composés* :
elle a parlé, il est sorti, il s'était trompé, etc.
avoir choisi

Il sert également à former *la voix passive* :
elle est invitée
elle a été invitée

Le participe passé est fréquemment employé seul. L'auxiliaire *être* est sous-entendu :
- La petite fille, *restée* seule, jouait avec sa poupée.
  (= qui était restée seule)
- J'ai trouvé une chambre à louer dans un appartement *habité* par une vieille dame.
  (= qui est habité par une vieille dame)
- *Arrivés* à Marseille, ils prirent le bateau pour la Corse.
  (= Quand ils furent arrivés à Marseille...)

■ EMPLOYÉ COMME ADJECTIF QUALIFICATIF

Un grand nombre de participes passés sont devenus des adjectifs qualificatifs :

une porte *ouverte*
des enfants bien *élevés*
un oiseau *mort*
une boisson *glacée*

NE CONFONDEZ PAS

Participe passé : sens passif	Adjectif verbal : sens actif
amus**é**	amus**ant**
choqu**é**	choqu**ant**
surpr**is**	surpren**ant**
déç**u**	déce**vant**
énerv**é**	énerv**ant**
boulevers**é**	boulevers**ant**
etc.	

– Les spectateurs étaient très *émus* par le film.
– C'était un film très *émouvant*.
– Je suis *agacé* par tous ces coups de téléphone.
– Ces coups de téléphone sont *agaçants*.

■ ***LA FORME COMPOSÉE DU PARTICIPE (auxiliaire au participe présent + participe passé)

Cette forme du participe permet d'exprimer l'antériorité de l'action par rapport au verbe principal. L'auxiliaire *être* est fréquemment omis.

– Les élèves *ayant obtenu* **(action 1)** une bonne note au concours de gymnastique recevront **(action 2)** un prix.
– *Étant partis* **(action 1)** à l'aube, les alpinistes ont atteint **(action 2)** le sommet à 9 h.

■ ***LA SUBORDONNÉE PARTICIPIALE (on la rencontre surtout à l'écrit)

Le participe a son sujet propre. La subordonnée participiale est séparée par une virgule du reste de la phrase. Elle exprime le temps ou la cause, etc. L'auxiliaire *être* est fréquemment omis.

– *Le contrat signé,* ils se séparèrent.
(= Quand le contrat fut signé...)
– *Son mari mort,* elle alla vivre chez ses enfants.
(= Après que son mari fut mort...)
– *La pluie ayant cessé,* nous sommes sortis.
(= Comme la pluie avait cessé...)

L'ACCORD DU PARTICIPE PASSÉ

■ EMPLOYÉ SEUL

Le participe s'accorde avec le nom auquel il se rapporte :
une montre *achetée* en Suisse
des aliments *surgelés*

■ EMPLOYÉ AVEC « ÊTRE »

Le participe s'accorde avec le sujet :
- *Elle* est sorti**e** après le déjeuner.
- *Nous* avons été choqu**és** par cette émission.
- *Ils* se sont perd**us** dans la forêt.

Renvoi

Pour l'accord du participe des verbes pronominaux, voir le chapitre 5 sur la forme pronominale, p. 35-36.

■ EMPLOYÉ AVEC « AVOIR »

Le participe ne s'accorde jamais avec le sujet.
- Elle a mang**é** une pomme
- Nous avons march**é** longtemps

Mais il s'accorde avec le complément d'objet direct, quand celui-ci est placé devant le verbe.

• **Le complément est le pronom relatif *que***
- Voici les fruits et les légumes que j'ai acheté**s** au marché.

• **Le complément est un pronom personnel → *me, te, le, la, nous, vous, les***
- Ces poires sont délicieuses ; je *les* ai achetée**s** au marché.
- Il *nous* a invité**(e)s** au restaurant.

Attention!

Le participe ne s'accorde pas avec le pronom ***en :***
– Des poires? J'*en* ai achet***é*** hier.

• **Le complément est un nom placé devant le verbe**
- Combien de *livres* as-tu lu**s** cet été?
- Quelle *peur* j'ai eu**e** !

■ CAS PARTICULIERS

1. Le participe passé des verbes impersonnels est toujours invariable.

– Quelle tempête il y a **eu** cette nuit !

2. Le verbe *faire* + infinitif : le participe reste invariable.

– Ma voiture était en panne ; je l'ai fai**t** réparer.

*****Participes passés des verbes : *voir, regarder, entendre, écouter, sentir, laisser,* suivis d'un infinitif.**
Le participe s'accorde avec le complément d'objet direct, quand celui-ci est le sujet de l'infinitif.

– L'enfant doit ramasser *les jouets* qu'il a laissé**s** traîner par terre.
(les jouets = sujet du verbe traîner)

Comparez :

– *L'actrice* que j'ai vu**e** jouer était excellente.
(l'actrice = sujet du verbe jouer)
– *La pièce* que j'ai vu jouer était de Ionesco.
(la pièce = COD de jouer; le sujet de jouer est sous-entendu : les acteurs)
– C'est une *cantatrice* que j'ai souvent entendu**e** chanter.
(cantatrice = sujet du verbe chanter)
– C'est une *chanson* que nous avons entendu chanter par Édith Piaf.
(chanson = COD de chanter)

NE DITES PAS	DITES
~~Il a travailler.~~	Il a travaill**é**.
~~En étant malade, il est resté au lit.~~	**Étant** malade, il est resté au lit.
~~J'ai passé un an en apprenant le français.~~	J'ai passé un an **à apprendre** le français.
~~Des touristes portants des valises.~~	Des touristes **portant** des valises.
~~Ce livre est ennuyant.~~	Ce livre est **ennuyeux**.

DEUXIÈME PARTIE

Le groupe du nom et les pronoms

INTRODUCTION

Le groupe nominal

1. Les constituants du groupe nominal

1. Le groupe nominal est constitué d'un nom précédé d'un déterminant.
Celui-ci peut être :

- un article : **la** maison
- un adjectif démonstratif : **cette** maison
- un adjectif possessif : **ma** maison

D'autres déterminants – les adjectifs indéfinis et les adjectifs numéraux – sont employés :

- **soit seuls**

quelques fleurs
deux enfants

- **soit combinés avec les articles, les adjectifs démonstratifs ou possessifs**

ces quelques fleurs
mes deux enfants

On peut aussi classer parmi les déterminants l'adjectif interrogatif ou exclamatif *quel,* ainsi que les adverbes de quantité : *beaucoup de, peu de,* etc.

Quelle heure est-il ?
Quelle merveille !
Il y a **beaucoup de** vent aujourd'hui.

2. Les autres constituants du groupe nominal peuvent être :

- **un adjectif qualificatif**

un tapis **persan**
cette **magnifique** soirée

• **un complément de nom**

mon cours **de français**
une boîte **en carton**
un appartement **à louer**
la maison **d'en face**

• **une proposition subordonnée relative**

Voilà la voiture **que mon père a achetée hier.**

2. Remplacement du groupe nominal par un pronom

Le groupe nominal peut être remplacé par un pronom démonstratif, possessif, indéfini, personnel.

- ce livre → **celui-ci** (pronom démonstratif)
- ta raquette de tennis → **la tienne** (pronom possessif)
- quelques disques de jazz → **quelques-uns** (pronom indéfini)
- Ils regardent *le match de football* → Ils **le** regardent (pronom personnel)

13

Le nom

On peut distinguer :

- des noms *animés* (personnes, animaux)
  enfant, chien
- des noms *inanimés* (choses, idées)
  chaise, justice
- des noms *propres* (avec une majuscule)
  Paris, monsieur Dubois
- des noms *communs*
  rue, liberté
- des noms *simples*
  sac, couteau, ami
- des noms *composés*
  croque-monsieur, boîte aux lettres

SOMMAIRE

NOMS ANIMÉS : FORMATION DU FÉMININ

■ RÈGLE GÉNÉRALE

On ajoute un *-e* à la forme écrite du masculin.

un employé → une employée
un étudiant → une étudiante

Mais beaucoup de noms sont terminés par *-e* au masculin comme au féminin, et c'est le déterminant qui indique le genre :

un/une artiste
le/la libraire
mon/ma camarade

Remarque

Le mot *enfant* a une forme unique : un/une enfant.

■ MODIFICATIONS ORTHOGRAPHIQUES ET PHONÉTIQUES

On peut distinguer deux cas.

1. La présence du *-e* n'entraîne pas de modification phonétique

-i un ami → une amie
-é un employé → une employée
-u un inconnu → une inconnue
-l un rival → une rivale
un Espagnol → une Espagnole

Attention!

Notez la majuscule pour les noms de nationalité.

2. La prononciation change.

• Le *-e* entraîne la prononciation de la consonne finale du masculin

	Masculin	Féminin
-d	marchand	→ marchande
-t	candidat	→ candidate mais chat → chatte
-ois	bourgeois	→ bourgeoise
-ais	Anglais	→ Anglaise
-er	boulanger	→ boulangère
-ier	infirmier	→ infirmière

Attention!

Notez l'accent grave et la prononciation du ***-e*** ouvert : boulanger → boulangère
[e] → [ɛ]

- **Au féminin, le *-n* est prononcé**

	Masculin		Féminin	Changements phonétiques
-(i)en → (i)enne -on → -onne	Européen espion	→ →	Européen**ne** espion**ne**	[ɛ̃] → [ɛn] [ɔ̃] → [ɔn]

	Masculin		Féminin	Changements phonétiques
-in → -ine -ain → -aine -an → ane	cousin Mexicain Persan mais : paysan	→ → → →	cousin**e** Mexicain**e** Persan**e** paysan**ne**	[ɛ̃] → [in] [ɛ̃] → [ɛn] [ɑ̃] → [an]

- **Au féminin modification de la syllabe finale**

-teur → -teuse	ou -teur → -trice
acheteur → acheteu**se** menteur → menteu**se**	directeur → direct**rice** acteur → act**rice**
-eur → -euse	danseur → danseu**se**
-f → -ve	fugitif → fugiti**ve** veuf → veu**ve**
-e → -esse	tigre → tigr**esse** hôte → hôt**esse** maître → maîtr**esse** et aussi dieu → **déesse**

■ AUTRES CAS

1. Le féminin est un nom différent :

un homme → une femme — un neveu → une nièce
un oncle → une tante — un cheval → une jument etc.

2. Certains noms n'ont pas de féminin :

un auteur, amateur, compositeur, architecte, chef, chirurgien, écrivain, ingénieur, témoin, juge, magistrat, médecin, sculpteur, etc.

> ***Remarque***
> Quand on veut préciser, on peut ajouter le mot ***femme*** :
> – Il y a peu de *femmes chirurgiens.*

3. Quelques noms n'ont pas de masculin :

une victime, une souris, une grenouille, etc.

4. Certains noms ont le même radical mais des terminaisons différentes :

un compagn**on**	un hér**os**	un servi**teur**
une compag**ne**	une hér**oïne**	une serv**ante**, etc.

LE GENRE DES NOMS INANIMÉS

■ LE GENRE EST FIXE

une table, une fleur
un livre, le bonheur

Les terminaisons peuvent indiquer le genre des noms mais les exceptions sont nombreuses. Les terminaisons les plus courantes sont :

Masculin	Féminin
-isme → journalisme -ment → mouvement -age → voyage sauf une page, une image, une plage, une cage, la nage, la rage -(e)au → bureau, noyau -phone → téléphone -oir → soir -et → paquet etc.	-té → qualité -ion → question -eur → fleur (sauf le bonheur) -oi → loi -ie → sociologie -ure → fermeture -esse → richesse -ette → raquette -ence -ance → expérience, balance etc.

■ LES HOMONYMES

Certains noms changent de sens selon qu'ils sont masculins ou féminins.

Masculin	Féminin
un livre de grammaire	une livre de tomates
un manche de couteau	une manche de robe
un voile de mariée	une voile de bateau
le mode subjonctif	la mode des années 60
le Tour de France	la tour Eiffel
le poste de TV	la poste
etc.	

■ LES NOMS GÉOGRAPHIQUES

1. Pays, régions.

• **Généralement, les noms terminés par *-e* sont féminins**
la France, l'Italie, la Normandie

> **Remarque**
> Exceptions : le Mexique, le Cambodge, le Zaïre, etc.

• **Les autres noms sont masculins**
le Japon, le Canada, le Languedoc, l'Afghanistan

2. Villes.

• **Le genre des noms de villes n'est pas fixé. Quand le nom est terminé par *-e*, on a tendance à le considérer comme féminin**
Toulouse est grande.

• **Les autres noms sont considérés comme masculins.**
Paris est grand.

> **Remarque**
> On dit plus souvent :
> Paris est *une grande ville.*

3. Montagnes, fleuves, rivières.

Le genre des noms n'est pas fixe.
le Jura, le Caucase, les Alpes (f. pl.)
la Seine, la Volga, le Rhône, le Nil

Et lui d'où vient-il ?
élection du fleuve de l'année

LE PLURIEL DES NOMS

■ RÈGLE GÉNÉRALE

On ajoute un *-s* à la forme écrite du singulier.

un enfant → des enfants

► ***Remarque***

Certains noms sont exclusivement employés au pluriel : les environs, les gens, les mœurs, etc.

■ CAS PARTICULIERS

1. Les noms terminés par *-s, -z, -x* ne changent pas au pluriel :

un pays	→ des pays
un gaz	→ des gaz
une voix	→ des voix

2. Les noms terminés par *-eau, -au, -eu* prennent un *-x* au pluriel :

un bateau	→ des bateaux
un tuyau	→ des tuyaux
un cheveu	→ des cheveux

► ***Remarque***

Exception :
un pneu → des pneus, etc.

3. Sept noms terminés par *-ou* prennent un *-x* au pluriel :

bijou, caillou, chou, genou, hibou, joujou, pou

4. Quelques noms terminés par *-ail* ont un pluriel en *-aux :*

travail	→ travaux
corail	→ coraux
émail	→ émaux
vitrail	→ vitraux

5. Quelques noms terminés par *-al* ont un pluriel en *-aux :*

animal	→ animaux
journal	→ journaux
cheval	→ chevaux
hôpital	→ hôpitaux

► ***Remarque***

D'autres suivent la règle générale : des bals, des carnavals, des festivals, des récitals, etc.

6. Attention à certains *pluriels irréguliers* :

œil	→ yeux
jeune homme	→ jeunes gens
madame	→ mesdames
ciel	→ cieux
monsieur	→ messieurs
mademoiselle	→ mesdemoiselles
etc.	

7. Les *noms propres* ne prennent pas de *-s* au pluriel :

– Nous avons invité *les Durand* à dîner.
(= M. et Mme Durand
= la famille Durand)

Mais les noms d'artistes peuvent se mettre au pluriel pour désigner leurs œuvres :

– Ils possèdent deux Renoir/Renoirs.
(= deux tableaux de Renoir)

8. Le pluriel des *noms composés.*

- **Verbe + nom → verbe invariable**

un ouvre-boîte(s) → des ouvr**e**-boîtes
(= qui ouvre la ou les boîtes)
un porte-avions → des port**e**-avions
(= qui porte les avions)

mais

des porte-monnaie	des chasse-neige,
(= qui porte la monnaie)	(= qui chasse la neige)

- **nom + nom → les deux mots au pluriel**

un chou-fleur → des chou**x**-fleur**s**

mais

des timbre**s**-poste (= de la poste)

nom + adjectif →	les deux mots au pluriel
adjectif + nom →	les deux mots au pluriel
adjectif + adjectif →	les deux mots au pluriel

un coffre-fort → des coffre**s**-fort**s**
un grand-père → des grand**s**-père**s**
un sourd-muet → des sourd**s**-muet**s**

14

L'adjectif qualificatif et l'adjectif numéral

1. Cette *petite* table *basse* est très *pratique.*
2. Il y a des arbres *magnifiques* dans le jardin du Luxembourg.
3. C'est une actrice très *connue.*
4. Nous avons fait un voyage *fatigant.*
5. Pierre et Marie ont *trois* enfants.

▶ **Ces adjectifs sont appelés *qualificatifs* parce qu'ils expriment une qualité du nom.**

▶ **De nombreux participes sont devenus des adjectifs (3 et 4).**

▶ **Il existe aussi des adjectifs *numéraux* (5).**

SOMMAIRE

14

LE FÉMIN, DES ADJECTIFS

■ RÈGLE GÉNÉRALE

On ajoute un *-e* à la forme écrite du masculin :
grand → grande

Mais beaucoup d'adjectifs ont une forme unique :
rouge, calme, facile, tranquille, jeune, propre, etc.

■ ADJECTIFS VARIABLES À L'ÉCRIT SEULEMENT

Pour tous ces adjectifs la prononciation ne change pas au féminin.

1. Adjectifs soumis à la règle générale (ajout du *-e*) :

	Masculin	Féminin
-u	absolu	absolue
-é	carré	carrée
-i	poli	polie mais : favori → favorite
-r	dur	dure
-al	général	générale
-ol	espagnol	espagnole (et seule)
-il	civil	civile mais : gentil → gentille
-ct	direct	directe

2. Cas particuliers : changement d'orthographe.

- **Doublement de la consonne finale au masculin**
  - **les adjectifs en *-el* :**

exceptionnel → exceptionnelle
traditionnel → traditionnelle

- **et quelques autres :**

pareil → pareille
nul → nulle
net → nette

- Accent grave sur le *-e*

fier   → fi**è**re
cher   → ch**è**re
amer   → am**è**re

- Tréma sur le *-e* des adjectifs terminés par *-gu*

aigu   → aigu**ë**
ambigu   → ambigu**ë**

- **les adjectifs**

grec   → grec**que**
turc   → tur**que**
public   → publi**que**

■ **ADJECTIFS VARIABLES À L'ORAL ET À L'ÉCRIT**

Pour tous ces adjectifs la prononciation change au féminin.

1. Le *-e* entraîne la prononciation de la consonne finale du masculin.

- Les adjectifs terminés par *-d, -t, -(i)er*

	Masculin	Féminin
-d	grand rond	gran**d**e ron**d**e
-t	petit prudent brillant cuit	peti**t**e pruden**t**e brillan**t**e cui**t**e
-(i)er	étranger premier	étrang**è**re premi**è**re

> ► **Attention!**
> Notez l'accent grave et la prononciation du *-e* ouvert :
> étrang**er** → étrang**è**re
> [e] → [ɛ]

- Les adjectifs terminés par *-s* ou *-et*

Masculin		Féminin			
gris	→	grise	mais : bas	→	basse
chinois	→	chinoise	gras	→	grasse
divers	→	diverse	gros	→	grosse
compris	→	comprise	épais	→	épaisse
permis	→	permise	las	→	lasse
complet	→	complète	mais : muet	→	muette
inquiet	→	inquiète	coquet	→	coquette
secret	→	secrète			
discret	→	discrète			
concret	→	concrète			

2. Au féminin, le *-n* est prononcé.

	Masculin		Féminin	Changements phonétiques
-un → -une	brun	→	brune	[œ̃] → [yn]
-in → -ine	voisin enfantin fin	→ → →	voisine enfantine fine	[ɛ̃] → [in]
-ain → –aine et	prochain américain vain plein	→ → → →	prochaine américaine vaine pleine	[ɛ̃] → [ɛn]
-an → -ane (rare) mais	catalan partisan paysan	→ → →	catalane partisane paysanne	[ɑ̃] → [an]

Avec doublement de la consonne :

-on → -onne	bon breton mignon	→ → →	bonne bretonne mignonne	[ɔ̃] → [ɔn]
-(i)en → -(i)enne	européen coréen ancien iranien	→ → → →	européenne coréenne ancienne iranienne	[ɛ̃] → [ɛn]

Elle est bretonne et elle est mignonne.

3. Modifications de la consonne ou de la syllabe finale.

	Masculin		Féminin
-f → -ve	neuf	→	neuve
	bref	→	brève
	positif	→	positive
-eux → -euse	nerveux	→	nerveuse
	affreux	→	affreuse
	peureux	→	peureuse
mais	vieux	→	vieille
-c → -che	blanc	→	blanche
	franc	→	franche
	sec	→	sèche
et	frais	→	fraîche
-teur → -teuse	menteur	→	menteuse
-teur → -trice	observateur	→	observatrice
	interrogateur	→	interrogatrice
-eur → -euse	joueur	→	joueuse
	moqueur	→	moqueuse
-eau → -elle	nouveau	→	nouvelle
	jumeau	→	jumelle
	beau	→	belle
-ou → -olle	fou	→	folle
	mou	→	molle

► *Remarque*

Quelques adjectifs terminés
par -x :
doux → douce
roux → rousse
faux → fausse

► **Attention!**

Dix adjectifs en **-eur** ont un
féminin en **-eure** :
antérieur → antérieure
inférieur → inférieure
extérieur → extérieure
intérieur → intérieure
postérieur → postérieure
supérieur → supérieure
majeur → majeure
mineur → mineure
meilleur → meilleure
ultérieur → ultérieure

Les adjectifs *beau, nouveau, vieux* ont deux formes au masculin
singulier :

devant une consonne	**devant une voyelle ou un *h* muet**
un nouveau manteau	un nouvel appartement
un beau tableau	un bel homme
un vieux chien	un vieil ami

LE PLURIEL DES ADJECTIFS

■ RÈGLE GÉNÉRALE

On ajoute un *-s* à la forme écrite du singulier. Il n'y a pas de modification phonétique.

un livre bleu → des livres bleu**s**
une jupe longue → des jupes longue**s**

■ CAS PARTICULIERS

Ils concernent certains adjectifs masculins.

-s ou -x	→ pas de forme différente au pluriel un mur bas → des murs ba**s** un sourire doux → des sourires dou**x**
-eau → -eaux	un film nouveau → des films nouv**eaux** un frère jumeau → des frères jum**eaux**
-al → -aux	un problème national → des problèmes nation**aux** un organisme régional → des organismes région**aux**

Exceptions

banal → **banals**
final → **finals**
glacial → **glacials**
natal → **natals**
fatal → **fatals**
naval → **navals**
etc.

L'ACCORD DES ADJECTIFS

■ RÈGLE GÉNÉRALE

L'adjectif s'accorde en genre (masculin ou féminin) et en nombre (singulier ou pluriel) avec le nom qu'il qualifie.

une rue bruyan**te**, des enfants blond**s**, des histoires court**es**

Accord avec des noms de genres différents :

une jupe et un chemisier blanc**s**
(féminin) **(masculin) (masc. pl.)**

> **Attention!**
> **Les** littérature**s** française et anglaise.
> (= la littérature française et la littérature anglaise)

■ CAS PARTICULIERS

1. Les adjectifs de *couleur*.
Les noms employés comme adjectifs de couleur sont invariables :

une robe marron, des coussins orange, des murs crème, des yeux noisette, etc.

> ***Remarque***
> *Rose* et *mauve* s'accordent : **des** rubans rose**s**.

2. Les adjectifs de *couleur composés*.
Les adjectifs de couleur sont invariables lorsqu'ils sont précisés par un nom ou un autre adjectif.
Comparez :

une jupe vert**e** et une jupe { vert *pomme* / vert *clair* }

des chandails bleu**s** et des chandails { bleu *foncé* / bleu *marine* / bleu *pâle* }

3. *Demi, nu, ci-joint, ci-inclus* sont invariables lorsqu'ils sont placés devant un nom :

une demi-heure	mais	deux heures et demi**e**
nu-pieds		pieds nu**s**
ci-joint une photocopie		la photocopie ci-joint**e**
ci-inclus une adresse		l'adresse ci-inclus**e**

> **Attention!**
> ***Demi*** s'accorde seulement en genre mais pas en nombre.

4. Dans l'expression *avoir l'air*, l'accord se fait avec le sujet :

– Cette *tarte* a l'air délicieu**se**.

> ***Remarque***
> Quand le sujet est une personne, on peut aussi accorder avec ***air*** :
> – Elle a l'air heur**eux**/heur**euse**.

LA PLACE DES ADJECTIFS

La majorité des adjectifs sont placés après le nom. Quelques-uns sont toujours placés devant le nom; d'autres, enfin, n'ont pas de place fixe.

■ ADJECTIFS TOUJOURS PLACÉS APRÈS LE NOM

1. Les adjectifs de *couleur* :
une pomme *verte*, un tableau *noir*

2. Les adjectifs de *nationalité* :
un écrivain *français*, un étudiant *étranger*, des montres *suisses*

3. Les adjectifs de *forme* :
un plat *rond*, une table *carrée*

4. Les adjectifs de *religion* :
un rite *catholique*, une église *orthodoxe*

5. Les adjectifs exprimant une *relation* (correspondant à un complément de nom) :
un temps *printanier* (= de printemps)
l'époque *médiévale* (= du Moyen Âge)
la voiture *présidentielle* (= du Président)

6. Les participes passés employés comme adjectifs :
une jupe *plissée*, un verre *cassé*, une table *vernie*

7. Les adjectifs suivis d'un complément :
un conseil *bon à suivre*, un exercice *facile à faire*

■ ADJECTIFS PLACÉS AVANT LE NOM

Beau, joli, double, jeune, vieux, petit, grand, gros, mauvais, demi, prochain, dernier, nouveau, etc.
un *beau* paysage, un *gros* problème, un *vieux* chien, la *prochaine* station

Remarques

1. Pour ***jeune*** et ***grand*** placés après le nom, voir ci-dessous.
2. ***Prochain*** et ***dernier*** sont placés après les noms de temps pour exprimer la date :
- la semaine prochaine/dernière,
- le mois prochain/dernier,
- l'été prochain/dernier.

■ ADJECTIFS PLACÉS AVANT OU APRÈS LE NOM

On peut dire :

un spectacle *magnifique* ou un *magnifique* spectacle
un paysage *splendide* ou un *splendide* paysage

Certains adjectifs d'appréciation : *délicieux, magnifique, splendide, horrible, superbe,* etc. ont une plus grande valeur expressive quand ils sont placés avant le nom.

■ ADJECTIFS QUI CHANGENT DE SENS SELON LEUR PLACE

ancien	un **ancien** hôpital	= aujourd'hui, ce n'est plus un hôpital
	un meuble **ancien**	= vieux et qui a de la valeur
brave	un **brave** homme	= gentil
	un homme **brave**	= courageux
certain	une **certaine** envie	= plus ou moins grande
	une envie **certaine**	= on ne peut pas en douter
cher	mon **cher** ami	= que j'aime
	un livre **cher**	= dont le prix est élevé
curieux	une **curieuse** histoire	= bizarre, étrange
	un regard **curieux**	= indiscret
drôle	une histoire **drôle**	= amusante
	une **drôle** d'histoire	= bizarre
grand	un homme **grand**	= de haute taille
	un **grand** homme	= célèbre, important dans l'histoire
jeune	un **jeune** professeur	= qui enseigne depuis peu de temps
	un professeur **jeune**	= qui n'est pas vieux
pauvre	un **pauvre** homme	= qui est à plaindre
	un homme **pauvre**	= qui n'est pas riche
propre	mon **propre** frère	= le mien
	une chemise **propre**	= qui n'est pas sale
rare	un livre **rare**	= qui a de la valeur
	de **rares** amis	= peu nombreux
seul	un **seul** enfant	= il n'y en a pas d'autres dans la famille
	un enfant **seul**	= qui n'est pas accompagné
vrai	un **vrai** problème	= important
	une histoire **vraie**	= réelle, vécue

etc.

Remarque

Notez l'emploi de la préposition ***de (d')*** devant le nom.

AUTRES EMPLOIS DES ADJECTIFS

■ LES ADJECTIFS EMPLOYÉS COMME ADVERBES

Certains adjectifs *au masculin singulier* sont employés comme adverbes.

- Cette fleur sent *bon.* (= a une bonne odeur)
- Ils sont *fort* riches. (= très riches)

On dit en particulier :

Peser *lourd,* couper *fin,* coûter *cher,* voir *clair,* voir *grand,* travailler *dur,* marcher *droit,* chanter *faux,* parler *fort,* s'habiller *jeune,* faire *vieux,* etc.

Comparez :

- Cette valise est *lourde.* (adjectif)
- Cette valise pèse *lourd.* (adverbe)

■ LES ADJECTIFS EMPLOYÉS COMME NOM

Ils sont au masculin singulier et précédés de l'article *le.*

- Il aime *le moderne.*
  (= ce qui est moderne)
- *L'important,* c'est qu'il soit là.
  (= la chose importante)
- Un esthète est quelqu'un qui aime *le beau.*
  (= les belles choses)
- *Le bleu* est à la mode cet hiver.
  (= la couleur bleue)

LES ADJECTIFS NUMÉRAUX

Il existe deux sortes d'adjectifs numéraux :

1. L'adjectif *numéral cardinal* : il indique le nombre.
– J'ai *trois* sœurs et *deux* frères.

2. L'adjectif *numéral ordinal* : il indique l'ordre.
– C'était la *troisième* fois qu'il venait à Paris.

■ LES ADJECTIFS NUMÉRAUX CARDINAUX

1. Ils sont invariables sauf :

- ***un* qui prend la marque du féminin**

– Ce livre a cent cinquante et un**e** pages.

- ***vingt* et *cent* qui prennent un *-s* quand ils sont multipliés**

deux cent**s** (200 = 2 × 100)
quatre-vingt**s** (80 = 4 × 20)

mais ils restent *invariables* quand ils sont suivis d'un autre chiffre
deux cent douze (212)
quatre-vingt-treize (93)

Remarque

Mille est un adjectif invariable :
Deux mille hommes.

Million et ***milliard*** sont des noms qui peuvent prendre la marque du pluriel :
– Deux million**s** d'hommes.

2. Ils peuvent être précédés d'un déterminant :
– Rendez-moi *mes* trois cents francs !
– Il a posé *les* quatre livres sur la table.

Remarque

On dit :
1. les trois derniers jours, mes deux autres enfants ;
2. avec un pronom personnel : nous deux, vous quatre.

3. Le suffixe *-aine* indique un nombre approximatif. On l'ajoute à 8, 10, 12, 15, 20, 30, 40, 50, 60 et 100.
– Il a offert *une dizaine* de roses à sa mère.
(= environ dix)
– Il y avait *une vingtaine* d'étudiants dans la classe.
(= environ vingt)

Remarque

Un millier = environ mille :
– *Un millier* de manifestants se rassemblèrent place de l'Opéra.

■ LES ADJECTIFS NUMÉRAUX ORDINAUX

un → **premier(-ière)**
deux → **deuxième** ou second(e)

Ensuite, le suffixe *-ième* s'ajoute au nombre.

trois-**ième** quatr-**ième** trent-**ième**

– Ils viennent d'avoir leur *troisième* enfant.
– Ce livre a beaucoup de succès ; on en est à la *dixième* édition.

Remarque

Pour la date, on dit *le premier* janvier (février, mars, etc.). Ensuite on dit *le deux* (trois, quatre, etc.) janvier.

LISTE DES ADJECTIFS NUMÉRAUX

	cardinal	ordinal		cardinal	ordinal
1	un(e)	**premier(-ière)**	31	trente **et** un(e)	trente et unième
2	deux	deuxième, **second(e)**	32	trente-deux	trente-deuxième
3	trois	troisième	40	quarante	quarantième
4	quatre	quatrième	41	quarante **et** un(e)	quarante et unième
5	cinq	cinquième	50	cinquante	cinquantième
6	six	sixième	51	cinquante **et** un(e)	cinquante et unième
7	sept	septième	60	soixante	soixantième
8	huit	huitième	61	soixante **et** un(e)	soixante et unième
9	neuf	neuvième	70	soixante-dix	soixante-dixième
10	dix	dixième	71	soixante **et onze**	soixante et onzième
11	onze	onzième	72	soixante-douze	soixante-douzième
12	douze	douzième	80	quatre-vingt**s**	quatre-vingtième
13	treize	treizième	81	quatre-vingt-un(e)	quatre-vingt et unième
14	quatorze	quatorzième	90	quatre-vingt-dix	quatre-vingt-dixième
15	quinze	quinzième	91	quatre-vingt-**onze**	quatre-vingt-onzième
16	seize	seizième	97	quatre-vingt-dix-sept	quatre-vingt-dix-septième
17	dix-sept	dix-septième	100	cent	centième
18	dix-huit	dix-huitième	101	cent un(e)	cent unième
19	dix-neuf	dix-neuvième	1 000	mille	millième
20	vingt	vingtième	1 001	mille un(e)	mille unième
21	vingt **et** un(e)	vingt **et** unième	1 800	mille huit cents	mille huit centième
22	vingt-deux	vingt-deuxième	10 000	dix mille	dix millième
30	trente	trentième	100 000	cent mille	cent millième

Remarque

On peut dire *dix huit cents* ou *mille huit cents.*

NE DITES PAS

Mon anglaise amie.
Cette voiture coûte chère.
Les derniers trois jours.
Les autres deux manteaux.
Louis le quatorzième.
Je suis né le deuxième mars.

DITES

Mon amie **anglaise.**
Cette voiture coûte **cher.**
Les **trois derniers** jours.
Les **deux autres** manteaux.
Louis **XIV** (quatorze).
Je suis né le **deux mars.**

15

Les articles

1. *La* poste ferme à 19 heures.
2. J'ai *une* bonne idée.
3. Voulez-vous *du* pain?

L'article est *un déterminant* qui s'accorde en genre et en nombre avec le nom qu'il précède; il y a trois sortes d'articles :

- **l'article défini (1)**
- **l'article indéfini (2)**
- **l'article partitif (3)**

S O M M A I R E

L'ARTICLE DÉFINI

1. Formes

Masculin singulier	Féminin singulier	Masculin et féminin pluriel
le	la	les

le livre → **les** livres
la table → **les** tables

1. Devant une voyelle ou un *h* muet :

le → l' l'arbre, l'homme
la → l' l'université, l'heure

Attention!
Il n'y a pas d'élision devant un *h* aspiré :
le héros, **la** hauteur.

2. L'article se contracte avec les prépositions *à* et *de* :

à + le → au Nous allons **au** cinéma.
à + les → aux Il parle **aux** enfants.
de + le → du La table **du** salon.
de + les → des Les feuilles **des** arbres.

2. Emploi

On emploie l'article défini

1. Lorsque le nom désigne une personne ou une chose *connue ou unique :*

- **Le** Soleil éclaire **la** Terre.
- **La** tour Eiffel a été construite en 1889.

2. Lorsque le nom a une *valeur générale :*

- **L'**argent ne fait pas **le** bonheur.
- J'aime beaucoup **le** jazz.
- Ils habitent à **la** campagne.

3. Lorsque le nom est *déterminé* par une proposition subordonnée relative (1), un complément de nom (2), ou le contexte (3) :

- **Le** voyage que je devais faire a été annulé. (1)
- **Le** prochain voyage du pape aura lieu au printemps. (2)
- Nous sommes allés en Italie en voiture ; **le** voyage a été un peu long. (3)

Renvoi

Voir dans ce chapitre p. 113-114.

On emploie donc l'article défini devant :

- **les noms géographiques**

l'Europe, **la** Suède, l'Ouest, l'océan Atlantique, **le** Nil, **les** Alpes, **la** Normandie, etc.

Remarque

On ne met pas d'article devant certains noms de pays :
Cuba, Israël, Madagascar, Chypre, etc.

- **les peuples et les langues**

les Italiens, **les** Grecs, etc.
le chinois, l'hébreu, etc.

- **les saisons, la date et les fêtes**

l'hiver, **le** printemps, l'été, l'automne
le 15 mars, **le** lundi 15 mai
la Toussaint, **le** jour de l'an, etc. (mais Noël et Pâques)

Remarques

1. On ne met pas d'article devant les noms des mois :
– *Septembre* est le mois de la rentrée des classes.
2. Devant un nom de temps, l'article défini exprime l'habitude :
– Je joue au tennis *le* lundi.
(= tous les lundis)

- **les titres**

le Président, **la** reine, **le** Premier ministre, **le** général Dupont, **le** professeur Dubois, etc.

- **les noms de famille**

les Martin
(Attention ! le nom ne se met pas au pluriel)

Remarque

– Acheter **un** Van Gogh
(= acheter *un tableau* de Van Gogh)
– Jouer **du** Debussy
(= jouer *de la musique* de Debussy)

- **les couleurs**

le vert, **le** blanc, etc.

- **le superlatif**

le plus connu, **la** plus petite, etc.

- **pour exprimer une mesure**

10 francs **le** kilo, 20 francs **le** mètre, 5 francs **le** litre, 90 km à l'heure, etc.

CAS PARTICULIER

L'article défini s'emploie devant les noms *des parties du corps* à la place de l'adjectif possessif lorsque la relation entre la partie du corps et le possesseur est évidente :

– Cet enfant a **les** cheveux blonds et **les** yeux bleus.
– Elle a souvent mal à **la** tête.
– Il écrit de **la** main gauche.
– Il marchait **le** dos courbé, **les** mains derrière **le** dos.

C'est le cas également :

• **lorsque la relation de possession est indiquée par un verbe pronominal**

– Lave-*toi* **les** mains !
– Il *s'*est coupé **le** doigt.

• **lorsque le possesseur est indiqué par le pronom indirect**

– On *lui* a marché sur **le** pied.
– Il *m'*a pris **la** main.

L'ARTICLE INDÉFINI

1. Formes

Masculin singulier	Féminin singulier	Masculin et féminin pluriel
un	une	des

un livre → **des** livres
une table → **des** tables

2. Emploi

On emploie l'article indéfini :

1. Lorsque le nom désigne une personne ou une chose *non identifiée.*

- Nous avons invité **des** amis à dîner.
- Ils ont **une** villa sur la Côte d'Azur.

2. Lorsque le nom est *particularisé* par un adjectif (1), un complément de nom (2) ou une subordonnée relative (3).

- C'est **un** paysage *magnifique.* (1)
- C'est **un** paysage *d'hiver.* (2)
- C'est **un** paysage *qui fait rêver.* (3)

Renvoi

Voir dans ce chapitre p. 113-114.

CAS PARTICULIER

Lorsque le nom pluriel est précédé d'un adjectif, *des* est remplacé par *de.*

- J'ai acheté **des** roses rouges.
- J'ai acheté **de** jolies roses rouges.

Mais l'article est conservé lorsque le groupe adjectif + nom est considéré comme un *nom composé :*

des petits pois, **des** jeunes gens, **des** petites annonces, **des** grands magasins, **des** petites filles, **des** petits fours, etc.

Remarque

Dans la langue parlée, on a tendance à conserver l'article *des* :
- Il a eu **des** bonnes notes à l'examen.

15

L'ARTICLE PARTITIF

1. Formes

Masculin singulier	Féminin singulier
du	de la

du pain, **de la** monnaie

Devant une voyelle ou un *h* muet :

du → de l' **de** l'argent
de la → de l' **de** l'eau, **de** l'huile

2. Emploi

On emploie l'article partitif devant un nom concret ou abstrait pour indiquer une quantité indéterminée, une partie d'un tout qu'on ne peut pas compter.

- Je prends toujours **du** thé au petit déjeuner.
- Il a gagné au loto. Il a eu **de la** chance.
- Je vais chercher **de** l'argent à la banque.

Remarques

1. J'ai mangé **des** épinards.
Ici, *des* est considéré comme un article partitif.
2. Avec le verbe *faire*, on emploie fréquemment l'article partitif :
faire **du** sport, **du** yoga
faire **du** violon, **de la** guitare...
faire **des** études, **du** droit...
faire **du** théâtre, **de la** politique...

VALEURS COMPARÉES DES TROIS ARTICLES

■ DIFFÉRENCE ENTRE L'ARTICLE DÉFINI ET L'ARTICLE INDÉFINI

Comparez :

1. Il y a **un** musée près d'ici ; c'est **le** musée d'Orsay.
   (non identifié) **(identifié)**

2. – **Le** bruit est un des problèmes de la vie moderne.
   (= le bruit en général)
   – J'ai entendu **un** bruit dans le couloir.
   (= un bruit en particulier)

3. – C'est **une** voiture qui tient bien la route.
   (= une parmi d'autres)
   – C'est **la** voiture que je viens d'acheter.
   (= ma voiture)
   – De nos jours, on prend beaucoup l'avion.
   (= en général)
   – Je prends toujours **un** avion de cette compagnie.
   (= un parmi d'autres)

4. – Il est arrivé **un** dimanche.
   (= en particulier)
   – **Le** dimanche, il joue au golf.
   (= tous les dimanches)
   – **Le** vert est ma couleur préférée.
   (= en général)
   – La mer était d'**un** vert éclatant.
   (= en particulier)

******Remarque***

Devant les noms de parties du corps, l'article indéfini apporte une nuance d'appréciation :
– Cette petite fille a **les** cheveux frisés. (constatation)
– Cette petite fille a **des** cheveux superbes et **de** jolis yeux. (appréciation)

■ DIFFÉRENCE ENTRE L'ARTICLE DÉFINI, INDÉFINI ET PARTITIF

Un même nom peut être précédé de chacun des trois articles s'il appartient à la catégorie des noms non comptables, comme :

soleil, neige, pluie, vent, etc.
viande, lait, vin, etc.
patience, courage, force, énergie, etc.
argent, or, fer, etc.

- **L'**eau est indispensable à la vie.
  (= en général)
- Cette source donne **une** eau très pure.
  (= caractère particulier donné par l'adjectif)
- Je voudrais **de l'**eau, s'il vous plaît.
  (= quantité indéterminée)

- **Le** courage est une qualité morale.
- Il a montré **un** grand courage dans cette situation.
- Il faut **du** courage pour se lever à 5 heures tous les matins !

- **Le** russe est une langue difficile à apprendre.
- Quelle est cette langue? C'est **du** russe.
- Elle parle **un** russe excellent.

► **Attention!**

Ne confondez pas :
1. ***du :*** article partitif et ***du :*** article défini contracté (de + le)
– J'ai mangé **du** fromage de chèvre. (partitif)
– Il n'aime pas l'odeur **du** fromage. (de + le)
2. ***des :*** article indéfini et ***des :*** article défini contracté (de + les) :
– Je vais prendre **des** vacances le mois prochain. (indéfini)
– Je me souviens **des** merveilleuses vacances que nous avons passées en Dordogne. (de + les)

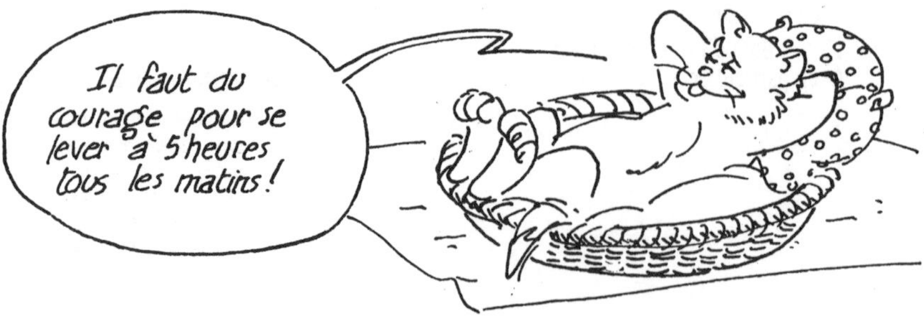
Il faut du courage pour se lever à 5 heures tous les matins !

LES ARTICLES INDÉFINIS ET PARTITIFS DANS LA PHRASE NÉGATIVE

1. Après un verbe à la forme négative, l'article indéfini et l'article partitif sont remplacés par *de* :

un une des du de la de l'	→	ne... pas ne... plus ne... jamais	+ DE

- J'ai fait **un** gâteau.
  → Je n'ai pas fait **de** gâteau.
- Je fais encore **des** fautes.
  → Je ne fais plus **de** fautes.
- Je fais souvent **de la** gymnastique.
  → Je ne fais jamais **de** gymnastique.

Remarque

Sans a une valeur négative. Il y a donc une modification de l'article :
- Il est sorti en faisant **du** bruit. → Il est sorti **sans** faire **de** bruit.

Mais on ne modifie pas l'article

- **quand on veut opposer deux noms :**

- N'achetez pas **de la** margarine, achetez donc **du** beurre !
- Je ne prendrai pas **une** glace à la vanille mais **un** sorbet au cassis.

- **quand *un* a le sens de *un seul* :**

- Elle était intimidée ; elle n'a pas dit **un** mot.

- **après le verbe *être* :**

- C'est **une** voiture japonaise.
  → Ce n'est pas **une** voiture japonaise.
- Ce sont **des** remarques intéressantes.
  → Ce ne sont pas **des** remarques intéressantes.
- Quand j'étais au lycée, je n'étais pas **une** bonne élève.

2. Après *ni... ni,* l'article est omis :

– Il boit quelquefois **de** l'alcool : **du** vin, **de la** bière, **des** apéritifs.
→ Il ne boit jamais d'alcool : **ni** vin, **ni** bière, **ni** apéritifs.
– Elle avait **des** frères et **des** sœurs.
→ Elle n'avait **ni** frères **ni** sœurs.
– Nous avons reçu **un** coup de téléphone et **une** lettre de Jean.
→ Nous n'avons reçu **ni** coup de téléphone **ni** lettre de Jean.

Mais on peut dire également : *pas de... ni de... :*

– Il ne boit **pas de** vin **ni de** bière.
– Elle n'a **pas de** frères **ni de** sœurs.
– Nous n'avons **pas** reçu **de** coup de téléphone **ni de** lettre de Jean.

► **Attention!**
On maintient l'article défini :
– Il n'aime ni **le** vin ni **la** bière.

Oui Papa,
un léger accident...
la voiture n'a plus
de portières, ni de volant,
ni de sièges, ni de...

OMISSION DES ARTICLES INDÉFINIS ET PARTITIFS

■ DEVANT UN NOM PRÉCÉDÉ D'UNE EXPRESSION DE QUANTITÉ

L'article indéfini et l'article partitif sont omis.

beaucoup de	plus de
trop de	assez de
autant de	moins de
peu de	etc.

– Il y a *beaucoup d'*arbres fruitiers dans ce jardin.
– J'ai *plus de* travail que l'année dernière.

> *****Attention!**
> On peut dire *beaucoup des* (de + les) si le nom est déterminé :
> – Beaucoup des arbres fruitiers que j'ai plantés ont souffert du froid.

un kilo de	une tranche de
une heure de	un paquet de
un morceau de	une goutte de
une bouteille de	etc.

– Je voudrais quatre *tranches de* jambon, s'il vous plaît.
– J'ai acheté dix *mètres de* tissu pour faire des rideaux.

■ APRÈS LA PRÉPOSITION « DE »

L'article indéfini pluriel et l'article partitif sont omis.

de + du
de + de la
de + de l'
de + des
} = DE

– Le ciel est couvert **de** nuages.
– Cette bouteille est pleine **d'**eau.
– Faute **de** temps, je ne suis pas allé à la poste.
– Ce magasin est fermé en raison **de** difficultés financières.

Mais l'article indéfini singulier est conservé :
– J'ai besoin **d'un** dictionnaire.
– Leur maison se trouve près **d'une** belle église romane.

■ APRÈS LA PRÉPOSITION « SANS »

L'article indéfini et l'article partitif sont omis devant un nom.

- Elle est *sans travail* actuellement.
- Je prends toujours mon café *sans sucre*.

Remarque

Lorsque *un* a le sens de *un seul,* on maintient l'article :
- Il est parti *sans un mot* de remerciement.

■ DEVANT UN NOM ATTRIBUT DÉSIGNANT UNE PROFESSION

L'article indéfini est omis.

- Madame Lévy est *professeur* d'anglais.
- Il est devenu *directeur* de la banque où il travaille depuis dix ans.

Renvoi

Pour le maintien de l'article devant un nom de profession, voir le chapitre 16 sur les démonstratifs, p. 128.

OMISSION DES TROIS ARTICLES

■ DEVANT LE COMPLÉMENT DE NOM INTRODUIT PAR « À » OU « DE »

On n'emploie pas d'article lorsque le complément de nom sert à préciser le sens de ce nom.

PRÉPOSITION **DE**

une carte de géographie, de visite, d'étudiant, d'identité...
une salle de classe, de cinéma, d'attente, de bains...
un ticket de métro, une idée de génie, un ami d'enfance, une agence de voyages, une race de chiens, des pommes de terre, etc.

Comparez :

un arrêt **d'**autobus (n'importe quel autobus)
l'arrêt **de** l'autobus 91 (le 91)

des clés **de** voiture (n'importe quelle voiture)
les clés **de la** voiture de Sophie

un récit **de** voyage
le récit **du** voyage de M. Martin au Tibet

PRÉPOSITION À

un couteau **à** pain (un couteau pour couper le pain)
une corbeille **à** papiers
une brosse **à** dents
un panier **à** provisions

► ***Remarque***

On conserve l'article défini lorsque *à* a le sens de ***avec :***
une glace **à la** vanille ; une tarte **au** citron ; un pain **au** chocolat ; de la peinture **à l'**huile ; etc.

■ AUTRES CAS D'OMISSION DE L'ARTICLE

1. Dans les énumérations :

- Tout est en solde dans ce magasin : jupes, pantalons, chemisiers, vestes, manteaux.
- Le musée Picasso présente de nombreuses œuvres de l'artiste : peintures, sculptures, dessins, collages.

2. Dans les annonces, les titres de journaux et de livres... :
« Maison à vendre », « Violents orages dans le Midi », Livre de grammaire, Cahier d'exercices, etc.

3. Dans certaines locutions verbales :
avoir envie, avoir besoin, faire attention, rendre service, etc.

4. Après certains verbes :
changer d'avis, se tromper de direction, etc.

5. Après certaines prépositions :
en été, par terre, à pied, en or, sans issue, avec plaisir, etc.

NE DITES PAS	DITES
Le livre de le professeur.	Le livre **du** professeur.
Je vais à les États-Unis.	Je vais **aux** États-Unis.
Je n'ai pas des amis.	Je n'ai pas **d'**amis.
Je n'ai pas de l'argent.	Je n'ai pas **d'**argent.
Il n'a pas du travail.	Il n'a pas **de** travail.
Je n'aime pas de café.	Je n'aime pas **le** café.
Voilà des belles photos.	Voilà **de** belles photos.
Voilà des autres livres.	Voilà **d'autres** livres.
Il y a beaucoup des étudiants.	Il y a beaucoup **d'**étudiants.
Je t'appellerai le lundi prochain.	Je t'appellerai **lundi prochain.**
Je voudrais un verre de l'eau.	Je voudrais un verre **d'**eau.
Elle porte le manteau bleu.	Elle porte **un** manteau bleu.
Elle a fermé ses yeux.	Elle a fermé **les** yeux.
Je suis une étudiante.	Je suis **étudiante.**
Il est sorti sans un parapluie.	Il est sorti **sans parapluie.**
J'ai besoin du temps pour...	J'ai besoin **de** temps pour...

16

Les démonstratifs : adjectifs et pronoms

1. « Mademoiselle, pourriez-vous montrer nos vestes à *ce* monsieur ?
2. – Est-ce que *cette* veste vous plaît, monsieur ? *C'*est une veste de sport.
3. – Oui, elle est jolie, mais je préférerais *celle* que j'ai vue hier dans la vitrine et qui est plus habillée. »

Les démonstratifs sont soit des déterminants du nom (adjectifs démonstratifs 1, 2), soit des pronoms (2, 3). Ils servent à :

- **désigner une personne, un objet ou une idée,**
- **reprendre un mot ou un groupe de mots.**

SOMMAIRE

LES ADJECTIFS DÉMONSTRATIFS

1. Formes

Singulier		Pluriel	
masculin	féminin	masculin	féminin
ce cet	cette	ces	

***Cet* devant un nom masculin commençant par une voyelle ou par un *h* muet :**
cet arbre, cet homme (*cet* est prononcé comme *cette*)

mais
ce héros, ce haut-parleur (*h* aspiré)

2. Emploi

1. L'adjectif démonstratif s'emploie

- **pour désigner quelqu'un ou quelque chose**

– *Cette* dame, c'est la directrice de l'école.
(Le locuteur *désigne* la dame)
– Tu vois *cet* autobus ? Il va à la gare de Lyon.
(Le locuteur *désigne* l'autobus)

- **pour reprendre un nom déjà mentionné**

– Il était une fois un prince ; *ce* prince n'était pas heureux.
(reprise du nom)

2. *Ce...-ci, ce...-là.*

- ***-ci* = près (dans l'espace ou dans le temps) :**

– Prends *ce* couteau-*ci*, il coupe bien.
(= le couteau qui est près de toi, devant toi)
– Il y a beaucoup de vent *ces* jours-*ci*.
(= en ce moment)

- ***-là* = loin (dans l'espace ou dans le temps)**

– *Cet* arbre-*là,* au fond du jardin, a plus de cent ans.
(= cet arbre, loin de nous)

– *Ce* jour-*là,* tout le monde dormait.
(= ce jour loin dans le passé)

- ***-ci* et *-là* employés dans la même phrase servent à différencier deux noms**

– Qu'est-ce que vous préférez? *Ces* photos-*ci* en noir et blanc ou *ces* photos-*là* en couleur?

Remarque

Dans la langue courante, ***-ci*** est peu fréquent; on emploie de préférence ***-là.***

– *Cette* idée-*là* me paraît bonne.

– Cet enfant a sept ans; à *cet* âge-*là,* il devrait savoir lire.

– Mets donc *cette* cravate-*là!*

16

LES PRONOMS DÉMONSTRATIFS

1. Formes

		Singulier	Pluriel
Masculin	forme simple	celui	ceux
	forme composée	celui-ci celui-là	ceux-ci ceux-là
Féminin	forme simple	celle	celles
	forme composée	celle-ci celle-là	celles-ci celles-là
Neutre		ce ceci cela	

2. Emploi

Le pronom démonstratif reprend un nom déjà mentionné, ce qui évite la répétition.

1. Formes composées.

– Quelle est votre voiture? *Celle-ci* ou *celle-là?*
(= cette voiture-ci ou cette voiture-là?)

2. Formes simples.

Elles sont toujours suivies de la préposition *de* ou d'un pronom relatif.

- **préposition *de***

– L'ascenseur de gauche est en panne, prenez *celui de* droite.

– La chambre des parents donne sur la rue. *Celle des* enfants donne sur la cour.

Remarques

1. Dans la langue courante, on emploie de préférence ***là*** *:*
– C'est bien ce livre que vous voulez?
– Oui, c'est *celui-là.*

2. ***Le pronom avec-***ci*** reprend le nom le plus proche :
– L'enfant voulait calmer son petit frère, mais *celui-ci* pleurait et réclamait sa mère.
(celui-ci = le petit frère et non pas l'enfant).

- **pronom relatif**

– Les fleurs sauvages sont *celles que* je préfère.
– Il y a deux chemins pour aller au village. *Celui qui* passe par la forêt est plus court.

Le pronom peut être suivi d'un participe passé ou d'une préposition autre que *de*.

– Il y a trop d'accidents sur les routes ; *ceux* causés par l'alcool sont les plus fréquents.
– Les vêtements en nylon sèchent plus vite que *ceux* en coton.

Remarque

Ceux qui = les gens qui
Dans ce cas, le pronom n'a pas de valeur de reprise.
– La montagne attire *ceux qui* aiment l'air pur et la solitude.

3. Emploi du pronom neutre

■ CE

***Ce* a des emplois limités à certaines constructions :**

1. *Ce* + *être* + nom = identification.

– *C'est* monsieur Dupont.
– *Ce sont* des touristes.

2. Autres emplois de *ce* + *être*.

- **Pour reprendre une phrase**

– Il y avait beaucoup de monde à la fête ; *c'était* très sympathique.
– Être patron d'une grande entreprise, *c'est* une lourde responsabilité.

- ***C'est* + adjectif = *il est* (forme impersonnelle)**

– *C'est* utile de savoir conduire.

3. *Ce* + pronom relatif

- ***Ce* a une valeur indéterminée**

– Choisis *ce que* tu veux comme dessert.
(*ce* = fruit, gâteau, glace...)
– Il m'a raconté tout *ce qui* s'était passé.
(*ce* = les faits, les circonstances, etc.)

- ***Ce* reprend une phrase**

– Il s'est mis à pleuvoir, *ce qui* a obligé tout le monde à rentrer.
(*ce* remplace la première partie de la phrase = il s'est mis à pleuvoir)
– Beaucoup de magasins sont ouverts le dimanche, *ce que* les clients trouvent très pratique.
(*ce* = les magasins ouverts le dimanche)

Renvoi

Voir le chapitre 25 sur la mise en relief.

Renvoi

Voir dans ce chapitre, p. 127.

Remarque

À l'oral, devant les formes de ***être*** commençant par une consonne, on peut employer ***ça*** au lieu de ***ce :***
– *Ça* sera prêt demain.

Renvoi

Voir le chapitre 6 sur les constructions impersonnelles, p. 39.

■ CELA

1. *Cela* (*ça* à l'oral) reprend un groupe de mots ou une phrase.

- Il est parti? Qui t'a dit *ça?*
  (*ça* = il est parti)
- Elle a eu son bac à seize ans. *Ça,* c'est bien.
- Il avait perdu ses parents très jeune; *cela* l'avait marqué pour la vie.
- Quel désordre! Il faut ranger tout *ça!*

Remarque

Le pronom ***ceci*** est peu employé dans la langue courante. Dans la langue soutenue, il annonce ce qu'on va dire.
Comparez :
- Auditeurs de France-Musique, écoutez bien *ceci :* un concert exceptionnel aura lieu le 15 avril au profit de la Croix-Rouge.
- Il a une mauvaise vue; *cela* l'a empêché de devenir pilote.

2. Il est employé comme sujet devant un verbe autre que *être.*
Comparez :

- *C'*est intéressant de lire la biographie d'un homme célèbre.
- *Cela* m'intéresse de lire cette biographie.

3. *Ça* entre dans de nombreuses expressions de la langue familière :

- Ne criez pas comme *ça!*
- Comment *ça* va?
- Qu'est-ce que c'est que *ça?*
- Arrête! *Ça* suffit!
- C'est *ça!*
- Vous avez fini? Oui, *ça* y est!

4. *Ça* s'emploie dans certaines constructions impersonnelles avec des verbes autres que *être.*

- *Ça* m'étonne qu'il ne soit pas encore là.
- *Ça* l'ennuie d'être obligé de travailler le dimanche.

Renvoi

Voir le chapitre 27 sur les propositions subordonnées introduites par la conjonction « que », p. 223.

5. *Ça* peut remplacer le pronom personnel *le, la, les* quand le nom a une valeur générale.
Comparez :

- Tu aimes le thé? – Oui, j'aime *ça.*
- Tu aimes ce thé de Chine? – Oui, je *le* trouve très bon.

Renvoi

Voir le chapitre 19 sur les pronoms personnels, p. 152.

IDENTIFICATION ET DESCRIPTION

1. Identification

■ C'EST – CE SONT

1. *C'est* + déterminant + nom.

- Qui a peint ce tableau ? – *C'est* un ami.
- Qui habite cette maison ? – *Ce sont* mes cousins Morel.
- Cette dame, qui est-ce ? – *C'est* Mme Dulac.
- Allô ! Qui est à l'appareil ? – *C'est* François.
- Ce paquet, qu'est-ce que c'est ? – *C'est* un cadeau pour Nathalie.
- J'ai renvoyé la commande. *Ce n'était* pas le modèle que je voulais.
- Qu'est-ce que le cubisme ? – *C'est* un mouvement artistique du début du XXe siècle.

Attention !

Notez l'accord du verbe ***être.*** Mais on dit dans la langue familière :
– *C'est* mes cousins Morel.

2. *C'est* + pronom.

- Est-ce que c'est Georges qui t'a dit ça ? – Oui, *c'est* lui.
- À qui est ce stylo ? – *C'est* le mien.
- Qui a fait ça ? – *C'est* moi.

Remarque

On dit : *c'est* nous, *c'est* vous, *c'est* eux.
À l'écrit : *ce sont* eux.

■ JE, NOUS / TU, VOUS } + *être* + déterminant + nom

- Qui êtes-vous ? – *Je suis* la fille de Mme Angot.
- *Nous sommes* les nouveaux locataires du 3e étage.
- *Êtes-vous* une amie de Cécile ?

2. Description

■ ÊTRE + attribut

On emploie la structure *être* + attribut dans les cas suivants :

1. L'attribut est un adjectif.

- Comment est ton appartement ? – *Il est* petit, mais confortable.
- Comment est ce professeur de piano ? – *Il est* compétent et très patient.
- Voilà notre nouvelle maison. *Elle est* moderne, assez grande et entourée d'un grand jardin.

On peut cependant employer *c'est* dans une description

- **lorsque la phrase a une valeur générale**

Comparez :

- Tu aimes les gâteaux au chocolat ? – Oui, *c'est* délicieux !
- Comment trouves-tu ce gâteau au chocolat ? – *Il est* délicieux. (= ce gâteau en particulier)

- **pour les noms géographiques**

- Est-ce que tu connais la Corse ? – Oui, *c'est* magnifique !
- Nous avons visité Montmartre ; *c'est* pittoresque.

Remarque

On emploie aussi ***c'est*** pour situer un lieu géographique :
- Où est Monaco ?
- *C'est* sur la Côte d'Azur.

- **pour les titres (romans, tableaux, etc.)**

- Vous avez lu *le Rouge et le Noir ?* – Oui, *c'est* passionnant.

2. L'attribut est un nom de profession, employé sans article.

- Antoinette *est étudiante* en droit.
- Que fait votre mari ? – Il *est journaliste* à la télévision.
- Mes grands-parents ? Ils *étaient commerçants.*

Remarque

On emploie un **article** devant un nom de profession :
1) s'il est accompagné d'un adjectif :
- M. Lescot est *un* journaliste *remarquable* ;
2) s'il sert à identifier :
- Qui est Mme Husson ? C'est *le* professeur de maths de Sophie.
- Champollion était *un* archéologue.

■ MESURES

Il existe différentes structures :

1. *Avoir* ... *de*	**long,**	**large,**	**haut.**
Faire* ... mètres *de	**longueur,**	**largeur,**	**hauteur, épaisseur, profondeur.**

– Ce lac *a* 25 mètres *de* profondeur.

– Cette chambre *fait* 5 mètres { *de* long sur 3 mètres *de* large. / *de* longueur sur 3 mètres *de* largeur.

2. La hauteur / la largeur / la longueur / la profondeur / l'épaisseur... *est de...*

– Quelle est la largeur de ce fleuve ? – Elle *est de* 35 mètres.

NE DITES PAS	DITES
Elle a fait cettes fautes.	Elle a fait **ces** fautes.
Dans cette endroit...	Dans **cet** endroit...
Donnez-moi celui-là qui est sur la table.	Donnez-moi **celui** qui est...
C'est celle-là de mon père.	C'est **celle de** mon père.
Ce qui sont en retard...	**Ceux** qui sont en retard...
C'est n'est pas vrai.	**Ce n'est** pas vrai.
Tout qu'il a dit...	**Tout ce qu'il** a dit...
Je suis un étudiant.	Je **suis étudiant.**
Mon frère est un professeur.	Mon frère **est professeur.**
Qui est-ce ? – Il est mon frère.	**C'est** mon frère.
Elle est Mme Duval.	**C'est** Mme Duval.
Le mur est 3 mètres haut.	Le mur **a** 3 mètres de haut.
Quelle est la longueur de cette table ? – C'est de 1 mètre 30.	– **Elle** est de 1 mètre 30.

17

Les possessifs : adjectifs et pronoms

1. Est-ce que ce sont *vos* lunettes de soleil ?
2. – Oui, ce sont *les miennes.*
3. *Ma* banque se trouve boulevard Saint-Michel.
4. Cette situation a *ses* avantages et *ses* inconvénients.

▶ **Les possessifs sont soit des déterminants du nom (adjectifs : 1, 3, 4), soit des pronoms (2).**

▶ **Ils expriment généralement un rapport de possession (1, 2). De façon plus large, ils établissent une relation entre des personnes ou des objets (3, 4).**

SOMMAIRE

LES ADJECTIFS POSSESSIFS

1. Formes

L'adjectif possessif s'accorde en genre et en nombre avec le nom qu'il précède; de plus, il varie selon la personne du possesseur.

	Singulier		Pluriel
	masculin	féminin	masculin et féminin
1 possesseur	mon ton son	ma ta sa	mes tes ses

ma, ta, sa **+ nom féminin commençant par une voyelle ou un *h* muet → *mon, ton, son :***

Mon amie Ton histoire Son automobile

	Singulier	Pluriel
	masculin et féminin	masculin et féminin
Plusieurs possesseurs	notre votre leur	nos vos leurs

Attention!

à la prononciation de *notre, votre* : [ɔ] (o ouvert)
nos, vos : [o] (o fermé)

2. Emploi

1. Comparez :

- Elle avait invité tous *ses* amis à *son* mariage.
  (un seul possesseur)
- Ils avaient invité tous *leurs* amis à *leur* mariage.
  (plusieurs possesseurs)
- M. et Mme Girard sont heureux de vous annoncer la naissance de *leur* fils.
- *Notre* ville est connue pour *son* église gothique et *ses* remparts.
- *Mon* fils aime beaucoup *sa* maîtresse d'école.

Renvoi

– Il a tourné *la* tête.
Pour l'emploi de l'article à la place du possessif, voir le chapitre 15 sur les articles, p. 110.

2. L'adjectif possessif s'emploie aussi dans de nombreuses expressions :

avoir *son* permis de conduire, passer *son* bac, prendre *son* temps, faire *son* service militaire, faire *sa* toilette, etc.

3. L'adjectif possessif peut avoir une valeur affective ou exprimer l'habitude :

- Elle nous ennuie avec *ses* histoires !
- Il est très gentil, *ton* Pierre...
- Elle travaille *son* piano tous les jours.
- À quelle heure prends-tu *ton* petit déjeuner?

4. Le français a tendance à employer le singulier et non le pluriel, même s'il y a plusieurs possesseurs :

- Les étudiants avaient *leur livre* d'exercices ouvert sur *leur table.*
  (chaque étudiant a son livre)
- À Paris, les gens ne prennent pas souvent *leur voiture* pour aller travailler.
  (chaque personne a sa voiture)
- Ils ont passé la plus grande partie de *leur vie* à l'étranger.

LES PRONOMS POSSESSIFS

1. Formes

	Singulier		Pluriel	
	masculin	féminin	masculin	féminin
1 possesseur	le mien le tien le sien	la mienne la tienne la sienne	les miens les tiens les siens	les miennes les tiennes les siennes

	Singulier		Pluriel
	masculin	féminin	masculin et féminin
Plusieurs possesseurs	le nôtre le vôtre le leur	la nôtre la vôtre la leur	les nôtres les vôtres les leurs

► **Attention!**

à la prononciation
le, la, les nôtre(s)
le, la, les vôtre(s)
[o] (o fermé).

2. Emploi

- Nous avons la même voiture que nos voisins, mais *la leur* est bleue, *la nôtre* est rouge.
  (= leur voiture, notre voiture)
- J'avais oublié mes gants de ski ; Jean m'a prêté *les siens.*
  (= ses gants)
- C'est ton opinion ; ce n'est pas *la mienne !*
  (= mon opinion)

► **Attention!**

à la contraction de ***le, la, les*** avec ***à*** et ***de :***
– Je donne souvent du poisson à mon chat. Est-ce que tu en donnes *au tien ?*
– Tu as déjà écrit à tes parents mais je n'ai pas encore écrit *aux miens.*
– Le jardinier travaille dans le jardin des Durand ; il s'occupera *du nôtre* demain.

L'EXPRESSION DE LA POSSESSION

Il existe divers moyens d'exprimer la possession

■ **ÊTRE À + QUELQU'UN**	– Cette bicyclette *est à Julie.* – J'ai trouvé un livre et un cahier. Est-ce qu'ils *sont à toi?* – À qui est ce parapluie? – Il n'*est* pas *à moi.*
■ **APPARTENIR À**	– Ce musée *appartient à* la ville de Paris. – Ce château *appartient à* la famille du Pont. – La Grande-Bretagne *appartient à* la C.E.E. depuis le 1er janvier 1973.(= **fait partie de**)
■ **ADJECTIF POSSESSIF**	– Je te prête *ma* voiture. – Ce sont *leurs* skis.
■ **PRONOM POSSESSIF**	– Ton stylo ne marche pas? – Prends donc *le mien!* – À qui sont ces balles de tennis? – Ce sont *les nôtres.*
■ **PRONOM DÉMONSTRATIF + DE + nom**	– À qui est ce manteau? – C'est *celui de Delphine.* – Cette belle maison est *celle du maire de la ville.*

NE DITES PAS	DITES
~~C'est m'amie.~~	C'est **mon** amie.
~~Les enfants jouent avec son père.~~	Les enfants jouent avec **leur** père.
~~Ces étudiants parlent avec ses amis.~~	Ces étudiants parlent avec **leurs** amis.
~~Ce sont nôtres amis.~~	Ce sont **nos** amis.
~~Tout le monde a pris ses parapluies.~~	Tout le monde a pris **son** parapluie.
~~À qui sont ces livres? – Ce sont à nous.~~	– **Ils sont** à nous.
~~Ce livre, c'est de moi.~~	Ce livre, **il est à moi.** **c'est le mien.**
~~À qui est cette écharpe? – C'est celle de lui.~~	– C'est celle **de Michel.**

18

Les indéfinis : adjectifs et pronoms

1. *On* vient d'ouvrir un centre commercial près de chez moi.
2. Ils ont passé *quelques* jours à la campagne.
3. J'ai fait *tous* mes exercices; je *n*'ai plus *rien* à faire pour demain.
4. Pierre et André ont le *même* âge.

▶ **Les indéfinis sont soit des déterminants du nom (adjectifs : 2, 3, 4), soit des pronoms (1, 3).**

▶ **Ils servent à exprimer diverses nuances de la quantité et de l'identité.**

SOMMAIRE

LES INDÉFINIS : ADJECTIFS ET PRONOMS

■ ON

Pronom neutre singulier, toujours sujet. Il a trois significations principales :

- *On* ne doit pas jeter de papiers par terre.
  (= les gens)
- *On* a frappé à la porte. Va ouvrir, s'il te plaît !
  (= une ou plusieurs personnes indéterminées)
- Si tu veux, *on* ira au cinéma après le dîner.
  (= nous, langue familière)

▶ ***Remarque***

Dans la langue soutenue, après ***et, si, que*** et ***où***, on peut employer ***l'on*** (euphonie) :
– Ils montèrent au sommet de la colline d'où *l'on* dominait la plaine entière.

▶ **Attention !**

Quand ***on*** signifie ***nous***, l'adjectif et le participe passé s'accordent soit avec ***on***, soit avec ***nous*** :
– Pierre et moi, *on* était fatigué(s), *on* est resté(s) à la maison.

■ QUELQU'UN

Pronom singulier qui désigne une seule personne indéterminée.

- *Quelqu'un* a déposé ce paquet pour vous.
- Elle parle avec *quelqu'un* que je ne connais pas.

■ PERSONNE

Pronom singulier toujours employé avec *ne*. C'est la négation de *quelqu'un*.

- *Personne ne* sait où est Marc.
- Je *n'*ai rencontré *personne*.

■ QUELQUE CHOSE

Pronom singulier qui désigne un objet ou une idée indéterminée.

- Tu as laissé tomber *quelque chose*.
- J'ai *quelque chose* à te dire.

■ RIEN

Pronom singulier toujours employé avec *ne*. C'est la négation de *quelque chose*.

- *Rien ne* va plus.
- Je *n'*ai *rien* à déclarer.

Attention !

Notez la place de ***rien*** aux temps composés et avec un infinitif :
- Il *n'*a *rien* dit.
- Il *ne* veut *rien* dire.

■ QUELQUES, QUELQUES-UNS, QUELQUES-UNES

1. *Quelques*

Adjectif qui désigne un nombre limité de personnes ou de choses. Il peut être précédé d'un autre déterminant.

- Il reste *quelques* yaourts dans le réfrigérateur.
- Les *quelques* conseils que vous m'avez donnés m'ont beaucoup aidé.

******Remarques***

1. ***Quelque*** au singulier devant un nom abstrait a le sens de ***un peu de :***
- On gardait *quelque* espoir de mettre fin au conflit.

2. Ne pas confondre avec l'adverbe ***quelque*** = *environ :*
- Il y avait *quelque* cinq cents personnes dans la salle.

2. *Quelques-un(e)s*

Pronom. Il renvoie à un nom qui précède.

- J'avais invité tous mes amis ; mais *quelques-uns* n'ont pas pu venir.
- Tu connais les chansons des Pink Floyd ? – Oui, j'en connais *quelques-unes*.

■ PLUSIEURS (un nombre plus ou moins important)

- **Adjectif**

- J'ai acheté *plusieurs* affiches pour décorer ma chambre.
- Cette exposition était tellement intéressante que j'y suis retourné *plusieurs* fois.

- **Pronom**

Il renvoie à un nom qui précède.

- J'avais fait beaucoup de photos mais, malheureusement, *plusieurs* sont ratées.

■ CERTAINS, CERTAINES (quelques-un[e]s parmi d'autres)

• **Adjectif**

– La plupart des gens supportent bien l'aspirine, mais *certaines* personnes y sont allergiques.

• **Pronom**

Il renvoie à un nom qui précède.

– Parmi les salariés de cette entreprise, *certains* sont employés à mi-temps.

Remarques

1. L'adjectif singulier ***certain*** est précédé de l'article indéfini :
– C'est un homme d'un *certain* âge. (= assez âgé)
– Ce tableau a une *certaine* valeur. (= une valeur assez importante non précisée)

2. Placé après le nom, ***certain*** est un adjectif qualificatif qui signifie *sûr, réel :*
– Il a fait des progrès *certains.*

■ CHAQUE, CHACUN, CHACUNE

Insiste sur l'individualité.

1. *Chaque,* adjectif singulier.

– Dans la classe *chaque* enfant a un porte-manteau à son nom. (= tous les enfants pris un par un)

2. *Chacun, chacune,* pronoms singuliers :

– Cet artisan fabrique de très jolies poteries ; *chacune* est différente de l'autre.
– L'hôtesse a remis une carte d'embarquement à *chacun* des passagers.

■ AUCUN, AUCUNE (= pas un seul, pas une seule)

Toujours employé avec *ne.*

• **Adjectif**

– *Aucun* train *ne* peut circuler à cause de la neige.
– Le voleur *n'*a eu *aucune* peine à ouvrir la porte.

• **Pronom**

– Avez-vous des nouvelles de Jacques ? – Non, *aucune.*
– Y a-t-il des tableaux de Salvador Dali dans ce musée ? – Non, il *n'*y en a *aucun.*

■ ***NUL, NULLE (= aucun, aucune [langue soutenue])

Toujours employé avec *ne*.

- **Adjectif singulier**

– Il *n'*éprouvait *nulle* crainte devant la mort.

- **Pronom singulier**

(Proverbes, langue administrative.)

– *Nul* n'est censé ignorer la loi.

Remarque

Après un nom, ***nul*** est un adjectif qualificatif :
– Les deux équipes ont fait match *nul* (= égal à zéro)
– J'ai toujours été *nulle* en maths. (= très mauvaise)

■ AUTRE(S)

1. Toujours précédé d'un déterminant : article, adjectif démonstratif, possessif ou indéfini.

- **Adjectif**

– Je viendrai te voir *un autre* jour.
– Je n'ai *aucune autre* question à poser.
– Ma sœur aînée a trois enfants, mais *mon autre* sœur n'en a qu'un.

- **Pronom**

– Certains enfants marchent à dix mois ; *d'autres* marchent plus tard.
– Il n'y a que cinq étudiants dans la classe ; où sont donc *les autres ?*

Attention !

Un autre, une autre → ***d'autres*** au pluriel.
Ne confondez pas avec ***des autres*** (de + les) :
– Tu trouveras *d'autres* serviettes dans l'armoire. (d'autres = pluriel de *une autre*)
– Rangez ces boîtes à côté *des autres !* (des autres = de + les autres)

2. *L'un(e)... l'autre ; les un(e)s... les autres*, pronoms.

– Ce pianiste donnera plusieurs concerts : *l'un* le 25 mai, *les autres* en juin.
– Nous examinerons *l'une* après *l'autre* les questions à l'ordre du jour.

3. *Autre chose*

Pronom neutre, il signifie *quelque chose d'autre*.

– J'ai *autre chose* à vous communiquer.
– Ce modèle ne me plaît pas. Auriez-vous *autre chose* à me proposer?

4. ****Autrui* = les autres gens (langue soutenue).

Pronom singulier. Il est employé dans des proverbes, des maximes, etc.

– Il faut respecter la liberté d'*autrui*.
– « Ne fais pas à *autrui* ce que tu ne veux pas qu'on te fasse. »

■ LE MÊME, LA MÊME, LES MÊMES

- **Adjectif**

– Ils habitent *le même* quartier que nous.
– Mon mari et moi, nous n'avons pas *les mêmes* opinions.

- **Pronom**

– Ta veste est très jolie ; j'ai vu *la même* en vert dans une boutique près de chez moi.

Remarques

1. ***Même*** placé après le nom ou le pronom tonique permet d'insister :
– J'ai trouvé un appartement le jour *même* de mon arrivée à Paris. (= ce jour-là précisément)
– Nous repeindrons la cuisine nous-*mêmes*.
2. Ne pas confondre avec l'adverbe ***même :***
– Tout le monde était invité, *même* les enfants. (= et aussi)

■ TEL(S), TELLE(S)

Adjectif

- **Avec l'article indéfini**

– On n'a jamais vu *une telle* chaleur au mois de mai.
(= une si grande chaleur)
– Comment voulez-vous réussir avec *de telles* méthodes de travail ?
(= des méthodes comme celles-là)
– *Une telle* attitude le mettra certainement en colère.
(= une attitude comme celle-là)

Attention !

Notez le pluriel :
une telle erreur → de telles erreurs

- *****Sans déterminant**

– Si je viens, je t'enverrai un télégramme disant que j'arriverai *tel* jour, à *telle* heure.
(= le jour et l'heure ne sont pas encore fixés)
– Que vous preniez *telle* ou *telle* lessive, le résultat est le même.
(= l'une ou l'autre lessive)

Renvoi

Tel que : voir les chapitres 30 sur l'expression de la conséquence, p. 248 et 35 sur l'expression de la comparaison, p. 304.

■ N'IMPORTE QUI, N'IMPORTE QUOI, N'IMPORTE QUEL(S) / QUELLE(S), N'IMPORTE LEQUEL / LAQUELLE / LESQUELS / LESQUELLES

1. ***N'importe qui, n'importe quoi,*** **pronoms singuliers.**

– La porte n'est jamais fermée ; *n'importe qui* peut entrer.
(= une personne ou une autre)
– Je n'ai jamais mal à l'estomac ; je peux manger *n'importe quoi.*

2. ***N'importe quel(s), n'importe quelle(s),*** **adjectifs.**

– Tu peux me téléphoner *à n'importe quelle* heure.

3. ***N'importe lequel, n'importe laquelle, n'importe lesquels, n'importe lesquelles,*** **pronoms.**
Ils renvoient à un nom qui précède.

– Ces deux autobus vont à la gare de Lyon ; tu peux prendre *n'importe lequel.*

Remarque

N'importe peut se combiner avec *où, quand, comment.*
– J'irais *n'importe où* pour trouver du soleil !

■ ***DIVERS, DIVERSES; DIFFÉRENTS, DIFFÉRENTES

Adjectif pluriel

- Au cours de la réunion, *divers* points de vue ont été exprimés.
- Je connais *différentes* personnes qui n'ont pas aimé ce film.

Remarque

Après le nom, ***divers*** et ***différents*** sont des adjectifs qualificatifs :
- Les témoins ont donné des versions *différentes* de l'accident, (= qui ne sont pas les mêmes)

■ ***QUELCONQUE, ***QUICONQUE

1. *Quelconque*

Adjectif singulier ou pluriel généralement placé après le nom.

- Cette soirée m'ennuie ; je trouverai bien un prétexte *quelconque* pour ne pas y aller.
  (= un prétexte ou un autre)

Remarque

Après le nom, ***quelconque*** est aussi un adjectif qualificatif :
- C'est un restaurant tout à fait *quelconque.* (= médiocre)

2. *Quiconque*

Pronom singulier qui désigne une personne indéterminée.

- Il a pris sa décision sans consulter *quiconque.*
  (= une personne ou une autre)

******Remarque***

On peut aussi employer ***qui que ce soit*** pour une personne et ***quoi que ce soit*** pour une chose :
- Il a refusé de parler *à qui que ce soit.*
- Il a refusé de manger *quoi que ce soit.*

■ QUELQUE PART, AUTRE PART, NULLE PART (toujours employé avec *ne*)

Indéfinis de localisation.

- J'ai déjà vu cet homme *quelque part.*
  (= dans un endroit indéterminé)
- Où sont mes lunettes ? Je *ne* les trouve *nulle part.*
  (= dans aucun endroit)
- Je n'ai pas trouvé ce que je voulais dans ce magasin ; j'irai voir *autre part.*
  (= ailleurs)

►►

TABLEAU 1

Certains indéfinis peuvent être suivis d'un adjectif toujours précédé de la préposition *de*.

Quelqu'un Personne Quelque chose Rien	+ de + adjectif masculin singulier – C'est **quelqu'un de très gentil** qui m'a renseigné. – Il **n'a rien** dit **de spécial.**
Quelques-un(e)s Plusieurs Certain(e)s	+ de + adjectif masculin ou féminin pluriel – J'ai pris beaucoup de photos ; il y en a **quelques-unes de très bonnes.**
Pas un(e) Aucun(e)	+ de + adjectif masculin ou féminin singulier – Refaites vos calculs : il **n'**y en a **aucun de bon.**
Autre chose	+ de + adjectif masculin singulier – J'ai **autre chose d'important** à vous dire.

TABLEAU 2

Certains indéfinis peuvent être suivis d'un nom ou d'un pronom.

	+ nom	+ pronom	
Quelques-un(e)s Plusieurs Certain(e)s	**de** mes amis	d'entre d'entre d'entre	nous vous eux/elles
Chacun(e) Aucun(e) Pas un(e) L'un(e)	**de** mes amis	d'entre ou de (d')	nous vous eux/elles

« TOUT » : ADJECTIF, PRONOM OU ADVERBE

1. Adjectif : *tout, toute, tous, toutes*

■ TOUT + DÉTERMINANT + NOM (idée de totalité)

- *Tous* ses amis sont venus à son mariage.
- J'ai passé *toute* la soirée à travailler.
- J'ai l'intention de lire *tous* ces livres pendant les vacances.
- Il quitte son bureau *tous* les jours à 18 heures.

Remarque

Tous + adjectif numéral :
- Catherine et François sont venus *tous les deux.*

■ ***TOUT + NOM (sans déterminant)

1. *Tout = chaque* (emploi très fréquent dans les maximes et les lois).
- *Toute* règle a ses exceptions.
  (= Chaque)

2. *Tout = n'importe quel.*
- Il veut à *tout* prix réussir.
  (= à n'importe quel prix)
- Dans ce restaurant, on sert à *toute* heure.

3. Dans certaines expressions : idée de *totalité.*
En *toutes* circonstances, à *toute* vitesse, de *tous* côtés, *toutes* taxes comprises, etc.

******Remarque***

- Pour *toute* réponse, elle m'a souri.
(= seule, unique)

■ TOUT + PRONOM DÉMONSTRATIF

- Il a classé des papiers et il a jeté *tous* ceux dont il n'avait plus besoin.
  (= tous les papiers)
- Je suis d'accord avec *tout* ce qu'il a dit.
  (= toutes les paroles qu'il a dites)
- *Tout* ça n'a aucune importance.
  (= toutes ces choses)

2. Pronom : *tous, toutes, tout*

■ TOUS, TOUTES

Il renvoie à un nom qui précède.

- Mon frère a une très belle collection de pièces de monnaie anciennes ; *toutes* n'ont pas la même valeur.
  Mais on dit plus souvent : *elles* n'ont pas *toutes* la même valeur.
- Nous avons des cousins italiens ; *tous* parlent français.
  → *ils* parlent *tous* français.

Aux temps composés, le pronom se place entre l'auxiliaire et le participe passé :

- Les albums d'« Astérix » sont *tous* traduits en plusieurs langues.
- Les enfants ont *tous* aimé ce film.

Attention!

Le *s* du pronom ***tous*** se prononce :
– Ils viendront tous.

■ TOUT LE MONDE (= tous les gens)

Le verbe est au singulier.

- *Tout le monde* connaît cet acteur.
  (= Tous les gens)
- Sa réaction a étonné *tout le monde*.

■ TOUT (= toutes les choses)

Pronom neutre singulier.

- Pendant nos vacances, *tout* a été parfait : le temps, l'hôtel, la nourriture, les distractions.
- Ne t'inquiète pas ! *Tout* va bien !
- Pour le goûter, j'avais acheté des brioches et des croissants ; les enfants ont *tout* mangé.
- Je peux *tout* vous expliquer.

Attention !

Notez la place de ***tout*** aux temps composés et avec un infinitif.

******Remarque***

Le tout : nom masculin singulier.
– J'ai acheté deux cassettes et un disque compact : j'ai payé *le tout* 350 francs.

3. Adverbe : *tout* (= entièrement, très)

1. Devant un adjectif.

- Le ciel est *tout* bleu ce matin.
  (= entièrement)
- Elle a les cheveux *tout* blonds.
  (= très)

L'adverbe *tout* varie en certains cas : *tout* → *toute(s)* devant un adjectif féminin commençant par une consonne.
Comparez :

- J'ai acheté des œufs *tout* frais.
- Mes filles vont à l'école *toutes* seules.

Devant un adjectif féminin commençant par une voyelle ou un *h* muet, on peut écrire *tout* ou *toute(s)* :

- Elle va donner son premier concert en public, elle est *tout(e)* émue.
- Elle est *tout(e)* heureuse de son succès à l'examen.

2. Devant une préposition ou un adverbe.

- J'habite *tout* près d'ici.
- Elle parle *tout* doucement.

3. Dans un certain nombre d'expressions adverbiales.

Tout de suite, tout à fait, tout à l'heure, tout d'un coup, tout à coup, etc.

TABLEAU 3

Les indéfinis employés avec *en* ou *les*.

Les indéfinis employés avec *en*	
Il reste encore **quelques** gâteaux. J'ai lu **plusieurs** romans de cet auteur. Il **n'**a fait **aucune** erreur. Il **n'**a **pas** fait **une** seule faute.	Il **en** reste encore **quelques-uns.** J'**en** ai lu **plusieurs.** Il **n'en** a fait **aucune.** Il **n'en** a **pas** fait **une** seule.
J'ai **une autre** idée. J'ai **d'autres** idées. Il y a **certains** fruits qui sont plus riches que d'autres en vitamine C.	J'**en** ai **une** autre. J'**en** ai **d'autres.** Il y **en** a **certains** qui sont plus riches que d'autres en vitamine C.

Tous, toutes employés avec *les*
Nous avons beaucoup de cousins mais nous ne **les** connaissons pas **tous.** Il y a beaucoup d'églises à Rome mais je ne **les** ai pas **toutes** visitées. Ces exercices sont difficiles : je ne peux pas **les** faire **tous.**

NE DITES PAS	DITES
Il n'y a pas quelques yaourts dans le réfrigérateur.	Il **n'**y a **aucun** yaourt dans le réfrigérateur.
Quelques gens.	Quelques **personnes.**
Plusieurs gens.	Plusieurs **personnes.**
J'ai plusieurs de livres.	**J'ai plusieurs** livres.
Chaqu'un a parlé.	**Chacun** a parlé.
Personne est venu.	**Personne n'**est venu.
Personne n'est pas venu.	**Personne n'**est venu.
On a rien vu.	On **n'**a **rien** vu.
On n'a pas rien vu.	On **n'**a **rien** vu.
Quelque chose intéressant.	Quelque chose **d'**intéressant.
Autre chose amusante.	Autre chose **d'**amusant.
Quelqu'un gentil.	Quelqu'un **de** gentil.
C'est le même.	C'est **la même chose.**
J'en ai des autres.	J'en ai **d'**autres.
Il a visité tout le monde.	Il a visité **le monde entier.**
Des différents avis.	**Différents** avis. **Des** avis **différents.**
Tout le monde sont là.	Tout le monde **est** là.
Si tu voyages sans billet, tu dois payer une amende.	Si **on** voyage sans billet, **on** doit payer une amende.
Toute suite.	Tout **de** suite.

19

Les pronoms personnels

1. **Est-ce que *les élèves* ont rendu *leurs devoirs au professeur?***
   - Oui, *ils les lui* ont rendus.
2. **Aimez-vous jouer *au scrabble?* - Oui, j'aime beaucoup *y* jouer.**
3. **Voulez-vous encore *du thé?* - Non merci, je n'*en* veux plus.**
4. **Est-ce que tu sais *que François va se marier?***
   - Oui, je *le* sais.

▶ **Les pronoms personnels remplacent un nom (1, 2, 3) ou un groupe de mots (4) déjà mentionnés, ce qui permet d'éviter une répétition.**

▶ **La forme des pronoms personnels varie en genre, en nombre et selon leur fonction.**

SOMMAIRE

LES PRONOMS SUJETS

1. Formes

Singulier	Pluriel
je	nous
tu	vous
il, elle	ils, elles

▶ **Remarques**

1. *Je* s'élide devant une voyelle ou un *h* muet :
– *J'*habite Lyon.
– *J'*aime faire du ski.
2. En général, on dit *tu* à un proche : membre de la famille ou ami ; on dit *vous* à une personne qu'on ne connaît pas bien ou qui est plus âgée.

2. Emplois

– *Je* suis arrivé à Bordeaux vers 21 heures.
– Cette plante a besoin de soleil et *elle* pousse bien dans le Midi.
– Pourriez-*vous* fermer la fenêtre ?

Employé dans une construction impersonnelle le pronom *il* est neutre :

– *Il* fait froid.
– *Il* y a du soleil.
– *Il* est 10 heures.

LES PRONOMS TONIQUES

1. Formes

Singulier	Pluriel
moi toi lui, elle	nous vous eux, elles

2. Emplois

1. Ces pronoms renforcent un nom ou un pronom.

- *Moi,* je vais à la plage et *toi,* qu'est-ce que tu fais?
- Je ne connais pas M. et Mme Leroy, mais leurs enfants, *eux,* je les connais très bien.

2. Ils sont employés avec *et, ou, ni* :

- Les enfants *et moi,* nous avons passé l'après-midi au zoo.
- *Ni lui ni elle* ne parlent espagnol.

3. Ils sont employés après le présentatif *c'est* :

- Est-ce que c'est le directeur de la banque? – Oui, *c'est lui.*

4. Ils remplacent le pronom sujet lorsque le verbe est sous-entendu :

- Je vais faire du ski cet hiver, et *vous?*
  - Pas *moi.* (= Je ne vais pas faire de ski)
  - *Moi* aussi. (= Je vais faire du ski)
- Comme *toi,* j'adore la musique de Mozart.
  (= Comme tu adores la musique)
- Jacques est plus âgé que *moi.*
  (= que je suis âgé)

5. Ils s'emploient après une préposition :

- Laurent est libre ce soir ; je vais sortir *avec lui*.
- N'appelez pas les Legrand maintenant ; ils ne sont jamais *chez eux* avant 21 heures.
- Elle aime beaucoup son grand-père ; elle parle très souvent *de lui*.

• **Remarque générale sur les pronoms toniques**

Le pronom tonique est renforcé par l'adjectif ***même(s)*** quand on veut insister sur l'identité :

- Allô ! Puis-je parler à Mme Robin ?
  - C'est *elle-même* à l'appareil.
- Les enfants ont bâti *eux-mêmes* cette cabane.

LES PRONOMS COMPLÉMENTS D'OBJET DIRECT

1. Formes

Singulier	Pluriel
me te le, la en	nous vous les en

Ils sont placés devant le verbe, à tous les modes (sauf à l'impératif affirmatif), à tous les temps et à toutes les formes.

J'**en** fais.
Je n'**en** ai pas fait.
En avez-vous fait ?
Il faut que j'**en** fasse.

Je **le** vois.
Je ne **le** vois pas.
Le verriez-vous ?
Il faudrait qu'elle **le** voie.

Renvoi

Voir les pronoms à l'impératif affirmatif, p. 159.

2. Emplois

■ **EN**

Renvoi

Pour les autres emplois de *en*, voir p. 155, et p. 161-162.

1. *En* remplace un nom précédé de { *du.* / *de la.* / *des.* }

– Avez-vous *du pain ?*
– Avez-vous *de la bière ?*
– Avez-vous *des allumettes ?*
} – Oui, j'*en* ai.
– As-tu *des frères et sœurs ?* – Non, je n'*en* ai pas.
– J'ai ramassé *des pommes* et j'*en* ai donné à mes voisins.

2. *En* remplace un nom précédé de :

un, une
plusieurs, quelques, aucun, autre...
beaucoup, trop, assez, peu, plus, moins, autant...
un kilo, un paquet, une bouteille, une boîte...
deux, dix, cinquante...

- ***Un, une***

– J'aime beaucoup les mobiles de Calder ; j'*en* ai *un* chez moi. (= J'ai un mobile de Calder)

– Avez-vous trouvé une maison à louer? Oui, nous *en* avons trouvé *une*.

À la forme affirmative et à la forme interrogative, il faut répéter *un, une*. Mais à la forme négative, on ne le répète pas :

– Avez-vous un chien? – Non, je n'*en* ai pas.

– Moi, j'ai une voiture ; et vous, *en* avez-vous *une?* – Non, je n'*en* ai pas.

- **Expressions de quantité**

– Est-ce que vous avez des plantes vertes chez vous? – Oui, j'*en* ai *plusieurs*.

– Combien d'enfants ont les Fontaine? – Ils *en* ont *deux*.

– Mangez-vous des fruits? – Non, je n'*en* mange pas *beaucoup*.

– Est-ce qu'il y a du riz? – Oui, j'*en* ai acheté *deux paquets*.

– Voici un roman de Jules Verne. Si tu aimes ce livre, j'*en* ai *d'autres* à te prêter.

– Avez-vous pris des photos? – Oui, j'*en* ai pris *quelques-unes*
– Non, je n'*en* ai pris *aucune*.

Remarque

En peut également être précisé par un adjectif.
– J'ai un pantalon noir et j'*en* ai aussi *un bleu*.

Attention!

On ne dit pas : « J'en ai quelques », mais :
j'en ai *quelques-uns*,
j'en ai *quelques-unes*.

3. *En* s'emploie aussi avec les constructions impersonnelles *il y a, il faut, il reste, il manque,* etc.

– Il y a eu un orage hier ; il y *en* avait déjà eu *un* avant-hier.

– Est-ce qu'il reste encore du lait? – Oui, il *en* reste encore *un peu*.

– Tous les étudiants ne sont pas là ; il *en* manque *trois*.

■ ME, TE, LE, LA, NOUS, VOUS, LES

Remarque

Me, te, le, la s'élident devant une voyelle ou un *h* muet.
– Je *m'*appelle Colin.

1. *Me, te, nous, vous* représentent des personnes.

– Est-ce que tu *m'*entends? – Non, je ne *t'*entends pas très bien.

– Le concierge *nous* aidera à déménager.

2. *Le, la, les* représentent des personnes ou des choses. Ils remplacent un nom précédé d'un article défini, un adjectif possessif, un adjectif démonstratif.

– Est-ce que tu as vu Sophie récemment? – Oui, je *l'*ai vue samedi.

– Nous vendrons { *la* maison / *cette* maison / *notre* maison } → Nous *la* vendrons.

– Les Dumas, je *les* connais depuis dix ans.

– As-tu reçu le paquet que je t'ai envoyé? – Oui, je *l'*ai reçu hier.

■ EN ou LE, LA, LES ?

Comparez :

- J'ai lu *un* livre. → J'*en* ai lu *un*.
- J'ai lu *ce* livre. → Je *l'*ai lu.
- J'ai lu *des* livres. → J'*en* ai lu.
- J'ai lu *ces* livres. → Je *les* ai lus.
- J'ai lu *quelques* livres de ce romancier. → J'*en* ai lu *quelques-uns*.
- J'ai lu *tous les* livres de ce romancier. → Je *les* ai *tous* lus.
- Je n'ai lu *aucun* livre de ce romancier. → Je n'*en* ai lu *aucun*.

Renvoi

Voir le chapitre 18 sur les indéfinis : employés avec *en* et *les*, tableau 3, pp. 145-146.

- **Remarques générales sur les pronoms compléments d'objet direct.**

1. Les pronoms objet direct s'emploient aussi avec ***voici*** et ***voilà*** **:**
- Es-tu prêt à partir ? – Oui, *me* voilà !
- Où est la clé de la voiture ? – *La* voilà.
- Tu veux une pêche ? *En* voilà *une* bien mûre.

2. Les participes passés employés avec l'auxiliaire *avoir* s'accordent avec les pronoms compléments d'objet direct, excepté ***en*** **:**
- Je *les* ai vus.
- J'*en* ai vu.

Voir le chapitre 12 sur le participe, p. 83-84.

LES PRONOMS COMPLÉMENTS D'OBJET INDIRECT

1. Formes

Singulier	Pluriel
me te lui	nous vous leur

2. Emplois

Ils représentent des personnes. Ils sont compléments d'un verbe suivi de la préposition *à*. Ils sont placés devant ce verbe, comme les pronoms objet direct.

- Ma sœur *m'*a téléphoné hier soir. (téléphoner à qqn)
- Notre fille fait ses études à Montpellier ; elle *nous* manque beaucoup. (manquer à qqn)
- J'ai écrit à Lucie pour *lui* souhaiter un bon anniversaire. (souhaiter qqch à qqn)
- Les Buisson ont dû vendre ce tableau qui *leur* appartenait depuis longtemps. (appartenir à qqn)

CAS PARTICULIER

Après les verbes *être à qqn, penser à qqn, songer à qqn, rêver à qqn, faire attention à qqn, tenir à qqn,* etc, et après les verbes pronominaux suivis de la préposition *à* (*s'intéresser à, s'attacher à, se joindre à, s'adresser à,* etc.), on emploie les pronoms toniques *moi, toi, lui, elle, nous, vous, eux, elles* en gardant la préposition :

- Ce parapluie est *à moi*.
- Mme Dubois est la responsable du magasin ; adressez-vous *à elle !*

Comparez :

- Je parle à Clément. → Je *lui* parle.
- Je pense à Clément. → Je pense *à lui.*
- Je téléphone à Chloé. → Je *lui* téléphone.
- Je m'adresse à Chloé. → Je m'adresse *à elle.*

Les pronoms compléments

« EN » ET « Y »

■ EN

Il remplace un nom de chose précédé de la préposition *de*.

- Depuis combien de temps jouez-vous de la guitare?
  – J'*en* joue depuis trois ans. (jouer de qqch)
- Ils ont acheté un nouvel appartement et ils *en* sont très contents. (être content de qqch)
- Ce livre est très ennuyeux; je n'*en* ai lu que la moitié. (la moitié de ce livre)
- À quelle heure sortez-vous du bureau? – J'*en* sors à 17 heures 30. (sortir de...)

■ Y

Il remplace :

1. un nom de chose précédé de la préposition *à*.

- Avez-vous assisté à la conférence de M. Tournier? – Oui, j'*y* ai assisté. (assister à...)
- Il adore les échecs; il *y* joue très souvent. (jouer à...)
- Ce problème, je n'*y* ai pas encore réfléchi. (réfléchir à...)

2. un complément de lieu introduit par *à, dans, en, sur, sous,* etc.

- Depuis quand êtes-vous à Versailles? – J'*y* suis depuis trois mois. (= à Versailles)
- J'avais posé mes clés sur la table de l'entrée, mais elles n'*y* sont plus. (= sur la table)
- Depuis combien de temps travaillez-vous dans cette entreprise? – J'*y* travaille depuis six mois. (= dans cette entreprise)

Renvoi

Pour les autres emplois de *en*, voir p. 151-152 et de *y*, voir p. 161-162.

Attention!

En ne peut pas remplacer *de* + nom de personne. Comparez :
– Il parle souvent de ses amis italiens. → Il parle souvent *d'eux*.
– Il parle beaucoup de ses affaires. → Il *en* parle beaucoup.

******Remarque***

Le pronom ***en*** peut exprimer la cause :
– Il a beaucoup de soucis et il *en* a perdu le sommeil. (= à cause de ses soucis)

Attention!

On n'emploie pas ***y*** devant le futur et le conditionnel présent du verbe *aller* (euphonie) :
– Est-ce que tu iras à la bibliothèque? – Oui, j'irai sûrement.

Les pronoms compléments

LES PRONOMS RÉFLÉCHIS

1. Formes

Singulier	Pluriel
me te se soi	nous vous se

Renvoi

Voir également le chapitre 5 sur la forme pronominale.

2. Emploi

Les pronoms réfléchis sont de la même personne que le sujet.

- Je *me* suis inscrit à un club de tennis.
- Est-ce que tu *t'*intéresses à l'archéologie ?
- Le soleil *se* lève à l'est.
- Isabelle et sa sœur *se* ressemblent beaucoup.
- Élisabeth et moi, nous *nous* écrivons régulièrement.
- Quand *vous* achèterez-vous un magnétoscope ?

Le pronom réfléchi *soi* renvoie à un pronom indéfini *(on, chacun, personne, quelqu'un, tout le monde...)* exprimé (1) ou non (2) :

- *On* doit toujours avoir une pièce d'identité sur *soi.* (1)
- La confiance en *soi* est nécessaire dans la vie. (2)

Comparez :

- *Monsieur Dupont* est rentré chez *lui.*
- Il fait nuit, *tout le monde* est rentré chez *soi.*

Place et ordre des pronoms compléments

ORDRE DES PRONOMS DEVANT LE VERBE

Beaucoup de verbes se construisent avec deux pronoms compléments. Plusieurs combinaisons sont possibles :

■ COMBINAISON 1

m'en t'en l'en lui en s'en	nous en vous en les en leur en s'en

- Je viens d'acheter un magnétoscope ; je *m'en* sers souvent. (se servir de qqch)
- Philippe m'a demandé un livre sur Matisse ; je *lui en* offrirai un. (offrir qqch à qqn)
- J'ai une excellente idée ; je *vous en* parlerai tout à l'heure. (parler de qqch à qqn)
- Il a fait une erreur mais il ne *s'en* est pas aperçu. (s'apercevoir de qqch)

■ COMBINAISON 2

me	le la les	te	le la les	se	le la les
nous	le la les	vous	le la les	se	le la les

- Mes photos d'Égypte sont magnifiques ; je *te les* montrerai bientôt. (montrer qqch à qqn)
- J'avais oublié mon parapluie chez Jacques ; il *me l'*a rapporté hier. (rapporter qqch à qqn)
- Chaque fois que nous lui demandons sa voiture, il *nous la* prête volontiers. (prêter qqch à qqn)

■ COMBINAISON 3

le lui / leur	la lui / leur	les lui / leur

- Il voulait avoir l'adresse de cette école ; je *la lui* ai donnée. **(donner qqch à qqn)**
- Les douaniers nous ont demandé nos passeports ; nous *les leur* avons montrés. **(montrer qqch à qqn)**

■ COMBINAISON 4

m'y t'y l'y s'y	nous y vous y les y s'y

- Est-ce que ton travail te plaît ? – Oui, je *m'y* intéresse beaucoup. **(s'intéresser à qqch)**
- Est-ce que tu viens avec nous au café ? – Oui, je *vous y* retrouverai vers 19 heures. **(retrouver qqn quelque part)**

► ***Remarque***

Cette combinaison est peu fréquente.

■ L'ORDRE DES PRONOMS, tableau récapitulatif

1		2	3	4	5	
Sujet +	me te nous vous se	le la les	lui leur	y	en	+ verbe

1. *Y* et *en* ne s'emploient jamais ensemble, sauf dans *il y en a*.

- J'ai mis *des fleurs dans un vase.*
  → J'*y* ai mis *des fleurs.*
  → J'*en* ai mis *dans un vase.*
  (et non : j'y en ai mis)

2. Les pronoms des colonnes 1 et 3, 3 et 4 ne peuvent pas être employés ensemble.

- On *m'*a présenté *au directeur.*
  → On *m'*a présenté *à lui.*
  (et non : on me lui a présenté)
- J'ai téléphoné *à mes parents à Rome.*
  → Je *leur* ai téléphoné *à Rome.*
  (et non : je leur y ai téléphoné)

Place et ordre du pronom complément

PRONOMS À L'IMPÉRATIF AFFIRMATIF

1. Place des pronoms

Les pronoms sont placés *après le verbe* auquel ils sont reliés par un trait d'union.

- Tu veux de la crème? Prends-*en!*
- C'est l'anniversaire de ta tante. Téléphone-*lui!*

À la 1re et à la 2e personne du singulier, on emploie les pronoms toniques.

Écoute-*moi!*
Assieds-*toi!*

> **Attention!**
> À l'impératif *négatif*, les pronoms restent devant le verbe.
> - N'*en* prends pas!
> - Ne *lui* téléphone pas!

> ***Remarque***
> À la 2e personne du singulier, le verbe ***aller*** et les verbes terminés par un ***e*** prennent un ***s*** devant les pronoms ***en*** et ***y***
> (euphonie)
> - Vas-*y!*
> - Achètes-*en!*

2. Ordre des pronoms

Deux combinaisons sont possibles.

■ COMBINAISON 1

Verbe	+	le la les	+	moi toi lui nous vous leur

- Passe-moi le pain! → Passe-*le-moi!*
- Montrez-leur ces photos! → Montrez-*les-leur!*

■ COMBINAISON 2

Verbe	+	m' t' lui nous vous leur	+	en

- Donne-moi du fromage! → Donne-*m'en!*
- Achète des glaces aux enfants! → Achète-*leur-en!*

> ***Remarque***
> La combinaison *m'y, t'y, nous-y, vous-y, les-y* est rare :
> - Emmène les enfants à la piscine! → Emmène-les-y!

Place et ordre des pronoms compléments

VERBES SUIVIS D'UN INFINITIF

1. Règle générale

Quand le pronom est complément d'un infinitif, il est placé devant celui-ci.

- Ils veulent aller en Turquie. → Ils veulent *y* aller.
  (*y* = en Turquie, complément de *aller*)
- Il va demander de l'argent à son père. → Il va *lui en* demander.
- Ce grand savant vient de recevoir le prix Nobel. → Il vient de *le* recevoir.
- Il n'y a plus de fruits ! Va *en* acheter, s'il te plaît !

2. Cas particuliers

■ FAIRE + infinitif; LAISSER + infinitif

Les pronoms sont placés devant le premier verbe.

- Cette histoire *fait rire* les enfants. → Elle *les fait rire.*
- Je n'ai pas *laissé sortir* le chien. → Je ne *l'ai* pas *laissé sortir.*
- Je *ferai visiter* le Louvre à mes amis. → Je *le leur ferai visiter.*

▶ **Attention!**

À l'impératif *affirmatif,* le pronom est placé après le premier verbe :
- Faites-*le* entrer.
- Laisse-*moi* parler.

■ VERBES DE PERCEPTION + infinitif : *voir, regarder, écouter, entendre, regarder, sentir*

Le pronom est placé devant le verbe de perception.

- Il aimait les oiseaux et il *les écoutait chanter* pendant des heures.
- Connaissez-vous cet acteur ? – Oui, je *l'ai vu jouer* dans une pièce de Ionesco.

▶ **Attention!**

À l'impératif *affirmatif,* le pronom est placé après le premier verbe :
- Regardez-*les* danser !

Place et ordre des pronoms compléments

LES PRONOMS NEUTRES : « LE », « EN », « Y »

■ LE

1. Il remplace un adjectif, un participe passé ou un nom attribut (masculin, féminin, singulier ou pluriel).

- Éric est bon en mathématiques mais il *l'*est moins en physique. (*l'* = bon)
- Les œuvres de cet auteur viennent d'être traduites ; elles ne *l'*avaient jamais été auparavant. (*l'* = traduites)
- Elle n'est pas encore médecin, mais elle *le* sera quand elle aura soutenu sa thèse. (*le* = médecin)

2. Il remplace une proposition complément d'objet direct.

- Le prix de l'essence va augmenter. Je *l'*ai lu dans le journal. (*l'* = que le prix de l'essence va augmenter)
- Pourriez-vous venir dîner samedi ? Dites-*le*-nous le plus vite possible ! (*le* = si vous pouvez venir)
- À quelle heure arrive le train ? – Je vais *le* demander au contrôleur. (*le* = à quelle heure arrive le train)

Renvoi

Voir également « le », complément d'objet direct, p. 152.

■ EN

Il remplace un groupe de mots ou une proposition complément d'un verbe ou d'un adjectif suivis de la préposition *de*.

- Mon mari veut visiter Istanbul, moi aussi, j'*en* ai très envie. (*en* = de visiter Istanbul)
- Êtes-vous sûr de ce que vous dites ? – Oui, j'*en* suis absolument sûr.

Renvoi

Pour les autres emplois de « en », voir pp. 151-152 et p. 155.

■ ***EMPLOIS PARTICULIERS DE « EN » ET « LE »

1. Avec certains verbes et adjectifs comme :

Être content, sûr, étonné...
S'apercevoir
Se souvenir
Avoir envie
Avoir besoin
Etc.
} + que

Remarque

Ces verbes et adjectifs sont en effet suivis de la préposition ***de :***

Être content
S'apercevoir
Avoir envie
Etc.
} + de + qqch

la proposition complétive est remplacée par *en*.

– Je suis sûr *que j'ai déjà rencontré cette personne.*
→ J'*en* suis sûr.
– Je me suis aperçu *que j'avais oublié de signer le chèque.*
→ Je m'*en* suis aperçu.

2. Dans les constructions verbales du type :

demander, dire
permettre, promettre
conseiller, défendre
interdire, reprocher
proposer, etc.
} à qqn de faire qqch

la construction infinitive est remplacée par *le*.

– Elle a demandé aux enfants *de ranger leurs affaires.*
→ Elle *le* leur a demandé.
– J'ai promis à Georges *de lui téléphoner dès mon arrivée.*
→ Je *le* lui ai promis.
– Dites à Vincent *d'arriver de bonne heure.*
→ Dites-*le*-lui.

Remarque

Ces verbes se construisent en effet de la manière suivante :
demander, dire
permettre,
conseiller
défendre,
proposer, etc.
} + qqch à qqn

■ Y

Il remplace un groupe de mots ou une proposition introduite par la préposition *à*.

– Je voulais *partir en vacances ce mois-ci,* mais j'*y* ai renoncé. (*y* = à partir en vacances)
– L'équipe de football de la ville *a gagné le match.* Personne ne s'*y* attendait. (*y* = à ce qu'elle gagne le match)
– Il faut que vous vous *inscriviez avant le 15 juin.* Pensez-*y* ! (*y* = à vous inscrire)

Renvoi

Pour les autres emplois de « y », voir p. 155.

■ ***OMISSION DES PRONOMS NEUTRES « LE », « EN », « Y »

Avec certains verbes suivis d'un infinitif : *accepter, essayer, continuer, oser, commencer, apprendre, finir, refuser, oublier, réussir, savoir, pouvoir,* etc., on omet le pronom neutre.

1. L'infinitif n'a pas de complément :

– Est-ce que tu sais conduire ? – Oui, je sais conduire.
– Oui, je sais.
– As-tu fini de déjeuner ? – Oui, j'ai fini de déjeuner.
– Oui, j'ai fini.
– À quel âge l'enfant a-t-il commencé à marcher ?
– Il a commencé à marcher à un an.
– Il a commencé à un an.
– Est-ce qu'il osera entrer ? – Non, il n'osera pas entrer.
– Non, il n'osera pas.

Remarque

Dans la langue familière, on a tendance à ne pas répéter l'infinitif.

2. L'infinitif a un complément :

- Il a oublié de faire renouveler son passeport.
  → Il a oublié de le faire renouveler. (*le* = son passeport)
  → Il a oublié.
- Il a appris à jouer au bridge.
  → Il a appris à y jouer (*y* = au bridge)
  → Il a appris.

Cas particulier :

Les verbes *aimer*, *vouloir* et *espérer* sont suivis de l'infinitif ou renforcés par l'adverbe *bien*.

- Est-ce que tu aimes voyager?
  - Oui, j'aime voyager.
  - Oui, j'aime bien.

NE DITES PAS	DITES
T'aimes.	**Tu** aimes.
Je n'en ai pas un.	Je n'en ai pas.
Je connais cette ville, j'y ai visité.	Je **l'**ai visitée.
Est-ce que tu viens de Suède? – Oui, j'y viens.	 – Oui, j'**en** viens.
Es-tu allé au Louvre? – Oui, je suis allé là.	 – Oui, j'**y** suis allé.
Je les téléphone.	Je **leur** téléphone.
Je lui écoute.	Je **l'**écoute.
Je lui pense.	Je pense **à lui.**
Tu vas à Paris? – Oui, je vais. – Oui, j'y irai demain.	 – Oui, j'**y** vais. – Oui, j'irai.
Est-elle italienne? – Oui, elle est.	 – Oui, elle **l'**est.
Vous avez des enfants? – Oui, j'ai trois.	 – Oui, j'**en** ai trois.
Savez-vous faire la cuisine? – Oui, je la sais faire.	 – Oui, je sais **la** faire.
Il n'y en a rien.	Il n'y a rien. / Il n'y en a aucun.
Il n'y en a personne.	Il n'y a personne.
J'ai le fait.	Je **l'**ai fait.
Je suis y allé.	J'**y** suis allé.
Je le vais faire.	Je vais **le** faire.
Donne-moi-en.	Donne-**m'**en.

TROISIÈME PARTIE

Les mots invariables

20

Les prépositions

1. Voilà la maison *de* mes parents.
2. L'enfant travaillait *dans* sa chambre.
3. Elle était assise *en face de* moi.
4. Ce restaurant est difficile *à* trouver.

▶ **Les prépositions sont des mots (1, 2, 4) ou des groupes de mots (3) invariables qui servent à relier un élément de la phrase à un autre.**

▶ **Les prépositions indiquent généralement le rapport de sens qui unit ces éléments : possession (1), lieu (2, 3), etc.**

▶ **Dans d'autres cas, ce sont de simples « outils » grammaticaux : la préposition n'a pas de sens particulier (4).**

SOMMAIRE

LES PRÉPOSITIONS « À » ET « DE »

Ces prépositions introduisent :

■ LE COMPLÉMENT D'UN VERBE

- Je joue *de* la guitare.
- Il n'a pas réussi *à* entrer dans cette école.
- Ce livre appartient *à* Julien.

■ LE COMPLÉMENT D'UN ADJECTIF

- Nous sommes contents *de* notre travail.
- Cet article est intéressant *à* lire.

On emploie *à* ou *de* après certains adjectifs : *facile, utile, nécessaire, possible, agréable, amusant, important, intéressant, simple, pratique,* etc. Mais quand l'adjectif est employé dans une construction impersonnelle, il est suivi de la préposition *de* :

Comparez :
- Ce livre est facile *à* lire.
- Il n'est pas facile *d'*obtenir un visa pour ce pays.
- Cet appartement est agréable *à* habiter.
- Il est agréable *d'*habiter dans cet appartement.

■ LE COMPLÉMENT D'UN ADVERBE DE QUANTITÉ

Le complément de l'adverbe de quantité est introduit par *de*.
- Beaucoup *de* gens ont un chien.
- Combien *d'*habitants y a-t-il dans cette ville ?

■ LE COMPLÉMENT DU NOM

La préposition *de* et, moins fréquemment, la préposition *à* introduisent un *complément de détermination* qui précise le sens du nom :

► ***Remarque***

D'autres prépositions peuvent introduire un complément de détermination : une robe *sans* manches, une cigarette *avec* filtre, un concerto *pour* piano, etc.

PRÉPOSITION **DE**

Une salle *de* cinéma, un cours *de* gymnastique
Le sens *d'*un mot, la lumière *de* la lune
Le temps *de* lire, l'art *de* vivre
La porte *de* derrière, les gens *d'*ici
La ville *de* Paris

La préposition *de* sert en particulier à exprimer :

- **un *rapport de possession***
- ***une quantité, une mesure***

Le livre *de* Julien
Des vacances *de* trois semaines
Un kilo *de* sucre
Un roman *de* 500 pages

PRÉPOSITION À

Une salle *à* manger, un couteau *à* pain
Des patins *à* roulettes, un bateau *à* moteur
Une machine *à* écrire, une glace *à* la vanille

Remarque

Ne pas confondre « une tasse *à* café » (= une tasse pour boire du café) et « une tasse *de* café » (pleine de café) ; « une coupe *à* champagne » et « une coupe *de* champagne ».

■ AUTRES EMPLOIS DE « À » ET « DE »

***À* et *de* introduisent aussi des compléments circonstanciels :**

PRÉPOSITION À

- le lieu : *à* la maison, *à* la télévision
- le temps : *à* midi, 100 kilomètres *à* l'heure
- le moyen : *à* bicyclette, *à* pied
- la manière : *à* voix basse, *à* toute vitesse

PRÉPOSITION **DE**

- le point de départ, l'origine : partir *de* la maison, venir *d'*une famille célèbre
- la cause : trembler *de* peur, tomber *de* sommeil
- la manière : parler *d'*une voix aimable, remercier *d'*un sourire
- la mesure : reculer *d'*un mètre, maigrir *de* 3 kilos

***De* peut être en relation avec *à* pour donner des limites :**

- Il y a 863 km *de* Paris *à* Marseille.
- Je travaille *de* 9 heures *à* 13 heures.
- *De* 10 *à* 30 francs.
- Il y avait *de* 30 *à* 35 personnes dans la salle.

PRÉPOSITION + NOM GÉOGRAPHIQUE

L'emploi des prépositions *à* et *en* est lié au genre du nom. Un nom de pays est féminin lorsqu'il est terminé par un *-e* :
La France, la Bulgarie
Exceptions : le Mexique, le Cambodge, le Zaïre, etc.

■ À et EN + noms de villes et de pays

À	EN
+ *nom de ville* → **à** New York, **à** Bucarest	
	+ *nom de pays féminin* → **en** France, **en** Belgique
+ *nom de pays masculin commençant par une consonne* (attention à la contraction *à* + *le*) → **au** Canada, **au** Brésil	+ *nom de pays masculin commençant par une voyelle* → **en** Iran, **en** Israël, **en** Afghanistan
+ *nom de pays pluriel* (attention à la contraction *à* + *les*) → **aux** Pays-Bas, **aux** États-Unis, **aux** Philippines	

■ EN et DANS + noms de régions

EN	DANS
+ *nom féminin* + *nom masculin commençant par une voyelle* → **en** Anjou, **en** Bretagne → **en** Californie, **en** Andalousie	+ *article* + *nom masculin commençant par une consonne* → **dans** le Périgord, **dans** le Piémont → **dans** le Michigan

■ À et EN + noms d'îles

Généralement les noms d'îles sans article sont précédés de la préposition *à* :
à Cuba, *à* Chypre...

Les noms d'îles avec article sont précédés de la préposition *en* :
en Corse, *en* Crète...

■ À + points cardinaux

à l'est, *à* l'ouest, *au* nord, *au* sud

■ DANS + article + départements français et arrondissements

dans les Yvelines
dans les Côtes d'Armor
dans le cinquième arrondissement

► ***Remarque***

Pour les *adresses*, on n'emploie pas de prépositions :
Charles Martel habite rue de Poitiers / avenue de Poitiers.
Mais on dit :
Il se promène *dans* la rue, *sur* le boulevard, *sur* la route.

■ DE (indiquant l'origine)

1. *De* + nom féminin ou nom masculin commençant par une voyelle :
- Je viens *de* Grande-Bretagne.
- Il revient *d'*Israël.

2. *De* + nom masculin commençant par une consonne, ou + nom pluriel.
- Je reviens *du* Japon.
  (attention à la contraction *de* + *le*)
- Ma sœur rentre *du* Portugal.
- Nous revenons *des* États-Unis.
  (attention à la contraction *de* + *les*)

EMPLOI DE CERTAINES PRÉPOSITIONS

■ DANS et EN

DANS

- **Le lieu**

dans le salon, *dans* le tiroir

- **Le temps**

dans sa jeunesse,
– Il reviendra *dans* trois jours.

EN **+ nom généralement sans article**

- **Le temps**

Avec un nom de saison *en* hiver, *en* été, *en* automne (exception : *au* printemps)

Durée : j'étais pressé ; j'ai déjeuné *en* dix minutes.

- **La matière : après le verbe *être* ou après un nom**

– Cette bague est *en* or.
– Un sac *en* plastique.

- **Dans *de nombreuses expressions***

en voiture, *en* français, *en* colère, *en* pantalon, *en* solde, etc.

Renvoi

Pour *dans* et *en,* voir également le chapitre 32 sur l'expression du temps, p. 263.

Remarque

Après un nom, on trouve aussi la préposition ***de :***
un mur *de* béton, une veste *de* cuir, etc.

■ DANS, EN et À

Comparez :

– Je voyage *en* avion.
  (moyen de transport)
– *Dans* l'avion, l'hôtesse offre toujours une boisson.
  (= à l'intérieur de)
– *Au* théâtre, il y a souvent un entracte.
  (théâtre = genre de spectacle)
– *Dans* ce théâtre, il y a cinq cents places.
  (théâtre = la salle de spectacle)

■ AVANT et DEVANT

AVANT

Localisation dans le temps.
– Les travaux seront terminés *avant* l'automne.

DEVANT

Localisation dans l'espace.
– Il y a une pelouse *devant* la maison.

■ PAR et POUR

1. Ces prépositions expriment la cause :

POUR

– Il a été condamné *pour* vol.
– Le musée est fermé *pour* travaux.
– Il est soigné *pour* une dépression nerveuse.

PAR

– Il m'a aidé *par* gentillesse.
– Il est venu *par* amitié.
– Il a fait cela *par* erreur.

2. Ces prépositions ont aussi de nombreux autres sens :

POUR

– Partir *pour* Paris. (destination)
– Travailler *pour* un examen. (but)
– Être là *pour* huit jours. (durée prévue)
etc.

PAR

– Ce tableau a été peint *par* Dufy. (agent)
– Envoyer un paquet *par* avion. (moyen)
– Regarder *par* la fenêtre. (lieu)
etc.

■ ENTRE et PARMI

ENTRE

S'emploie pour exprimer l'espace (temps ou lieu) qui sépare des personnes, des choses :
entre les deux maisons, *entre* 10 heures et midi.

PARMI

Permet d'isoler un élément d'un groupe :

- Y a-t-il un médecin *parmi* vous?
- *Parmi* les spectateurs se trouvait le Premier ministre.

■ SUR et AU-DESSUS DE; SOUS et AU-DESSOUS DE

- J'ai collé un timbre *sur* l'enveloppe.
- L'avion volait *au-dessus de* l'océan Atlantique.
- J'ai mis un napperon *sous* le vase pour protéger la nappe.
- La température est descendue *au-dessous de* 0 °C.

■ CHEZ

Signifie : dans la maison de quelqu'un.

chez moi, *chez* M. et Mme Leroy
chez le pharmacien, *chez* le boulanger

Remarque

La préposition ***chez*** peut être précédée d'une autre préposition : *à côté de chez* moi, *près de chez* lui, *devant chez* les Dupont.

Attention!

à + nom de lieu :
à la boulangerie,
à la pharmacie.

RÉPÉTITION ET OMISSION DE LA PRÉPOSITION

1. Répétition

Les prépositions *à, en, de* sont généralement répétées devant chaque complément :
- Il a téléphoné *à* Hervé et *à* Denis.
- Elle est allée *en* France et *en* Italie.
- Il nous a parlé *de* son travail et *de* sa famille.
- J'ai acheté beaucoup *de* livres et *de* crayons.
- La France se trouve *près de* l'Espagne et *de* l'Italie.
- *Grâce à* sa patience et *à* son courage, il a surmonté toutes les difficultés.

2. Omission

1. *Les autres prépositions* ne sont généralement pas répétées si les compléments sont liés par le sens :
- Il est revenu de son voyage avec des cadeaux *pour* ses parents et ses amis.
- J'ai bavardé *avec* M. Dupuis et sa femme.

Mais si on veut distinguer les compléments, on répète la préposition :
- Il a acheté des cadeaux *pour* sa famille et *pour* ses collègues.

2. Dans de nombreuses expressions, *la préposition a disparu :*
fin novembre, début janvier,
les relations Est-Ouest, le match France-Angleterre,
parler politique, etc.

Cette juxtaposition est une tendance de la langue moderne.

PRÉPOSITIONS ET ADVERBES

■ CORRESPONDANCE PRÉPOSITION / ADVERBE

1.

Préposition	**Adverbe**
dans	dedans
hors de	dehors
sur	dessus
sous	dessous

- Qu'as-tu mis *dans* cette valise ?
- Cette valise est bien lourde ; je me demande ce qu'il y a *dedans*.
- On parle aussi français *hors de* France.
- Où sont les enfants ? – Ils jouent *dehors*.
- Est-ce que je peux poser mes affaires *sur* cette table ?
  – Oui, oui, pose-les *dessus !*
- J'ai glissé la lettre *sous* la porte.
- Le prix du tapis est indiqué *dessous*.

2.

à côté de	à côté
au milieu de	au milieu
en bas de	en bas
loin de	loin
etc.	etc.

- Ils habitent *à côté de* la gare.
- J'habite rue Blanche ; l'école de mes enfants est juste *à côté*.
- Tu rangeras ces papiers *en haut de* l'armoire.
- Que fait ta sœur ? – Elle joue *en haut*, dans le grenier.

■ PRÉPOSITION ou ADVERBE ?

Certaines prépositions sont aussi des adverbes : *après, avant, depuis, derrière, devant.*

- Il viendra *après* le dîner.
  (préposition)
- Nous avons dîné à 8 heures ; *après,* nous avons regardé la télévision. **(adverbe)**
- Le chien était couché *devant* la cheminée.
- Il n'y a plus de places au fond de la salle ; venez donc vous asseoir *devant !*

► *Remarque*

Les prépositions ***avec*** et ***sans,*** dans la langue familière, sont souvent employées comme des adverbes :
- J'adore les chiens ; je ne pourrais pas vivre *sans.*
- C'est un bon couteau ; on coupe tout *avec.*

NE DITES PAS	DITES
~~Il est content avec sa vie.~~	Il est content **de** sa vie.
~~À l'autre côté.~~	**De** l'autre côté.
~~Selon mon opinion.~~	Selon **moi.**
~~Voir un film sur la télévision.~~	Voir un film **à** la télévision.
~~Sur le journal.~~	**Dans** le journal.
~~Chez la police.~~	**À** la police.
~~Chez la boulangerie.~~	**À** la boulangerie.
~~Au même temps.~~	**En** même temps.
~~Chez la famille Grandet.~~	**Chez** les Grandet. **Dans** la famille Grandet.

21

Les adverbes

1. Il est *très* fort en maths.
2. Je reviens *tout de suite.*
3. Le camion roulait *trop* vite sur la route glissante.
4. Il y aura *sans doute* un orage ce soir.

▶ **Les adverbes sont des mots (1, 3) ou groupes de mots (2, 4) invariables modifiant le sens d'un mot ou d'une phrase.**

SOMMAIRE

21

LES DIFFÉRENTES FORMES D'ADVERBES

■ MOTS ou GROUPES DE MOTS

Hier, très, ensuite, vite, etc.
Par hasard, à peu près, tout à l'heure, au maximum, etc.

■ ADVERBES EN *-MENT*

1. Règle générale.

Ils sont formés du féminin de l'adjectif et du suffixe *-ment* :

fort → forte → fortement
doux → douce → doucement
vif → vive → vivement
fou → folle → follement

2. Exceptions.

Pour les adjectifs terminés par *-ent* et *-ant*, le suffixe est *-emment* ou *-amment* :

prudent → prudemment
violent → violemment
courant → couramment
suffisant → suffisamment

> **Attention!**
> *-emment* se prononce comme *-amment*.

Pour les adjectifs terminés par *-i*, *-é*, *-u*, le *-e* du féminin a disparu.

vrai → vraiment
absolu → absolument
aisé → aisément

> ***Remarque***
> Cas particuliers :
> 1. Noter l'accent aigu sur le *-e* :
> profond → profondément
> précis → précisément, etc.
> 2. Adverbes irréguliers :
> gentil → gentiment
> gai → gaiement

■ ADJECTIFS EMPLOYÉS COMME ADVERBES

Certains adjectifs, au masculin singulier, sont employés comme adverbes :

Parler *bas*
Chanter *fort*
Valoir *cher*
Manger *froid*

> **Renvoi**
> Voir le chapitre 14 sur les adjectifs, p. 104.

■ DEGRÉS DE COMPARAISON

La plupart des adverbes de manière et les adverbes suivants : *longtemps, tôt, tard, souvent, loin, près, vite* peuvent être employés au comparatif et au superlatif.

– Il parle { *plus vite* / *aussi vite* / *moins vite* } que moi.

– Arrivez *le plus tôt* possible !

L'adverbe *bien* a un comparatif et un superlatif irréguliers : bien → *mieux, le mieux*.

– On respire *mieux* à la montagne.
– C'est Robert qui comprend *le mieux* dans la classe.

Renvoi

Voir le chapitre 35 sur la comparaison, p. 298 et 300.

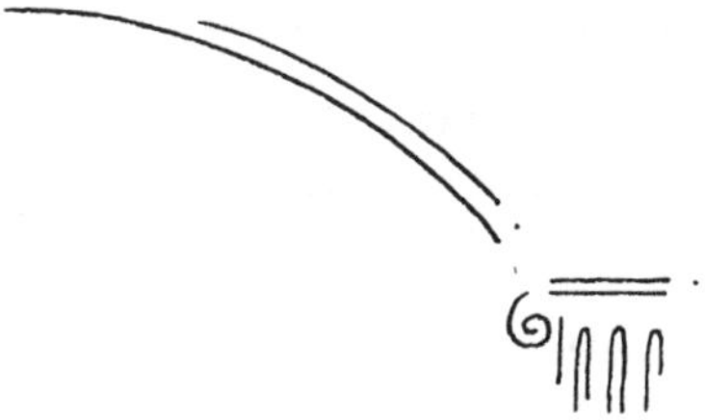

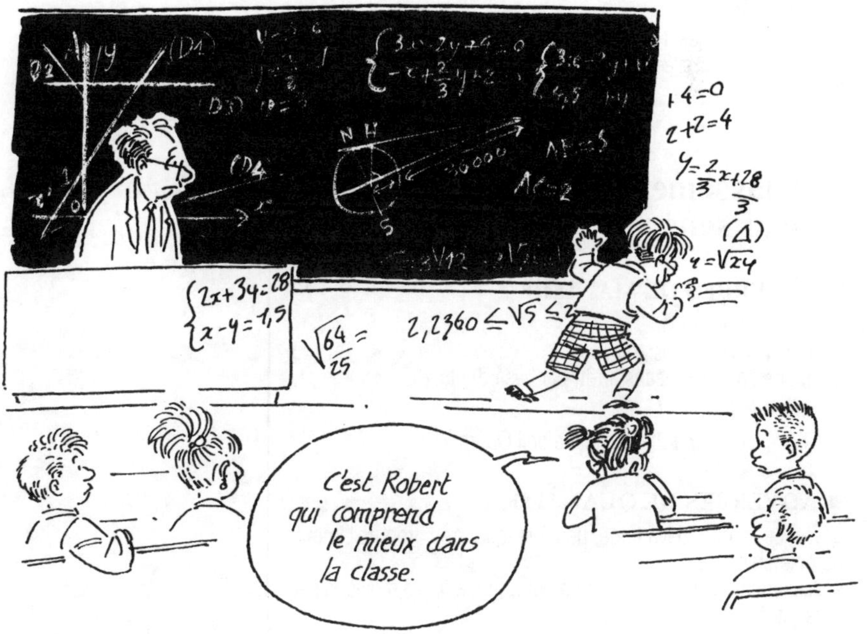

EMPLOI DES ADVERBES

Les adverbes modifient le sens :

- **d'un verbe**

Il travaille. → Il travaille *beaucoup*.

- **d'un adjectif**

Elle est jolie. → Elle est *très* jolie.

- **d'un autre adverbe**

Je vais souvent au cinéma.
→ Je vais *assez* souvent au cinéma.

- **d'un nom**

J'ai fermé les vitres de la voiture.
→ J'ai fermé les vitres *arrière* de la voiture.

- **d'une phrase**

Nous sommes allés à la campagne ; il a fait beau.
→ Nous sommes allés à la campagne ; *heureusement*, il a fait beau.

1. Classement des adverbes selon leur sens

■ ADVERBES DE MANIÈRE

les adverbes en *-ment*
bien, mal, exprès, ainsi, etc.
n'importe comment, sans arrêt, par hasard, etc.
– Écrivez *lisiblement !*
– Il l'a rencontré *par hasard* place de l'Opéra.

■ ADVERBES DE QUANTITÉ

assez, beaucoup, davantage, peu, presque, très, trop, tellement, complètement, etc.
aussi, autant, plus, moins, petit à petit, tout à fait, à moitié, à peu près, etc.

– Il faut que je travaille *davantage*.
– Ce livre coûte *à peu près* 200 francs.

■ ADVERBES DE TEMPS

alors, après, avant, bientôt, déjà, encore, ensuite, jamais, longtemps, maintenant, puis, soudain, tard, tôt, toujours, etc. tout de suite, tout à l'heure, de temps en temps, etc.

– *Maintenant,* nous habitons au Quartier latin.
– La ligne est occupée ; je rappellerai *tout à l'heure*.

■ ADVERBES DE LIEU

ailleurs, autour, dedans, dehors, ici, là, loin, partout, près, etc. là-bas, n'importe où, ci-dessous, etc.

– Voici une chaise. Posez donc votre manteau *dessus.*
– En ce moment, il fait beau *partout !*

■ ADVERBES D'AFFIRMATION / DE NÉGATION

– **affirmation** : oui, si, etc.
– **négation** : non, ne, pas du tout, etc.

Remarque

Si sert à affirmer dans un contexte négatif.
– Tu ne m'as pas rendu mon parapluie.
  – Mais *si* je te l'ai rendu !

■ ADVERBES D'INTERROGATION / D'EXCLAMATION

– **interrogation** : combien, comment, pourquoi, quand, où...
– **exclamation** : comme, que, etc.

Renvoi

Voir les chapitres 22 p. 193, 23 p. 195 à 197, 24 p. 201-202 sur l'interrogation, la négation, l'exclamation.

2. ***Adverbes = mots de liaison

1. Certains adverbes servent à relier deux phrases; ce sont des mots de liaison :

puis, ensuite, enfin, d'ailleurs, en effet, cependant, c'est pourquoi, pourtant, etc.

– Mon oncle parle très mal espagnol ; *pourtant* il a vécu quinze ans à Madrid. (= bien qu'il ait vécu...)
– Le public s'impatientait ; *enfin,* à 9 heures et quart, le rideau se leva. (= après un long moment d'attente...)
– Les enfants ! Il est trop tard pour aller jouer dehors ! *d'ailleurs,* il commence à pleuvoir. (= de plus il pleut et par conséquent vous ne pouvez pas aller dehors)

2. D'autres ont un sens différent selon qu'ils modifient un mot ou une phrase.

autrement, justement, seulement, alors, à peine, aussi, etc.

Leur place dans la phrase n'est pas la même.

Comparez :

- Hier, elle portait une jupe et un chandail ; aujourd'hui, elle est habillée *autrement.* (adverbe = d'une autre manière)
- Aide-moi, s'il te plaît ! *Autrement* je n'aurai jamais fini ce soir ! (mot de liaison = sinon)
- Napoléon devint empereur en 1804 ; il avait *alors* 35 ans. (adverbe = à ce moment-là)
- Il n'y avait pas de taxis ; *alors,* j'ai dû prendre le métro. (mot de liaison = donc)
- Il a dit très *justement* qu'il était trop tôt pour porter un jugement définitif. (= avec raison)
- Vous voulez parler à Louis ? *Justement* il arrive. (concordance entre les deux faits)

3. Difficultés d'emploi de certains adverbes

■ BIEN

1. *Bien* est le contraire de *mal* :

- Il travaille *bien.* (≠ Il travaille mal)

2. *Bien* a aussi le sens de *très* :

- Je suis *bien* content. (= Je suis très content)

3. *Bien* s'emploie pour renforcer un comparatif :

- Leur nouvel appartement est *bien* plus ensoleillé que l'ancien. (= beaucoup plus)

4. *Bien* a quelquefois la valeur d'un adjectif, surtout à l'oral :

- Lis ce livre, il est très *bien.* (= très intéressant)
- Stéphanie était très *bien* avec cette robe. (= très jolie)
- Cette photo est *mieux* que l'autre. (= meilleure)
- On est *bien* ici ! (= content, à l'aise)
- Une personne très *bien.* (= en qui on peut avoir confiance)

5. *Bien* renforce une affirmation :

– Où est Julie ? – Tu sais *bien* qu'elle est à la piscine !
– Je voudrais *bien* habiter à la campagne !

> **Attention !**
> Ne confondez pas avec :
> « Je veux bien » (= j'accepte)
> – Veux-tu nous accompagner à la piscine ? Oui, je veux *bien !*

■ BEAUCOUP

1. *Beaucoup* employé avec un verbe :

– Il voyage *beaucoup.*
– J'aime *beaucoup* le café.

2. *Beaucoup de* + nom (joue le rôle d'un déterminant) :

– Il fait *beaucoup de* voyages.
– Il boit *beaucoup de* café.

> ***Remarque***
> ***Beaucoup*** s'emploie aussi devant un comparatif :
> – Cet hôtel est *beaucoup plus* confortable que l'autre.

■ PEU

1. Peu employé avec un verbe :

– Il voyage *peu.*

2. *Peu de* + nom (joue le rôle d'un déterminant).
Il s'emploie devant un nom comptable ou non comptable, mais *un peu de* s'emploie seulement devant un nom non comptable.

– Il fait froid ; il y a *peu de* promeneurs dans les rues. (= pas beaucoup)
– Nous sommes en hiver, mais il y a *peu de* neige. (= pas beaucoup)
– Il fait froid et il y a *un peu de* neige. (= une petite quantité)

■ TRÈS

1. *Très* + adjectif :

– Il est *très* gentil.

2. *Très* + adverbe :

– Comment allez-vous ? – *Très* bien, merci.

3. Dans les expressions : *avoir faim* (*soif, envie, besoin,* etc.), *faire attention :*

– J'ai *très* faim.
– Il faut faire *très* attention à ça !

4. *Très – trop :*

– Le café est *très* chaud. (mais on peut le boire)
– Le café est *trop* chaud. (on ne peut pas le boire)

> **Attention !**
> ***Très*** ne s'emploie pas avec des adjectifs qui ont une valeur de superlatif :
> *délicieux, magnifique, excellent, superbe.*

■ AUSSI – AUTANT dans la comparaison

1. *Aussi* + adjectif ou adverbe :
– Il est *aussi* grand que son père.

2. *Autant* avec un verbe :
– Il pleut *autant* qu'hier.

Renvoi
Voir le chapitre 35 sur la comparaison, p. 298-299.

■ SI – TANT dans la conséquence

1. *Si* + adjectif ou adverbe :
– Ce film était *si* ennuyeux que je me suis endormi !

2. *Tant* avec un verbe :
– Il a *tant* plu que la rivière a débordé.

Renvoi
Voir le chapitre 30 sur la conséquence, p. 247.

■ PLUTÔT – PLUS TÔT

– Ne viens pas ce soir ; viens *plutôt* demain.
(*plutôt* = de préférence)
– Alain est rentré *plus tôt* que d'habitude.
(*plus tôt* est le contraire de *plus tard*)

■ ICI – LÀ

***Ici* et *là* s'emploient pour opposer un lieu proche *(ici)* à un lieu éloigné *(là)* :**
– *Ici*, vous avez la cuisine, *là*, le salon.

Mais quand il n'y a pas d'opposition, on a tendance à employer *là*.
– J'habite *là*.
– Asseyez-vous *là* !
– Pourrais-je parler à Mme Robin ? – Non, elle n'est pas *là*.

■ TOUT

– Leurs enfants sont *tout* petits.
– Elle est *toute* seule à la maison.

Renvoi
Voir le chapitre 18 sur les indéfinis, p. 145.

PLACE DES ADVERBES

1. Quand l'adverbe modifie un adjectif ou un adverbe : il est placé *avant*.

– C'est un monument *remarquablement* restauré.
– Vous conduisez *trop* vite.

2. Quand l'adverbe modifie un verbe :

• à un temps simple, l'adverbe est placé *après*

– Il arrivera *demain*.
– Le chien couche *dehors*.
– La vieille dame marchait *lentement*.

• à un temps composé, l'adverbe se trouve généralement *entre* l'auxiliaire et le participe passé, en particulier les adverbes de quantité ainsi que : *souvent, toujours, bien, mal* et *déjà*

– J'ai *beaucoup* aimé ce zoo.
– Il m'a *souvent* parlé de son enfance en Australie.

Mais les *adverbes de lieu* sont toujours placés *après le participe passé*.

– Il a travaillé *là-bas* pendant cinq ans.
– Nous avons dîné *dehors*.

3. Lorsqu'ils modifient une phrase, leur place est *variable*.

– Dans ce jardin, *partout* il y a des fleurs.
... il y a *partout* des fleurs.
... il y a des fleurs *partout*.
– *Demain*, le magasin ouvrira à 10 heures.
– Le magasin ouvrira *demain* à 10 heures.

Remarque

Lorsque l'adverbe est un mot long, il se place plutôt après le participe passé :
– Nous avons déjeuné *rapidement*.
Mais on peut le placer devant le participe passé quand on veut lui donner plus d'importance.
– Nous avons *remarquablement bien* déjeuné dans ce restaurant.

Attention !

Notez les trois constructions de ***peut-être*** et de ***sans doute*** **:**
– *Peut-être/sans doute viendra-t-il* ce soir. (langue soutenue)
– *Peut-être/sans doute qu*'il viendra ce soir.– Il viendra *peut-être/sans doute* ce soir.

►►

NE DITES PAS	DITES
Je souvent fais cette faute.	Je fais **souvent** cette faute.
Toujours il vient.	Il vient **toujours.**
Il fait du tennis, aussi il fait du cheval.	Il fait du tennis, il fait **aussi** du cheval.
C'est très magnifique.	C'est magnifique.
Il est trop intelligent.	Il est **très** intelligent.
J'ai beaucoup faim (peur...).	J'ai **très** faim (peur...).
Beaucoup des gens.	Beaucoup **de** gens.
Ce gâteau est beaucoup meilleur que l'autre.	Ce gâteau est **bien** meilleur que...
C'est meilleur d'y aller en métro.	C'est **mieux** d'y aller en métro.
Il travaille d'avantage.	Il travaille **davantage.**
Peut-être il viendra.	Il viendra **peut-être.** **Peut-être qu'**il viendra.

Il fait du tennis.
Il fait aussi du cheval!

QUATRIÈME PARTIE

Les différents types de phrases

22

La phrase interrogative

1. ***Est-ce que*** **vous pouvez me donner un renseignement, s'il vous plaît ?**
   - Oui, bien volontiers.
2. ***Où*** **se trouve la station de métro la plus proche ?**
   - Tout droit, à 50 mètres d'ici.

▶ Il y a deux types d'interrogation :
– une interrogation *totale* qui appelle la réponse « oui » ou « non » (1)
– une interrogation *partielle* qui porte sur un élément de la phrase (2)

▶ Les formes de l'interrogation varient selon le niveau de langue :
– langue soutenue (l. s.)
– langue courante (l. c.)
– langue familière (l. f.)

SOMMAIRE

L'INTERROGATION TOTALE

Il y a trois structures interrogatives :

■ INVERSION DU SUJET : langue soutenue

Il y a un trait d'union entre le verbe et le pronom.

– Savez-vous conduire?

Quand le sujet est un nom, il est repris par un pronom :

– Le directeur peut-*il* me recevoir?
– Caroline est-*elle* sortie?

► ***Remarques***

1. Lorsque le verbe se termine par une voyelle, il faut intercaler un ***-t*** (euphonie).
– Y a-*t*-il quelqu'un dans la maison?
– Ce violoniste joue-*t*-il dans l'orchestre de Radio-France?
2. *Je peux* devient *puis-je?*
– *Puis-je* vous poser une question?

■ EST-CE QUE... + forme affirmative : langue courante

– Est-ce que vous savez conduire?

■ INTONATION → la voix monte : langue familière

– Vous savez conduire?
– Tu as fini?

■ FORME INTERRO-NÉGATIVE

La forme interrogative peut se combiner avec la forme négative.

– Marie Curie ne reçut-elle pas le prix Nobel de chimie? (l. s.)
– Est-ce que M. Verdier n'a pas été ministre? (l. c.)
– Vous n'avez pas d'enfants? (l. f.)

► ***Remarques***

1. Lorsque la question est négative, la réponse n'est pas *oui* mais *si :*
– N'êtes-vous pas espagnol?
  – *Si,* je le suis.
2. ***N'est-ce pas,*** en fin de phrase, implique que l'on est presque sûr de la réponse :
– Vous avez des enfants, *n'est-ce pas?*
  – Oui, j'en ai deux.

22

L'INTERROGATION PARTIELLE

L'interrogation porte sur le sujet, le complément d'objet et les compléments circonstanciels; elle se fait au moyen de mots interrogatifs : pronoms, adjectifs, adverbes.

1. Pronoms

■ QUI : s'emploie pour les personnes

1. Sujet : *Qui?*
Qui est-ce qui?

Qui a téléphoné ? (tous niveaux de langue)
Qui est-ce qui a téléphoné ? (l. c.)

2. Complément d'objet direct : *Qui?*
Qui est-ce que?

Qui avez-vous vu?	(l. s.)	*Qui* Paul a-t-il rencontré?
Qui est-ce que vous avez vu?	(l. c.)	*Qui est-ce que* Paul a rencontré?
Vous avez vu *qui?*	(l. f.)	Paul a rencontré *qui?*

3. Complément avec une préposition : *Qui?*
Qui est-ce que?

À qui écrivez-vous?	(l. s.)	*Avec qui* Paul est-il sorti?
À qui est-ce que vous écrivez?	(l. c.)	*Avec qui* est sorti Paul?
	(l. c.)	*Avec qui est-ce que* Paul est sorti?
Vous écrivez *à qui?*	(l. f.)	Paul est sorti *avec qui?*

■ QUE : s'emploie pour les choses

1. Sujet : *Qu'est-ce qui ?* (forme unique à tous les niveaux de langue).

– *Qu'est-ce qui* a causé l'accident ?

2. Complément d'objet direct : *Que ?*
Qu'est-ce que ?

Que veulent-ils ?	(l. s.)	*Qu'*a répondu l'accusé ?
*Qu'est-ce qu'*ils veulent ?	(l. c.)	*Qu'est-ce qu'*a répondu l'accusé ?

3. Complément avec une préposition : *quoi ?*

Par quoi vont-ils commencer ? (l. s.)
*Par quoi est-ce qu'*ils vont commencer ? (l. c.)
Ils vont commencer *par quoi ?* (l. f.)

De quoi parlez-vous ?	(l. s.)	*De quoi* ces gens parlent-ils ?
De quoi est-ce que vous parlez ?	(l. c.)	*De quoi* parlent ces gens ? *De quoi est-ce que* ces gens parlent ?
Vous parlez *de quoi ?*	(l. f.)	Ces gens parlent *de quoi ?*

	Personnes	Choses
Sujet	Qui Qui est-ce qui	Qu'est-ce qui
COD	Qui Qui est-ce que	Que Qu'est-ce que
Avec préposition	Par Avec qui etc.	Par Avec quoi etc.

■ IDENTIFICATION

1. Personnes :

– *Qui est* cette jeune fille ? (l. s.)
– Cette jeune fille, *qui est-ce ?* (l. c.)
– Cette jeune fille, *c'est qui ?* (l. f.)

Remarques

1. Dans la langue très familière, on emploie fréquemment ***quoi*** à la place de ***que :***
– Ils veulent *quoi ?*
– L'accusé a répondu *quoi ?*
2. ***Qu'est-ce que*** peut être suivi d'un adjectif précédé de ***de :***
– Qu'est-ce qu'il y a *d'intéressant* à la télévision ce soir ?
– Qu'est-ce que tu as préparé *de bon* pour le dîner ?

2. Choses :

- Cet objet, *qu'est-ce ?* (l. s.)
- Cet objet, *qu'est-ce que c'est ?* (l. c.)
- Cet objet, *c'est quoi ?* (l. f.)

Remarques

1. Forme d'insistance :
– *Qu'est-ce que c'est que* ce paquet ?
2. Pour demander la définition d'un mot, on dit :
– *Qu'est-ce qu'*un cardiologue ? (l. s.)
– Un cardiologue, *qu'est-ce que c'est ?* (l. c.)

– *Qu'est-ce qu'*un vitrail ? (l. s.)
– Un vitrail, *qu'est-ce que c'est ?* (l. c.)

■ LEQUEL, LAQUELLE, LESQUELS, LESQUELLES

Pronoms représentant une personne ou une chose déjà nommée.

1. Sujet :

- Il y a deux menus ; *lequel* est le moins cher ? (tous niveaux de langue)

2. Complément d'objet direct :

- *Lequel* les clients choisissent-ils ? (l. s.)
- *Lequel est-ce que* les clients choisissent ? (l. c.)
- Les clients choisissent *lequel ?* (l. f.)

3. Avec une préposition :

- *Pour lequel* de ces candidats voterez-vous ?

Attention !

à la contraction avec :
• la préposition *à* → *auquel, auxquels, auxquelles :*
– Il y a trois guichets : *auquel* dois-je m'adresser ?
• la préposition *de* → *duquel, desquels, desquelles :*
– Il y a trois groupes d'études ; *duquel* faites-vous partie ?

2. Adjectifs

■ QUEL, QUELLE, QUELS, QUELLES + nom

- *Quel écrivain* a écrit ce roman ? (tous niveaux de langue)
- *Quel* est votre *nom* de famille ? (tous niveaux de langue)

- *Quel sport* pratiquez-vous ? (l. s.)
- *Quel sport est-ce que* vous pratiquez ? (l. c.)
- Vous pratiquez *quel sport ?* (l. f.)

- *Pour quelle entreprise* votre frère travaille-t-il ? (l. s.)
- *Pour quelle entreprise* travaille votre frère ? (l. c.)
- *Pour quelle entreprise est-ce que* votre frère travaille ? (l. c.)
- Votre frère travaille *pour quelle entreprise ?* (l. f.)

3. Adverbes

■ OÙ ? QUAND ? COMBIEN ? POURQUOI ? COMMENT ?

1. Forme interrogative avec un pronom sujet :
- *Où* allez-vous ? (l. s.)
- *Où est-ce que* vous allez ? (l. c.)
- Vous allez *où ?* (l. f.)

2. Forme interrogative avec un nom sujet :
- *Quand* Frédéric viendra-t-il ? (l. s.)
- *Quand* viendra Frédéric ? (l. c.)
- *Quand est-ce que* Frédéric viendra ? (l. c.)
- Frédéric viendra *quand ?* (l. f.)

3. Les adverbes *où, quand, combien* peuvent être précédés d'une préposition :
- *Depuis combien de temps* étudiez-vous le français ?
- *Par où* sont-ils passés ?

Attention !

Avec ***pourquoi*** il n'y a pas d'inversion du nom sujet.
– Pourquoi pleure le bébé ? est impossible.
On dit :
– Pourquoi le bébé pleure-t-il ?
ou
– Pourquoi est-ce que le bébé pleure ?

• *****Remarque générale sur l'interrogation partielle**

1. Il n'y a pas d'inversion du nom sujet lorsque le verbe est suivi d'un complément :
   - Avec qui est sorti Jean ?
     mais
   - Avec qui Jean est-il allé *au restaurant ?*
     (et non pas : Avec qui est allé Jean au restaurant ?)
2. L'infinitif peut être employé dans une phrase interrogative pour apporter une nuance d'hésitation, de délibération.
   - À qui s'adresser ?
   - Où aller ?

NE DITES PAS	DITES
~~Qu'est-ce que faites-vous ?~~	Qu'est-ce que **vous faites** ?
~~Qui a-t-il téléphoné ?~~	**Qui a** téléphoné ?
~~Qu'est-ce que c'est la station de métro pour aller chez vous ?~~	**Quelle est** la station de métro... ?
~~Lequel livre voulez-vous ?~~	**Quel** livre voulez-vous ?

23

La phrase négative

1. Je *n'*ai *pas* le temps d'aller au cinéma.
2. Les banques *ne* sont *jamais* ouvertes le dimanche.
3. *Personne ne* savait où il était.

▶ **La négation se compose de deux parties dont la première, *ne*, est toujours placée devant le verbe.**

SOMMAIRE

LES ADVERBES NÉGATIFS

■ NON

1. Réponse négative à une question :

– Marc est-il chez lui ? – *Non,* il est au bureau.

2. *Non plus :*

– Il ne connaît pas l'Écosse, moi *non plus.*

3. *Non – Pas – Non pas :* pour exprimer une opposition.

Souvent en corrélation avec *et* ou *mais* :

– Le champagne se boit frais *mais non* glacé.
– Il parle l'italien *et pas* l'espagnol.
– Il a dit ça, *non pas* à moi *mais* à ma sœur.

Remarque

Non plus est la négation de ***aussi.***
– Il connaît l'Écosse, moi *aussi.*

■ NE... PAS

1. Aux temps simples :

– Jean *ne* fume *pas.*
– *Ne* sors *pas !*

2. Aux temps composés :

– Marie *n'*est *pas* allée au marché.
– Il *n'*a *pas* entendu la question.

3. À l'infinitif :

– Le médecin lui a recommandé de *ne pas* fumer.

Remarques

1. Dans la langue familière, ***ne*** n'étant pas tonique, on a tendance à le supprimer.
– C'est pas vrai.
– Est-ce qu'il est là ?
– Je crois pas.
2. ***Ne... point*** (peu fréquent) = *ne... pas.*
Ne... guère (peu fréquent) = *ne... pas beaucoup.*

Renvoi

Pour la transformation de l'article après *ne... pas, ne... plus, ne... pas encore, ne... jamais,* voir le chapitre 15 sur les articles p. 115-116.
Il a une voiture. → Il n'a *pas de* voiture.

■ NE... PLUS

Négation de *encore* et de *toujours*.

– Les étudiants sont-ils *encore* dans l'amphithéâtre?
  – Non, ils *n'y* sont *plus*.
  (= mais ils y étaient avant)
– Tes cousins habitent-ils *toujours* Bordeaux?
  – Non, ils *n'y* habitent *plus*.
  (toujours = encore)
– Il a décidé de *ne plus* fumer.

> **Attention!**
> L'adverbe ***toujours*** a deux sens :
> 1. = *encore*
> – Il pleut *toujours*, on ne peut pas sortir.
> 2. = *habituellement*
> – Il est *toujours* en retard.

■ NE... PAS ENCORE

Négation de *déjà*.

– Les résultats des examens sont-ils *déjà* affichés?
  – Non, ils *ne* le sont *pas encore*.
  (= mais ils le seront plus tard)
– Est-ce que ce village avait *déjà* l'électricité au début du siècle?
  – Non, il *ne* l'avait *pas encore*.

> ******Remarque***
> On peut dire aussi :
> – Non, ils ne sont *toujours pas* affichés.
> (nuance d'impatience : ils devraient déjà être affichés)

■ NE... JAMAIS

1. Négation de *toujours, souvent, quelquefois, parfois*.

– Vas-tu *parfois* à la piscine?
  – Non, je *n'y* vais *jamais*.
– Je *ne* vais *jamais* voir les films en version française; je choisis *toujours* les films en version originale[1].
– Est-ce qu'on entend *souvent* parler de cet acteur?
  – Non, on *n'*entend *jamais* parler de lui[2].

> **Attention!**
> ***Ne... jamais*** n'est pas la seule négation de *toujours* et de *souvent*. On peut dire aussi :
> [1] Je *ne* vais *pas toujours* voir les films en version originale.
> [2] On *n'entend pas souvent* parler de lui.
> La négation est moins absolue.

2. *Jamais* peut aussi être la négation de *déjà* :

Comparez :

– Êtes-vous *déjà* allé à Vézelay?
  – Non, je *n'y* suis *pas encore* allé.
    (= Je n'y suis pas allé mais j'irai peut-être)
  – Je *n'y* suis *jamais* allé.
    (= pas une seule fois dans le passé)

3. *Jamais* peut se combiner avec *plus* et *encore* :

– Trois mille kilomètres en deux jours, je *ne* ferai *plus jamais* ça!
– Un tableau *n'*avait *encore jamais* atteint un tel prix!

■ NE... NI... NI

Négation de *ou* et de *et* :

- *Ni* mon mari *ni* moi *ne* parlons anglais.
- Il *n'*y a *ni* car *ni* train pour aller dans ce petit village.
- Je *n'*aime *ni* les chats *ni* les chiens.

On peut dire aussi :

- Il n'y a *pas de* car *ni de* train pour aller dans ce petit village.
- Je *n'*aime *pas* les chats *ni* les chiens.

Renvoi

Pour l'emploi de l'article, voir le chapitre 15 sur les articles, p. 116

■ OMISSION D'UN DES ÉLÉMENTS DE LA NÉGATION

1. Omission de *ne* dans une phrase sans verbe.

- Grèves à la S.N.C.F. *Pas de* trains aujourd'hui.
- Le facteur est déjà passé ? – Non, *pas encore.*
- Elle aime beaucoup la peinture abstraite. *Pas moi !*

2. ***Omission de *pas* dans la langue soutenue, après les verbes *oser, savoir, cesser* et *pouvoir.*

- Je ne cesse de vous le répéter.
- Je n'ose lui dire la vérité.

******Remarque***

Jamais employé sans ***ne*** a une valeur positive, dans une phrase comparative, interrogative ou après un ***si*** d'hypothèse :
- Son examen approche. Il travaille plus que *jamais.*
- Avez-vous *jamais* entendu une histoire pareille ?
- *Si jamais* il y a un problème, n'hésitez pas à m'appeler !

AUTRES CONSTRUCTIONS NÉGATIVES

■ FORME INTERRO-NÉGATIVE

– N'êtes-vous pas de mon avis?

Renvoi

Voir le chapitre 22 sur la forme interrogative, p. 189.

■ NÉGATION ET INDÉFINI

Renvoi

Voir le chapitre 18 sur les indéfinis, p. 136 à 141.

Ne... personne
Ne... rien
Ne... aucun
Ne... nulle part

– Je *ne* connais *personne* dans cette ville.

Les indéfinis négatifs peuvent se combiner avec *jamais, plus, encore* :

– Je *ne* comprends *plus rien.*
– *Personne n'*a *jamais* dit cela.
– Je *n'*ai *encore* lu *aucun* roman de Zola.

■ SANS

1. Cette préposition fait porter la négation sur un nom, un pronom ou un infinitif :

Renvoi

Pour l'emploi de l'article, voir le chapitre 15 sur les articles, p. 118.

– Il est parti *sans argent.*
– Partez *sans moi!*
– Il est parti *sans faire* de bruit.

2. *Sans* se construit sans *ne* avec l'adverbe *jamais* et les indéfinis négatifs.

– Il est parti *sans rien* dire.
– Il a pris sa décision *sans* en parler à *personne.*
– Il fait tout ce qu'on lui demande *sans jamais* protester.

3. *Sans... ni* :

– L'explorateur perdu dans la jungle resta deux jours *sans* boire *ni* manger.

■ NE... QUE

***Ne... que* exprime une restriction :**

- Il *ne* reste *qu'*une place sur le vol Paris-Madrid du 17 juin.
  (= Il reste seulement une place)
- Je *n'*ai *que* 50 francs sur moi.
  (= J'ai seulement 50 francs sur moi)
- On trouve maintenant des plats tout préparés. Il *n'*y a *qu'*à les réchauffer.
  (= La seule chose à faire, c'est de les réchauffer)

■ CONSTRUCTIONS NÉGATIVES À VALEUR AFFIRMATIVE

La forme négative permet de renforcer une affirmation. C'est un procédé fréquent.

- Ce *ne* serait *pas* une mauvaise idée de faire une promenade.
  (= Ce serait une bonne idée)
- Cet enfant *n'*est vraiment *pas* bête.
  (= Il est vraiment intelligent)

■ NON et PAS

Ils peuvent être employés comme des préfixes devant un nom ou un adjectif :

NON

la non-violence
un non-voyant
une lettre non signée
des citrons non traités
de l'eau non potable
etc.

PAS

un livre pas cher
du linge pas repassé
un travail pas soigné
etc.

Remarques

1. L'expression ***n'avoir qu'à* + infinitif** est très fréquente. Elle exprime un conseil :
– Tu es pressé ? Tu *n'as qu'à* prendre un taxi.

2. ***Rien que*** = *seulement* (langue familière)
– Je l'ai reconnu tout de suite, *rien qu'*à sa voix.
(= seulement en l'écoutant)
– On devine qu'il est malade *rien qu'*à le regarder.
(= seulement en le regardant)

23

***LE « NE » EXPLÉTIF

Comparez :

– Je crains qu'il soit malade.

– Je crains qu'il *ne* soit malade.

Les deux phrases ont exactement le même sens, malgré la présence du *ne* dit « explétif ». Ce *ne* n'a pas de valeur négative. Il est facultatif et s'emploie dans la langue soutenue.
On le rencontre dans une proposition subordonnée après :

1. Les verbes : *craindre, avoir peur, redouter, éviter, empêcher.*

– Il faut éviter que cet incident *ne* se reproduise.

2. Les conjonctions : *avant que, à moins que, de crainte que, de peur que.*

– Partez avant qu'il *ne* soit trop tard.

3. On le rencontre également dans les phrases comparatives d'inégalité : *plus... que, moins... que, autre... que, plutôt... que.*

– C'est plus difficile que je *ne* le pensais.

NE DITES PAS	DITES
~~Il fume pas.~~	Il **ne** fume **pas.**
~~Il n'est pas français, moi aussi.~~	Il n'est pas français, moi **non plus.**
~~Il reste sans bouger et parler.~~	Il reste **sans** bouger **ni** parler.
~~Elle n'a pas déjà fait ça.~~	Elle n'a **pas encore** fait ça.
~~Je n'ai pas que 10 francs sur moi.~~	Je **n'**ai **que** 10 francs sur moi.
~~Il est parti sans dire quelque chose.~~	Il est parti **sans rien** dire.
~~Il est parti sans voir quelqu'un.~~	Il est parti **sans** voir **personne.**
~~Il ne parle pas à personne.~~	Il **ne** parle à **personne.**

24

La phrase exclamative

1. ***Quelle*** **chaleur !**
2. ***Comme*** **c'est beau !**
3. ***Bravo !*** **Vous avez réussi !**

▶ **Ces phrases, avec ou sans verbe, expriment un sentiment (joie, surprise, indignation, regret, etc.).**

▶ **À l'écrit, la phrase ou le mot exclamatifs sont suivis d'un point d'exclamation (!).**

▶ **À l'oral, c'est l'intonation qui traduit l'exclamation.**

1. Mots exclamatifs

■ QUEL(S), QUELLE(S)

Adjectifs suivis d'un nom :
- *Quel* temps !
- *Quelle* horreur !
- *Quels* charmants enfants vous avez !

Remarque

À l'oral, l'article défini peut être employé à la place de ***quel.***
- *Quelle* belle maison !
  → *La* belle maison !

■ QUE

1. Avec un verbe :
- *Qu'*il fait beau !
- *Qu'*elle est gentille !

2. Avec un nom précédé de « de » :
- *Que de* monde !
- *Que de* problèmes j'ai en ce moment !

Remarque

Dans la langue familière, on emploie souvent :
1. ***Ce que*** ou ***qu'est-ce que*** à la place de *que.*
- *Ce qu'*il fait beau !
- *Qu'est-ce qu'*il fait beau !

2. ***Qu'est-ce que... comme*** à la place de *que de.*
- *Qu'est-ce qu'*il y a *comme* monde !

■ COMME

- *Comme* je suis content !
- *Comme* il fait beau !
- *Comme* ce serait bien de pouvoir travailler à mi-temps !

■ TELLEMENT – TANT – SI – UN(E) TEL(LE), DE TEL(LE)S

- J'adore cet acteur ! Il joue *si* bien !
- Allez la voir ! Ça lui fera *tellement* plaisir !
- On ne s'entendait plus. Il y avait un *tel* bruit !
- Il fait rire tout le monde. Il a *tant* d'humour !

Renvoi

Ces adverbes sont aussi employés dans l'expression de la conséquence.
Voir le chapitre 30, p. 247-248.

■ POURVU QUE + subjonctif

- *Pourvu qu'*il fasse beau dimanche !
  (= Je souhaite qu'il fasse beau)
- *Pourvu qu'*il n'ait pas oublié le rendez-vous !

Renvoi

Voir le chapitre 34 sur l'expression de la condition, p. 292.

■ SI + imparfait ou plus-que-parfait

Exprime un regret :

- Ah ! *Si* j'étais riche !
- *Si* seulement quelqu'un pouvait me renseigner !
- Tu as raté ton examen ! *Si* seulement tu avais travaillé davantage !

2. Phrases sans mot exclamatif

■ L'INTONATION

Certaines phrases sont exclamatives par l'intonation seulement. Parfois même elles sont réduites à un seul mot.

- Il est déjà midi ! ou Il est midi. Déjà !
- C'est un scandale !
- Tu es fou !
- Attention ! (= Faites attention !)
- Papa nous emmène au cinéma. Génial ! (= C'est génial !)
- À demain !

Remarque

Dans la langue familière, les expressions exclamatives sont très nombreuses :
Pas possible ! Dis donc ! Ça alors ! C'est pas vrai !...

■ LES INTERJECTIONS

Ah ! Aïe ! Mon Dieu ! Chut ! Quoi ! Oh ! là là ! Tant pis ! Hélas ! etc.

- *Aïe !* Je me suis brûlé !
- Il ne peut pas venir. *Tant pis !*
  (= Ça ne fait rien)
- *Mon Dieu !* Que j'ai eu peur.

25

La mise en relief

1. Elle aime beaucoup cet acteur.	→	*Cet acteur,* elle *l'*aime beaucoup.
2. J'ai cueilli ces fleurs.	→	*C'est moi qui* ai cueilli ces fleurs.
3. Nous habitions ici autrefois.	→	*C'est ici que* nous habitions autrefois.

▶ **La mise en relief permet d'insister sur un élément de la phrase, en le déplaçant. Ce déplacement s'accompagne d'une reprise de l'élément par un pronom (1) ou de la structure *c'est... qui, c'est... que* (2, 3).**

▶ **La mise en relief est d'un emploi très fréquent, particulièrement à l'oral.**

SOMMAIRE

25

REPRISE D'UN MOT OU D'UN GROUPE DE MOTS PAR UN PRONOM

La phrase est coupée par une virgule à l'écrit, par une pause à l'oral, ce qui isole le groupe mis en relief.

1. Reprise par un pronom personnel

Le pronom personnel reprend un *nom* ou un *pronom.*

- J'aurais dit ça ! Ce n'est pas vrai !
  → *Moi, j'*aurais dit ça ! Ce n'est pas vrai !
  → *J'*aurais dit ça, *moi !* Ce n'est pas vrai !
- Cette fille est vraiment intelligente.
  → *Cette fille, elle* est vraiment intelligente !
  → *Elle* est vraiment intelligente, *cette fille !*
- J'achète ce journal de temps en temps.
  → *Ce journal,* je *l'*achète de temps en temps.
- Il n'y a presque pas eu de cerises cette année.
  → *Des cerises,* il n'y *en* a presque pas eu cette année.

2. Reprise par un pronom démonstratif

Le pronom démonstratif *ce* ou *ça* reprend un *nom* ou un *infinitif.*

- Le jazz est sa passion.
  → *Le jazz, c'*est sa passion !
  → *C'*est sa passion, *le jazz !*
- L'essentiel est de réussir.
  → *L'essentiel, c'*est de réussir.
- Le problème est qu'il ne parle pas anglais.
  → *Le problème, c'*est qu'il ne parle pas anglais.
- J'aime le sport.
  → *Le sport,* j'aime *ça.*
  → J'aime *ça, le sport.*
- Travailler dans ces conditions-là ne m'intéresse pas.
  → *Travailler dans ces conditions-là, ça* ne m'intéresse pas.

CONSTRUCTIONS AVEC LE PRÉSENTATIF « C'EST »

1. *C'est* employé avec un pronom relatif

■ C'EST... QUI, C'EST... QUE, C'EST... DONT, etc.

- *Mon père* m'accompagnait à l'école quand j'étais petit.
  → *C'est mon père qui* m'accompagnait à l'école quand j'étais petit.
- Je ne veux pas voir *Martine* mais je veux voir sa sœur.
  → *Ce n'est pas Martine que* je veux voir, mais sa sœur.
- La Bourse de Paris est en baisse. Tout le monde parle de *ce sujet*.
  → La Bourse de Paris est en baisse. *C'est un sujet dont* tout le monde parle.

■ ***C'EST CE QUI / CE QUE / CE DONT / CE À QUOI

- *Écouter la radio* lui a permis de faire des progrès en français.
  → *Écouter la radio, c'est ce qui* lui a permis de faire des progrès en français.
- Les habitants de cette ville réclament *des transports en commun mieux organisés.*
  → *Des transports en commun mieux organisés, c'est ce que* réclament les habitants de cette ville.
- Mon fils rêve *d'un vélo-cross.*
  → *Un vélo-cross, c'est ce dont* mon fils rêve.
- On s'attend à *une crise économique grave.*
  → *Une crise économique grave, c'est ce à quoi* on s'attend.

■ ***CE QUI... / CE QUE... / CE DONT... / CE À QUOI... + C'EST...

- *Ce qui* lui a permis de faire des progrès en français, *c'est* d'écouter la radio.
- *Ce que* les habitants de cette ville réclament, *ce sont* des transports en commun mieux organisés.

Renvoi

Pour l'emploi des pronoms relatifs, voir le chapitre 26 sur la proposition subordonnée relative, p. 211 à 213.

Remarque

D'autres présentatifs sont employés en relation avec des pronoms relatifs :
Il y a... qui / que
Voici, voilà... qui / que
– *Il y a* une personne *qui* voudrait vous voir.
– *Voilà* une question *que* je ne m'étais jamais posée.

– *Ce dont* mon fils rêve, *c'est* d'un vélo-cross.
– *Ce à quoi* on s'attend, *c'est* à une crise économique grave.

2. *C'est* employé avec la conjonction *que*

– Je *te* parle.
  → *C'est à toi que* je parle.
– Il ne s'agit pas *de ce problème.*
  → *Ce n'est pas de ce problème qu'*il s'agit.
– Je prends l'avion pour Moscou, *demain à 8 heures.*
  → *C'est demain à 8 heures que* je prends l'avion pour Moscou.
– Il a eu cet accident *juste au moment où nous partions en vacances.*
  → *C'est juste au moment où nous partions en vacances qu'*il a eu cet accident.
– Pasteur est né *à Dôle, dans le Jura.*
  → *C'est à Dôle dans le Jura que* Pasteur est né.
– Tous les monuments de la ville sont illuminés *en raison de la fête nationale.*
  → *C'est en raison de la fête nationale que* tous les monuments de la ville sont illuminés.
– J'ai fait ça *pour vous.*
  → *C'est pour vous que* j'ai fait ça.
– Je me suis coupé le doigt *en bricolant.*
  → *C'est en bricolant que* je me suis coupé le doigt.

3. ****Si..., c'est...*

Mise en relief d'une circonstance de *cause* ou de *but.*

1. Cause :
– *S'*il a dit cela, *c'est* par erreur.
– *S'*il fait un tel froid aujourd'hui, *c'est* à cause du vent du nord.
– *S'*il n'y a pas eu beaucoup de champignons cette année, *c'est* parce qu'il n'a pas assez plu.

2. But :
– *Si* j'ai cueilli toutes ces fraises, *c'est* pour faire des confitures.
– *Si* nous avons acheté cette grande maison de vacances, *c'est* pour que tous nos enfants et leurs amis puissent y venir.

DÉPLACEMENT EN TÊTE DE PHRASE D'UN MOT, D'UN GROUPE DE MOTS, D'UNE SUBORDONNÉE COMPLÉTIVE

L'élément déplacé est :

■ UN ADJECTIF, UN ADVERBE, UN COMPLÉMENT CIRCONSTANCIEL

- Ce tableau est *magnifique !*
  → *Magnifique,* ce tableau !
- Ton histoire est *bizarre !*
  → *Bizarre,* ton histoire !
- Je n'aurais *jamais* pensé que je pourrais m'arrêter de fumer si facilement !
  → *Jamais* je n'aurais pensé que je pourrais m'arrêter si facilement de fumer !
- Nous réclamons un ascenseur dans notre immeuble *depuis des années.*
  → *Depuis des années,* nous réclamons un ascenseur dans notre immeuble.
- Il ferait n'importe quoi *pour obtenir ce qu'il veut.*
  → *Pour obtenir ce qu'il veut,* il ferait n'importe quoi !

******Remarque***

Dans la langue écrite, un verbe peut être placé en tête de phrase :
– La foule applaudissait au passage du défilé de Carnaval. La reine de la fête apparut enfin, montée sur un char.
→ *Apparut* enfin la reine de la fête, montée sur un char.

■ *** UNE SUBORDONNÉE COMPLÉTIVE

Le verbe de la subordonnée complétive est toujours au subjonctif.

1. La principale est une construction impersonnelle : *il est* devient *c'est.*

- *Il est* évident que ce problème ne *peut* pas être réglé en un jour.
  → *Que ce problème ne puisse pas être réglé en un jour, c'est* évident !
- *Il est* bien normal que tu sois fatigué après une telle journée !
  → *Que tu sois fatigué après une telle journée, c'est* bien normal !

2. La subordonnée est reprise dans la principale par un pronom personnel neutre *(le, en, y)*.

- Elle est sûre que cette erreur *est* involontaire.
  → *Que cette erreur soit involontaire*, elle *en* est sûre.
- Je n'arrive pas à croire qu'il ait obtenu le 1er prix du Conservatoire.
  → *Qu'il ait obtenu le 1er prix du Conservatoire*, je n'arrive pas à *y* croire !
- Nos grands-parents n'auraient jamais imaginé qu'on irait de Paris à New York en 4 heures.
  → *Qu'on aille de Paris à New York en 4 heures*, nos grands-parents ne *l'*auraient jamais imaginé.

NE DITES PAS	DITES
C'est moi que j'ai fait ça.	C'est **moi qui ai fait** ça.
Baudelaire il a écrit...	**Baudelaire a** écrit...
C'est demain où je pars.	C'est **demain que** je pars.
Que ce problème est difficile, je le sais.	Que ce problème **soit** difficile, je le sais.
Qu'il accepte de faire ce travail, je suis sûr.	Qu'il accepte de faire ce travail, **j'en suis sûr.**

C'est moi qui ai fait ça !!

CINQUIÈME PARTIE

La phrase complexe

26

La proposition subordonnée relative

1. L'aigle est un oiseau *qui* vit en altitude.
2. Le club de bridge *dont* je fais partie se réunit le mardi.
3. On ignore les circonstances *dans lesquelles* s'est produit l'accident.
4. Voici des jus de fruits; prenez celui *que* vous voulez.

▶ **Les pronoms relatifs relient deux propositions. Ils remplacent un nom (1, 2, 3) ou un pronom (4), qu'on appelle *l'antécédent*. Leur forme varie selon leur fonction.**

▶ **La proposition introduite par un pronom relatif est une subordonnée relative; elle suit l'antécédent.**

SOMMAIRE

LES PRONOMS RELATIFS

■ QUI : sujet

– Je voudrais voir les colliers. Ces colliers sont dans la vitrine.
(*ces colliers :* sujet de *sont*)
→ Je voudrais voir *les colliers qui* sont dans la vitrine.

– Les perroquets sont des oiseaux. Ces oiseaux imitent la voix humaine.
→ Les perroquets sont *des oiseaux qui* imitent la voix humaine.

Attention!

Il n'y a jamais d'élision du pronom ***qui.***

– Adressez-vous à l'employée du guichet n° 4 ; c'est *celle qui* s'occupe des passeports.

– Plusieurs projets ont été proposés ; c'est *le mien qui* a été retenu.

Attention!

Lorsque l'antécédent est un pronom personnel, le verbe est à la même personne que ce pronom :
– C'est *moi qui ai* fait ça.

******Remarque***

Dans la langue soutenue ou juridique, on emploie parfois ***lequel*** à la place de ***qui :***
– On a interrogé les témoins de l'accident, *lesquels* ont donné leurs versions des faits.

■ QUE : complément d'objet direct; QU' (devant voyelle ou *h* muet)

– Les Fortelle sont de très bons amis. Nous connaissons ces amis depuis dix ans.
(*ces amis :* objet direct du verbe *connaissons*)
→ Les Fortelle sont *de très bons amis que* nous connaissons depuis dix ans.

– Le musée est consacré à la peinture du XIXe siècle. André visitera ce musée samedi prochain.
(*ce musée :* objet direct du verbe *visitera*)
→ *Le musée qu'* André visitera samedi prochain est consacré à la peinture du XIXe siècle.

– Voici mon cousin Pierre ; c'est *lui que* je voulais vous présenter depuis longtemps.

– Parmi tous les romans de Jules Verne, il y en a *quelques-uns que* j'aime moins que les autres.

Renvoi

– Ces photos sont *celles que* nous avons pris*es* en Corse l'été dernier.
Pour l'accord du participe passé du verbe employé avec *avoir,* voir le chapitre 12 sur le participe, p. 83.

******Remarque***

Que peut être attribut.
– *L'amateur de vin que* vous êtes appréciera sûrement ce merveilleux bordeaux.
(que = amateur de vin)

■ DONT

Il remplace un complément introduit par *de*.

1. Complément du nom.

- Tu devrais lire ce roman. L'auteur de ce roman a reçu le prix Goncourt.
  (ou Son auteur a reçu le prix Goncourt)
  → Tu devrais lire ce roman *dont* l'auteur a reçu le prix Goncourt.
  - C'est un chanteur très célèbre. Tout le monde connaît les chansons de ce chanteur.
    (ou Tout le monde connaît ses chansons.)
    → C'est un chanteur très célèbre *dont* tout le monde connaît les chansons.

2. Complément du verbe.

- J'ai écouté avec plaisir ce pianiste. On m'avait beaucoup parlé de ce pianiste.
  → J'ai écouté avec plaisir ce *pianiste dont* on m'avait beaucoup parlé. (parler *de*...)
- Mes parents m'ont offert un disque, *celui dont* j'avais envie depuis longtemps. (avoir envie *de*...)
- J'ai revu à la télévision *ce film dont* je ne me souvenais plus très bien. (se souvenir *de*...)

3. Complément de l'adjectif.

- Je viens d'acheter un magnétoscope ; je suis très satisfait de ce magnétoscope.
  → Je viens d'acheter *un magnétoscope dont* je suis très satisfait. (être satisfait *de*...)

4. En certains cas, *dont* doit être remplacé par *de qui, duquel* (voir p. 213).

Remarque

– Ils ont trois enfants *dont* deux sont déjà mariés.
(Deux de ces enfants...)

■ PRÉPOSITION { + QUI / + LEQUEL / LAQUELLE / LESQUELS / LESQUELLES

1. L'antécédent est une personne : préposition + *qui*.

- C'est un ami. Je vais souvent faire de la bicyclette avec cet ami.
  → C'est un *ami avec qui* je vais souvent faire de la bicyclette.
- Monsieur Durand est un collègue. Vous pouvez compter sur lui.
  → Monsieur Durand est un *collègue sur qui* vous pouvez compter.
- C'est vraiment *quelqu'un à qui* on peut faire confiance.
  (faire confiance *à*...)

Remarque

On trouve aussi ***lequel*** à la place de ***qui*** sauf quand l'antécédent est le pronom ***quelqu'un :***
– Voici *la personne à qui/à laquelle* il faut vous adresser pour votre passeport.

2. L'antécédent est une chose ou un animal : préposition + *lequel/laquelle/lesquels/lesquelles.*

- Au zoo, il y a des animaux. Il est interdit de donner de la nourriture à ces animaux.
  → Au zoo, il y a *des animaux auxquels* il est interdit de donner de la nourriture.
- Voici *des photos sur lesquelles* on peut voir toute ma famille.
- Une scie est *un instrument avec lequel* on coupe le bois.

Attention!
Notez la contraction :
- avec la préposition ***à***
→ auquel, auxquels, auxquelles
- avec la préposition ***de***
→ duquel, desquels, desquelles

3. *De qui – duquel* (à la place de *dont*).

Il est impossible d'employer *dont :*

- **après les prépositions composées : *à côté de, près de, à cause de, au-dessus de, au milieu de, au cours de,* etc.**

- Il y a souvent des concerts dans l'église. J'habite *en face de* cette église.
  → Il y a souvent des concerts dans *l'église en face de laquelle* j'habite.
- Dans leur salon, il y a un canapé. Ils ont placé le téléphone *près de* ce canapé.
  → Dans leur salon, il y a *un canapé près duquel* ils ont placé le téléphone.
- Les enfants n'ont pas cessé de rire et de parler. J'étais assis *à côté de* ces enfants pendant le spectacle.
  → *Les enfants à côté de qui* j'étais assis pendant le spectacle n'ont pas cessé de rire et de parler.

- *****lorsque le pronom relatif est complément d'un nom lui-même précédé d'une préposition**

- C'est une maison. Il y a des fleurs *aux* fenêtres *de cette maison.*
  → C'est une maison *aux fenêtres de laquelle* il y a des fleurs.
- Le professeur vient d'être nommé à Paris. Philippe prépare sa thèse *sous* la direction *de ce professeur.*
  → Le professeur *sous la direction de qui* Philippe prépare sa thèse vient d'être nommé à Paris.

■ CE + *qui/que/dont;* ***CE + préposition + *quoi*

- Lis-moi *ce qui* est écrit sur cette affiche.
  (*ce* = le texte, la phrase).
- Écoutez bien *ce que* je vais dire.
  (*ce* = les paroles)
- J'ai trouvé tout *ce dont* j'avais besoin dans ce magasin.
  (*ce* = les choses)

Renvoi
Ce est un pronom neutre. Voir le chapitre 16 sur les démonstratifs, p. 125.

- Ce voyage organisé m'a déçu. Ce n'était pas *ce à quoi* je m'attendais.
  (*ce* = le genre de voyage)
- Les droits de l'homme, c'est *ce pour quoi* il se bat.
  (*ce* = les idées)

Le pronom *ce* peut aussi reprendre la phrase qui précède :

- Les Duval nous ont invités pour dimanche, *ce qui* nous fait très plaisir.
  (*ce* = les Duval nous ont invités)
- Il va arrêter ses études, *ce que* je trouve dommage.
  (*ce* = il va arrêter ses études)
- Antoine a commis une grave faute professionnelle, *ce pour quoi* il a été licencié.
  (*ce* = il a commis une faute)

■ QUELQUE CHOSE – RIEN + *qui/que/dont;* ***QUELQUE CHOSE – RIEN + préposition + *quoi*

- Les vacances à la montagne, il n'y a *rien qui* me repose davantage.
- Son indifférence à tout, c'est *quelque chose que* je ne peux pas comprendre.
- Le déplacement de l'entreprise en province, c'est *quelque chose à quoi* il faudrait réfléchir.

■ OÙ : complément de lieu, complément de temps

1. Complément de lieu.

- La Bourgogne et le Bordelais sont des régions ; on produit de très bons vins dans ces régions.
  → La Bourgogne et le Bordelais sont *des régions où* on produit de très bons vins.
  (= des régions dans lesquelles on...)
- Leur appartement a *une terrasse où* ils ont installé une table de ping-pong.
  (= une terrasse sur laquelle ils ont...)

***Où* s'emploie aussi après les adverbes *là, partout* :**

- *Là où* il habite, on trouve peu de magasins.
  (= dans l'endroit où...)
- *Partout où* il va, il se fait des amis.

► ***Remarque***

Où peut s'employer sans antécédent :
- Assieds-toi *où* tu veux.

***Où* s'emploie aussi après les prépositions *de* et *par* :**

- Montez au dernier étage de la tour Eiffel *d'où* vous aurez une vue magnifique sur Paris.
- Indiquez-moi la route *par où* il faut passer.

2. Complément de temps.

Après un nom qui indique le temps :

l'époque
l'instant
le moment
l'heure
le mois
la saison, etc.
} où

- Je suis arrivé à Paris un jour. Il faisait un temps splendide ce jour-là.
  → Je suis arrivé à Paris *un jour où* il faisait un temps splendide.
- Nous étions aux États-Unis *l'année où* le président Kennedy a été assassiné.

Attention!

La première fois que (et non pas « la première fois où ») :
– *La première fois que* je l'ai rencontré, je ne l'ai pas trouvé sympathique.

LA PROPOSITION SUBORDONNÉE RELATIVE

1. La place du sujet

Lorsque le sujet du verbe subordonné est un nom, l'inversion est fréquente.

- À Guernesey, j'ai visité la maison *où* a vécu *Victor Hugo.*
- Voici la nouvelle voiture *qu'*ont achetée *les Dupont.*
- Lis la gentille lettre *que* m'a envoyée *Nicolas !*

Attention !

L'inversion n'est pas possible lorsque le verbe a un nom complément :
– Lis la lettre que Nicolas a envoyée *à son père.*
et non pas : ... qu'a envoyée Nicolas *à son père.*

2. La subordonnée relative incise

La proposition relative peut être « incise », c'est-à-dire placée à l'intérieur d'une autre proposition, pour ne pas séparer le pronom relatif de son antécédent.

- Ce champ est fréquemment inondé ; il borde la rivière.
  → Ce champ *qui borde la rivière* est fréquemment inondé.
  (et non pas : ce champ est fréquemment inondé qui borde la rivière)
- Le satellite *qu'on vient de lancer* permettra de recevoir dix chaînes de télévision de plus.

3. Le mode dans la subordonnée relative

Le mode de la subordonnée relative est généralement l'indicatif. Mais dans certains cas on emploie :

■ ***LE SUBJONCTIF

1. Après un superlatif et des expressions comme *le seul, l'unique, le premier,* etc. (idée de rareté et d'exception) :

- C'est *le plus* beau film *que* j'aie vu cette année.
- Monsieur Lefranc est *le seul* horloger de la ville *qui* soit capable de réparer cette pendule ancienne.
- Neil Armstrong est *le premier* homme *qui* ait marché sur la Lune.

Remarque

Le verbe au subjonctif peut être renforcé par ***jamais :***
– C'est la plus belle mise en scène de *la Flûte enchantée* que j'aie *jamais* vue.

Attention !

On n'emploie pas le subjonctif après *la première fois que.* (simple indication de temps)

2. Après *rien, personne, aucun(e), pas un(e), pas un(e) seul(e), pas de, ne... que* (idée de restriction) :

- Je ne connais *personne qui* veuille prendre cette responsabilité.
- On *n'a pas* encore trouvé *de* médicaments *qui* puisse guérir cette maladie.
- Il *n'*y a *que* le titulaire *qui* connaisse le code de sa carte de crédit.

3. Dans une phrase qui exprime le désir, la demande.

Comparez :

- *Je cherche* un hôtel *où* les chiens soient acceptés.
- J'ai trouvé un hôtel *où* les chiens sont acceptés.
- *Y a-t-il* parmi vous quelqu'un *qui* sache parler le japonais ?
- Je connais quelqu'un *qui* sait parler le japonais.

■ LE CONDITIONNEL

Comparez :

- Je connais un guide *qui peut* nous emmener au sommet du mont Blanc.
  (certitude → indicatif)
- Je connais un guide *qui pourrait* nous emmener au sommet du mont Blanc.
  (éventualité, hypothèse → conditionnel)

■ L'INFINITIF

L'infinitif a le même sujet que le verbe principal. Il s'emploie après le pronom *où* et un pronom précédé d'une préposition pour insister sur l'idée de possibilité.

- Il cherchait un endroit calme *où passer* ses vacances.
  (= où il pourrait passer ses vacances)
- Elle est seule. Elle n'a personne *à qui parler.*
  (= à qui elle pourrait parler)

NE DITES PAS	DITES
~~L'homme qu'a un manteau noir...~~	L'homme **qui a** un manteau noir...
~~Les enfants qu'ils sont sages...~~	Les enfants **qui** sont sages...
~~C'est nous qui ont fait ça...~~	C'est nous qui **avons** fait ça...
~~J'ai un ami lequel est américain.~~	J'ai un ami **qui** est américain.

►►

Le garçon que parle espagnol...

Le livre que je l'ai lu...

Cet ami dont son père est médecin...

Le dictionnaire dont j'en ai besoin...

L'ami que j'habite avec...

L'ami que je parle à...

C'est la raison que j'étais absent.

Le jour quand je suis parti...

Les amis où j'ai dîné...

Le garçon **qui** parle espagnol...

Le livre **que** j'ai lu...

Cet ami **dont le** père est médecin...

Le dictionnaire **dont** j'ai besoin...

L'ami **avec qui/avec lequel** j'habite...

L'ami **à qui/auquel** je parle...

C'est la raison **pour laquelle** j'étais absent.

Le jour **où** je suis parti...

Les amis **chez qui** j'ai dîné...

TABLEAU DES PRONOMS RELATIFS

Fonction	antécédent animé (personne)	antécédent inanimé (chose) et animal	antécédent neutre (ce, quelque chose rien)
sujet	qui	qui	qui
complément d'objet direct	que	que	que
– complément introduit par *de*	dont	dont	dont
– prépositions composées avec *de* (*à cause de, à côté de, près de...*)	à côté de qui (à côté duquel...)	à côté duquel à côté de laquelle à côté desquel(le)s	à côté de quoi
complément introduit par d'autres prépositions (*avec, pour, devant...*)	pour qui (pour lequel...)	pour lequel pour laquelle pour lesquel(le)s	pour quoi
complément introduit par *à*	à qui (auquel...)	auquel à laquelle auxquel(le)s	à quoi
complément de lieu		où	
complément de temps		où	

27

Les propositions subordonnées introduites par la conjonction « que »

1. **Je vois *que vous avez bien travaillé.***
2. **Je suis content *que vous ayez bien travaillé.***
3. **Il est vrai *que vous avez raison.***
4. **Il est possible *que vous ayez raison.***

▶ **Les subordonnées introduites par *que* sont appelées propositions *complétives.* Elles sont à l'indicatif (1, 3) ou au subjonctif (2, 4). L'emploi de l'un ou l'autre mode dépend en général du sens de la proposition principale.**

SOMMAIRE

EMPLOI DE L'INDICATIF

L'indicatif étant le mode qui présente un fait comme certain, il s'emploie dans la subordonnée complétive lorsque la principale exprime :

Renvoi

Pour l'emploi des temps de l'indicatif, voir le chapitre 7 sur l'indicatif.

■ UNE DÉCLARATION, UNE AFFIRMATION, UNE CONSTATATION, UNE CERTITUDE

VERBES

- On *annonce* que le Président *fera* une déclaration à la télévision mardi.
- Je *pense* que vous *avez* tort.
- Le secrétaire *promet* que le rapport *sera* prêt à la fin de la semaine.

CONSTRUCTIONS IMPERSONNELLES

- Il *paraît* que ce film *est* un chef-d'œuvre.
- Il *était évident* que personne ne *savait* exactement ce qui s'était passé.

ADJECTIFS

- Je suis *sûr* que tu m'*approuveras*.
- Ses professeurs semblaient *persuadés* que Thomas *allait réussir* brillamment à son examen.

NOMS

- Elle avait *l'impression* que tout le monde la *regardait*.
- Les juges ont *la certitude* que cet homme *est* coupable.
- Je veux bien vous aider. *Le problème* est que je n'*ai* pas beaucoup de temps.

ADVERBES

À l'oral la subordonnée peut compléter un adverbe.

- As-tu posté ma lettre ? – *Bien sûr* que je l'*ai fait* !
- Le vent se lève. *Peut-être* qu'on *pourra* faire du bateau cet après-midi.

- **Remarque générale sur l'emploi de l'indicatif**

On peut employer le conditionnel à la place de l'indicatif quand on veut apporter une nuance d'éventualité ou d'hypothèse. Comparez :
- Je crois qu'un livre lui *fera* très plaisir.
  (certitude → indicatif)
- Je crois qu'un livre lui *ferait* très plaisir.
  (hypothèse → conditionnel)

PRINCIPAUX VERBES ET EXPRESSIONS SUIVIS DE L'INDICATIF

Verbes	Adjectifs	Constructions impersonnelles
admettre, affirmer, ajouter, annoncer, s'apercevoir, apprendre, assurer, avertir, avouer, certifier, *comprendre,* confirmer, constater, convenir, crier, croire, décider, déclarer, découvrir, *dire,* se douter, *écrire, entendre,* entendre dire, espérer, estimer, *expliquer,* garantir, ignorer, (s')imaginer, informer, jurer, montrer, noter, oublier, parier, penser, *se plaindre,* préciser, *prétendre,* promettre, prouver, raconter, se rappeler, reconnaître, remarquer, se rendre compte, répéter, répliquer, répondre, savoir, sentir, soutenir, se souvenir, supposer, *téléphoner,* trouver, vérifier, voir, etc. Noms avoir la certitude, la conviction, l'espoir, l'impression, la preuve, etc. *être d'avis*	être certain convaincu persuadé sûr etc. Adverbes bien sûr évidemment heureusement peut-être probablement sans doute etc.	il est certain clair convenu évident exact incontestable probable sûr vrai visible vraisemblable on dirait il paraît il me semble

N.B. Les verbes en italiques peuvent aussi être suivis du subjonctif. Voir dans ce chapitre p. 224-225.

27

EMPLOI DU SUBJONCTIF

Le subjonctif étant le mode qui exprime une appréciation ou l'interprétation d'un fait, il s'emploie dans la subordonnée complétive lorsque la principale exprime :

■ LA VOLONTÉ, L'OBLIGATION, LE CONSEIL

VERBES

- Ses parents ne *veulent* pas qu'elle *rentre* seule le soir.
- Elle *a demandé* que le courrier *soit prêt* pour 18 heures.
- Je *propose* que nous *allions* cet été au Kenya.

VERBES IMPERSONNELS

- *Faut-il* que je lui *dise* la vérité ?
- *Il vaudrait mieux* que vous *envoyiez* cette lettre en exprès.

■ UN SENTIMENT, UN JUGEMENT

VERBES

- Je *préfère* que vous ne me *téléphoniez* pas après 22 heures.
- Tout le monde *regrette* que le spectacle *ait été annulé*.
- Je m'*étonne* que tu *aies refusé* ce travail intéressant.

VERBES IMPERSONNELS

- *Il est étonnant* qu'elle ne *sache* pas conduire.
- *Ça m'arrangerait* que vous *gardiez* mon chat cet été.
- Le théâtre n'est pas loin ; *il suffit* que nous *partions* à 20 heures.

ADJECTIFS

- Je suis *désolé* que vous n'*ayez* pas *pu* venir hier.
- Au XIXe siècle, on trouvait *normal* que les jeunes filles ne *fassent* pas d'études supérieures.
- Les enfants ont l'air *déçus* que le pique-nique *soit annulé*.

NOMS

- *Quel dommage* qu'il *ait dû* partir si tôt !
- Ils ont eu *de la chance* que l'accident n'*ait* pas *été* plus grave.
- Avez-vous *besoin* que nous vous *aidions ?*

Renvoi

Pour l'emploi des temps du subjonctif, voir le chapitre 8 sur le subjonctif, p. 62-63.

Remarque

Avec les verbes *avoir peur, craindre, empêcher, éviter, redouter,* l'emploi du *ne* explétif est facultatif → *(ne)*
– On *craint* que le tremblement de terre *n'*ait fait beaucoup de victimes.

■ LA POSSIBILITÉ, LE DOUTE

VERBES

– Je *doute* que cette histoire *soit* vraie.

VERBES IMPERSONNELS

– *Il se peut que* Mme Lescaut *soit élue* présidente de notre association.
(= Il est possible que...)
– *Il arrive* qu'il y *ait* de la neige à Nice en hiver.

• ***Remarque générale sur l'emploi du subjonctif**

Certains verbes ont une construction particulière :
veiller à ce que, s'attendre à ce que, tenir à ce que, être habitué à ce que, s'opposer à ce que, s'engager à ce que, consentir à ce que, être disposé à ce que.

– La direction *tient à ce que* les employés du magasin aient une tenue correcte
(à ce que = que)

PRINCIPAUX VERBES ET EXPRESSIONS SUIVIS DU SUBJONCTIF

Verbes	Constructions impersonnelles
accepter, *admettre,* aimer, aimer mieux, apprécier, attendre, *comprendre,* conseiller, craindre, défendre, demander, désirer, détester, *dire,* douter, *écrire,* empêcher, *entendre,* s'étonner, éviter, exiger, *expliquer,* s'inquiéter, interdire, mériter, ordonner, permettre, *se plaindre,* préférer, *prétendre,* proposer, recommander, redouter, refuser, regretter, suggérer, supporter, *téléphoner,* vouloir, etc.	– il arrive, *il convient,* il faut, il est question, il suffit, il semble, il est temps, il se peut, il y a des chances, il vaut mieux, peu importe, etc.
Adjectifs trouver bizarre, dangereux, dommage, insensé, normal, regrettable, ridicule, utile, etc. être choqué, content, déçu, désolé, ennuyé, étonné, furieux, heureux, malheureux, mécontent, ravi, scandalisé, stupéfait, surpris, touché, triste, vexé, etc.	– Il est désolant, essentiel, fréquent, impensable, invraisemblable, obligatoire, possible, surprenant, utile, dommage, étonnant, indispensable, important, nécessaire, peu probable, regrettable, urgent, etc. – ça m'agace, m'énerve, m'étonne, me gêne, me plaît; ça m'arrange, m'ennuie, me fait plaisir, m'inquiète. etc.
Noms besoin, chance, crainte, désir, envie, honte, peur, surprise, etc. *être d'avis*	

N.B. Les verbes en italiques peuvent aussi être suivis de l'indicatif. Voir dans ce chapitre p. 221.

INDICATIF OU SUBJONCTIF ?

■ SUBJONCTIF

1. Certains verbes habituellement construits avec l'indicatif sont suivis du subjonctif quand ils sont à la forme négative ou interrogative :

avoir l'impression, croire, espérer, penser, trouver, promettre, se rappeler, se souvenir, affirmer, prouver, voir, dire, garantir, imaginer, etc.
être sûr (certain, convaincu, persuadé, etc.)
il est sûr (certain, évident, etc.)

- *Il n'est pas encore sûr* que les élections *aient lieu* à la date prévue.
- *Je n'ai pas l'impression* qu'elle *veuille* venir avec nous.
- *Croyez-vous* que la situation politique *puisse* évoluer dans les mois à venir ?
- *Je ne trouve pas* que ça *vaille* la peine d'aller voir ce film.
- *L'expert ne garantit pas* que le tableau *soit* authentique.

Remarque

L'emploi du subjonctif correspond à un niveau de langue plus soutenu. C'est pourquoi dans la langue courante on conserve l'indicatif après une question introduite par ***« est-ce que »*** ou exprimée par l'intonation :
- Est-ce que vous croyez qu'elle *pourra* venir dimanche ?
- Tu trouves que ce journal *est* intéressant ?

2. ***Quand la subordonnée précède la principale, son verbe est toujours au subjonctif :

- Tout le monde reconnaît que ce cinéaste *est* un grand artiste.
  → Que ce cinéaste *soit* un grand artiste, tout le monde le reconnaît.

Renvoi

Voir le chapitre 25 sur la mise en relief, p. 207.

■ ***INDICATIF OU SUBJONCTIF ?

Certains verbes sont suivis de l'indicatif ou du subjonctif selon leur sens :

Déclaration → indicatif, appréciation → subjonctif

admettre, comprendre, dire, écrire, entendre, expliquer, se plaindre, prétendre, téléphoner, être d'avis, etc.

DIRE, ÉCRIRE, TÉLÉPHONER

- Le directeur de l'entreprise a dit que les ventes à l'étranger *augmentaient*.
  (déclaration → indicatif)

– Dites à M. Leblond qu'il *soit* là à 14 heures.
(ordre → subjonctif)

COMPRENDRE

– Grâce à ses explications, j'ai enfin compris qu'il n'y *avait* pas d'autre solution.
(constatation → indicatif)
– Je comprends qu'on *puisse* préférer vivre à la campagne.
(appréciation → subjonctif)

ADMETTRE

– J'admets qu'il n'y *a* aucune raison de s'inquiéter.
(déclaration → indicatif)
– Georges n'admet pas qu'on lui *fasse* la moindre critique.
(volonté → subjonctif)

SE PLAINDRE

– Il se plaignait que ses voisins *faisaient* du bruit.
(déclaration → indicatif)
– Il se plaint qu'on l'*ait accusé* injustement.
(sentiment → subjonctif)

CONVENIR

– Il est convenu que nous nous *retrouverons* à 18 heures place de l'Opéra.
(= Nous avons décidé → indicatif)
– Il conviendrait que le gouvernement *prenne* d'urgence les mesures nécessaires.
(= Il faudrait → subjonctif)

Remarque

Ici, le verbe *convenir* est un verbe impersonnel.

EXPLIQUER

– Il a expliqué que cette situation *nécessitait* des mesures exceptionnelles.
(déclaration → indicatif)
– La gravité de la situation explique que le gouvernement *ait pris* des mesures exceptionnelles.
(appréciation → subjonctif)

■ NE PAS CONFONDRE

ESPÉRER (+ indic.) et SOUHAITER (+ subj.)

– J'espère qu'il *pourra* sortir de l'hôpital samedi.
– Je souhaite qu'il *guérisse* le plus vite possible.

PROBABLE (+ indic.) et POSSIBLE (+ subj.)

– Il est probable que Martin *viendra* lundi.
– Il est possible que Martin *vienne* lundi.

PARAÎTRE (+ indic.) et SEMBLER (+ subj.)

- Il paraît que le malade *va* mieux.
  (Il paraît = on dit que)
- Il semble que le malade *aille* mieux.
  (= Quand on le regarde, on a l'impression que...)

IL ME SEMBLE (+ indic.) et IL SEMBLE (+ subj.)

- Il me semble que c'*est* une bonne idée.
  (= Je pense que...)
- Il semble que ce *soit* une bonne idée.
  (= On a l'impression que...)

SE DOUTER (+ indic.) et DOUTER (+ subj.)

- Il y a un monde fou pendant le festival ; je me doute bien que nous *aurons* du mal à nous loger.
  (= Je suis presque sûr que...)
- Je doute qu'il y *ait* encore de la place dans les hôtels à cette date-là.
  (= Je ne suis pas sûr que...)

HEUREUSEMENT QUE (+ indic.) et ÊTRE HEUREUX (+ subj.)

- J'ai perdu mes clés de voiture. Heureusement que j'en *avais* un double.
- Je suis heureux que tout se *soit* bien *passé*.

LE FAIT EST QUE (+ indic.) et LE FAIT QUE (+ subj.)

- Le fait est que cette question n'*est* pas claire.
- Le fait qu'elle *ait réussi* son bac avec mention Très Bien lui a permis d'entrer dans cette école sans passer d'examen.

TRANSFORMATION INFINITIVE

■ SUBORDONNÉE AU SUBJONCTIF

La transformation infinitive est obligatoire :

1. Lorsque le sujet est le même dans la principale et dans la subordonnée.

– ~~*Je* préfère que *j'y* aille en voiture.~~
→ Je préfère y *aller* en voiture.

– ~~*Nous* aimons que *nous* voyagions.~~
→ Nous aimons *voyager.*

– ~~*Je* suis désolé que *je* sois en retard.~~
→ Je suis désolé d'*être* en retard.

2. La transformation infinitive est aussi obligatoire quand le complément du verbe principal et le sujet de la subordonnée sont la même personne.

– ~~*Cela* m'ennuie que *je* parte.~~
→ Cela *m'*ennuie de *partir.* (une seule personne : moi)

mais

– Cela *m'*ennuie que *tu* partes. (deux personnes)

– ~~Cela dérange *mon voisin* qu'*il* entende jouer du piano après 22 heures.~~
→ Cela dérange *mon voisin* d'*entendre* jouer du piano après 22 heures. (= une seule personne : mon voisin)

mais

– Cela dérange mon voisin que je fasse du piano après 22 heures. (deux personnes)

– ~~Il *m'*a demandé que *je* lui envoie une carte postale du Mexique.~~
→ Il *m'*a demandé de lui *envoyer* une carte postale du Mexique.

******Remarque***

Quand le complément indirect est un nom, la transformation infinitive n'est pas obligatoire.
On peut dire :
– Il a demandé *à sa sœur* qu'elle lui *envoie* une carte postale du Mexique.

SUBORDONNÉE À L'INDICATIF

La transformation est facultative lorsque le sujet est le même dans la principale et dans la subordonnée.

- Nous espérons { que nous arriverons à 11 heures. / arriver à 11 heures.
- Il a décidé { qu'il resterait. / de rester.
- Je suis sûre { que j'ai déjà rencontré cette personne. / d'avoir déjà rencontré cette personne.
- Il a promis aux enfants { qu'il les emmènerait au zoo. / de les emmener au zoo.

Attention!

Notez l'emploi de la préposition ***de*** après certains adjectifs et après certains verbes. Voir le chapitre 1 sur les constructions verbales.

NE DITES PAS	DITES
~~J'espère que tu puisses venir.~~	J'espère que tu **pourras** venir.
~~Je crains qu'il ne soit pas malade.~~	Je crains qu'il **ne soit** malade.
~~Je suis désolé que je sois en retard.~~	Je suis désolé **d'être** en retard.
~~Ils ont envie qu'ils aillent...~~	Ils ont envie **d'aller...**
~~Il m'a permis que je prenne...~~	Il m'a permis **de prendre...**

28

Le discours direct et le discours indirect

Julien a téléphoné pour dire : « J'ai manqué le train de 8 h 02, je prendrai celui de 8 h 27. »

▶ Cette phrase est au *discours direct* parce que les paroles du locuteur (Julien) sont rapportées telles qu'il les a dites.

Julien a téléphoné pour dire *qu'il avait manqué* le train de 8 h 02 et *qu'il prendrait* celui de 8 h 27.

▶ Cette phrase est au *discours indirect* parce que les paroles sont rapportées par une autre personne (le narrateur), ce qui entraîne certaines modifications.

▶ **Le discours peut prendre la forme d'une interrogation :**

Il m'a demandé : « Comment vas-tu ? »

▶ **Interrogation directe**

Il m'a demandé *comment j'allais.*

▶ **Interrogation indirecte**

SOMMAIRE

DU DISCOURS DIRECT AU DISCOURS INDIRECT

Discours direct :

Le mois dernier, Christophe a annoncé à sa femme : « Annie ! Je suis nommé directeur adjoint. Je t'emmènerai au restaurant demain soir pour fêter ma promotion ! »

Discours indirect :

Le mois dernier, Christophe a annoncé à sa femme *qu'il était nommé* directeur adjoint et *qu'il l'emmènerait* au restaurant *le lendemain* soir pour fêter *sa* promotion.

Dans cette phrase, le passage du discours direct au discours indirect entraîne :

1. La subordination par la conjonction *que* :

*qu'*il était nommé... et *qu'*il l'emmènerait

Attention !

Notez la répétition de ***que*** devant chaque subordonnée.

2. La suppression de la ponctuation (deux points, guillemets, point d'exclamation), de l'apostrophe « Annie ».

Remarque

On supprime aussi les interjections :
– Il a crié : « Aie ! Je me suis fais mal ! »
→ Il a crié qu'il s'était fait mal.

3. Le changement de personne des pronoms personnels et des mots possessifs :

je suis nommé → *il* était nommé
*je t'*emmènerai → *il l'*emmènerait
ma promotion → *sa* promotion

4. Le changement des temps (puisque le verbe introducteur est au passé) :

suis nommé → *était nommé*
emmènerai → *emmènerait*

5. La modification des expressions de temps :

demain soir → *le lendemain soir*

1. Les verbes introducteurs

Ils sont suivis d'une subordonnée introduite par *que*. Les plus courants sont les suivants :

affirmer, ajouter, annoncer, déclarer, dire, expliquer, promettre, répondre

- Le directeur de l'équipe de football de notre ville *a annoncé* qu'il devait quitter son poste et il *a ajouté* qu'il avait toute confiance en son successeur.

Autres verbes :

admettre, assurer, avouer, confirmer, constater, crier, démentir, s'écrier, s'exclamer, jurer, objecter, préciser, prétendre, proposer, reconnaître, remarquer, répliquer, suggérer, etc.

Le choix du verbe introducteur apporte une nuance au récit :

Comparez :

- Il a *dit* : « J'en ai assez ! »
- Il a *crié* : « J'en ai assez ! » (nuance de colère)
- Elle a *dit* qu'elle s'était trompée.
- Elle a *reconnu* qu'elle s'était trompée. (= Elle a admis...)

2. Modifications des modes et des temps

1. Quand le verbe introducteur est au présent ou au futur, les temps ne changent pas quand on passe du discours direct au discours indirect :

- Il dit : « *Je* n'*ai* pas *compris* ce que *tu viens* de dire. »
  → Il dit qu'*il* n'*a* pas *compris* ce que *je viens* de dire.
- Si tu lui demandes son avis, il te répondra : « *Je suis* d'accord. »
  → ... il te répondra qu'*il est* d'accord.

2. Quand le verbe introducteur est à un temps du passé (passé composé, passé simple, imparfait, plus-que-parfait), on modifie les temps selon les règles de la concordance des temps :

INDICATIF

Discours direct		Discours indirect
Présent	→	imparfait
Passé composé	→	plus-que-parfait
Futur simple	→	futur du passé (forme du conditionnel présent)
Futur antérieur	→	futur antérieur du passé (forme du conditionnel passé)
Futur proche	→	imparfait d'*aller* + infinitif
Passé récent	→	imparfait de *venir* + infinitif

- Il m'a dit : « Ma voiture est trop vieille ; je vais en acheter une autre. »
  → Il m'a dit que sa voiture *était* trop vieille et qu'il *allait* en acheter une autre.
- Elle m'a écrit : « Je viens de déménager et je t'inviterai quand j'aurai fini de m'installer. »
  → Elle m'a écrit qu'elle *venait* de déménager et qu'elle m'*inviterait* quand elle *aurait fini* de s'installer.

Remarque

L'imparfait et le plus-que-parfait ne changent pas :
- Il m'a dit : « J'*étais* fatigué parce que je m'*étais couché* tard. »
→ Il m'a dit qu'il *était* fatigué parce qu'il s'*était couché* tard.

AUTRES MODES

- **Au subjonctif, dans la langue courante, on n'observe pas la règle de la concordance des temps**
- Elle m'a dit : « *Il faut* que tu *viennes* avec moi. »
  → Elle m'a dit qu'il *fallait* que je *vienne* avec elle.

*****Renvoi**

Dans la langue soutenue, on observe la règle de la concordance des temps. Voir le chapitre 8 sur le subjonctif, p. 63.

- **Au conditionnel, il n'y a pas de modifications des temps**
- Elle m'a dit : « J'*aimerais* acheter une maison à la campagne. »
  → Elle m'a dit qu'*elle aimerait* acheter une maison à la campagne.

3. Cas particulier de l'impératif.

L'impératif est remplacé par *de* + infinitif, quel que soit le temps du verbe introducteur (passé, présent ou futur).

- Le professeur { a dit / dit / dira } aux élèves :
  « *Écrivez* la dictée sur votre cahier ! »

→ Le professeur { a dit / dit / dira } aux élèves *d'écrire* la dictée sur leur cahier.

- Elle m'a conseillé : « Ne t'*expose* pas trop longtemps au soleil ! »
  → Elle m'a conseillé *de* ne pas m'*exposer* trop longtemps au soleil.

******Remarque***

On peut également remplacer l'impératif par le subjonctif.
- Le professeur dit aux élèves *qu'ils écrivent* la dictée sur leur cahier.

Voir le chapitre 27 sur les propositions subordonnées introduites par la conjonction *que*, p. 227.

3. Modifications des expressions de temps

1. Les expressions de temps sont modifiées si le verbe introducteur est au passé :

- Ma tante m'avait écrit : « Je viendrai déjeuner chez toi *lundi prochain* », mais elle n'est pas venue.
  → Ma tante m'avait écrit qu'elle viendrait déjeuner chez moi *le lundi suivant*, mais elle n'est pas venue.

Discours direct		Discours indirect
aujourd'hui	→	ce jour-là
ce matin	→	ce matin-là
ce soir	→	ce soir-là
en ce moment	→	à ce moment-là
ce mois-ci	→	ce mois-là
hier	→	la veille
avant-hier	→	l'avant-veille
dimanche prochain	→	le dimanche suivant
dimanche dernier	→	le dimanche précédent
il y a trois jours	→	trois jours plus tôt
demain	→	le lendemain
après-demain	→	le surlendemain
dans trois jours	→	trois jours plus tard

Remarque

De la même façon, l'adverbe de lieu ***ici*** devient ***là :***
– Les Robin m'ont dit : « Nous habitons *ici* depuis vingt ans. »
→ Les Robin m'ont dit qu'ils habitaient *là* depuis vingt ans.

2. Les expressions de temps sont modifiées seulement s'il n'y a aucun lien avec le présent :

Lien avec le présent

– (le locuteur parle le 16 mai) : Ce matin (lundi 16), j'ai vu Pierre qui m'a dit qu'il me rapporterait mes disques *demain* (mardi 17).

– Elle m'a appelé hier soir et elle m'a dit qu'elle viendrait *aujourd'hui.*

Pas de lien avec le présent

– (le locuteur parle le 16 mai) : Dimanche dernier (le 11 mai), j'ai vu Pierre qui m'a dit qu'il me rapporterait mes disques *le lendemain* (le 12 mai).

– Le témoin expliqua que *ce jour-là* il avait vu sortir de l'immeuble un homme qui était déjà passé *la veille.*

DE L'INTERROGATION DIRECTE À L'INTERROGATION INDIRECTE

Interrogation directe :

J'ai téléphoné à Laurence et je lui ai demandé : « Est-ce que tu peux (ou Peux-tu...) me prêter ta machine à écrire pendant le week-end ? »

Interrogation indirecte :

J'ai téléphoné à Laurence et je lui ai demandé *si elle pouvait me* prêter *sa* machine à écrire pendant le week-end.

Le passage de l'interrogation directe à l'interrogation indirecte entraîne :

1. Les mêmes changements de temps, de pronoms personnels et de mots possessifs, la même modification des expressions de temps que dans le passage du discours direct au discours indirect.

2. La suppression de la forme interrogative :

– suppression de « Est-ce que » ou rétablissement du sujet devant le verbe;
– suppression du point d'interrogation et des guillemets.

3. La subordination par *si* ou par un mot interrogatif.

Renvoi

Voir également le chapitre 22 sur la phrase interrogative.

Remarque

Quand le mode est infinitif, il y a simplement suppression du point d'interrogation et des guillemets.
– Il se demandait : « Que penser de tout cela ? quelle décision prendre ? »
– Il se demandait que penser de tout cela et quelle décision prendre.

1. Les verbes introducteurs

Ils sont suivis d'une subordonnée introduite par *si* ou par un mot interrogatif.
Le verbe le plus courant est *demander.*
Mais beaucoup d'autres verbes peuvent aussi impliquer une question : *comprendre, dire, ignorer, indiquer, s'informer, interroger, savoir,* etc.

– *Je ne sais pas* comment on écrit ce mot.
(« Comment écrit-on ce mot ? »)
– *Indiquez*-moi où se trouve le boulevard Saint-Germain, s'il vous plaît.
(« Où se trouve le boulevard Saint-Germain ? »)

2. La subordination

1. L'interrogation totale (question appelant la réponse *oui* ou *non*) :

Inversion } → si
« Est-ce que » }

– Elle m'a demandé : « *Aimez-vous* ce disque ? »
« *Est-ce que* vous aimez ce disque ? »
→ Elle m'a demandé *si* j'aimais ce disque.

2. L'interrogation partielle :

Remarque

Lorsque le sujet est un nom et que le verbe n'a pas de nom complément, l'inversion est fréquente :
– Il m'a demandé : « Comment vont vos parents ? »
→ Il m'a demandé comment allaient mes parents.

- **Les adverbes *où, quand, comment,* etc. sont maintenus**

– Il m'a demandé : « *Comment* vas-tu ? »
→ Il m'a demandé *comment* j'allais.

– Je voudrais savoir : « *Pourquoi* riez-vous ? »
→ Je voudrais savoir *pourquoi* vous riez.

- **Les pronoms et adjectifs interrogatifs *lequel, quel,* etc. sont maintenus**

– Il m'a demandé : « *Quelle* heure est-il ? »
→ Il m'a demandé *quelle* heure il était.

- **Cas des pronoms interrogatifs *qui, que, quoi***

PERSONNES

qui ou qui est-ce qui qui ou qui est-ce que	→ qui
préposition + qui	→ préposition + qui

– Elle a demandé : « *Qui* (ou *Qui est-ce qui*) a fait ce joli bouquet ? »
→ Elle a demandé *qui* avait fait ce joli bouquet.

– Elle m'a demandé : « *Qui* invites-tu (ou *Qui est-ce que* tu invites) à dîner samedi ? »
→ Elle m'a demandé *qui* j'invitais à dîner samedi.

– Mon père m'a demandé : « *Avec qui* sors-tu ? »
→ Mon père m'a demandé *avec qui* je sortais.

CHOSES

que ou qu'est-ce qui	→ **ce qui**
que ou qu'est-ce que	→ **ce que**
préposition + quoi	→ **préposition + quoi**

– Il a demandé : « *Que* se passe-t-il? » ou « *Qu'est-ce qui* se passe? »
→ Il a demandé *ce qui* se passait.

– Il a demandé : « *Qu'est-ce que* c'est? »
→ Il m'a demandé *ce que* c'était.

– Il m'a demandé : « *Que* fais-tu? » ou « *Qu'est-ce que* tu fais? »
→ Il m'a demandé *ce que* je faisais.

– Il m'a demandé : « *À quoi* penses-tu? »
→ Il m'a demandé *à quoi* je pensais.

- **Remarques générales sur le discours direct et indirect**

1. Place du verbe introducteur.

Discours direct : le verbe est placé *avant, après,* ou *à l'intérieur* de la citation.

- **Verbe placé avant :**

– L'homme *a dit* : « Je voudrais envoyer un télégramme. »

- **Verbe placé après ou à l'intérieur :**

Il y a obligatoirement inversion du sujet.
– « Je voudrais envoyer un télégramme », *dit l'homme.*
– « Je voudrais, *dit l'homme,* envoyer un télégramme. »
– « Quel magnifique tableau », *s'exclama-t-il.*

Discours indirect : le verbe est toujours placé *avant.*
– L'homme *a dit* qu'il voulait envoyer un télégramme.

2. Emploi du pronom neutre *le.*

Dans l'interrogation directe, il sert à reprendre les paroles du locuteur.
– « Comment marche ton magnétoscope? » Explique-le-moi.

***LE STYLE INDIRECT LIBRE

Style indirect :

Il pensait souvent à son frère. Il se demandait où il était, pourquoi il refusait de lui écrire. Il se disait qu'il fallait absolument le retrouver.

Style indirect libre :

Il pensait souvent à son frère. *Où était-il? Pourquoi refusait-il de lui écrire? Oui, il fallait absolument le retrouver!*

Le style indirect libre est un procédé littéraire qui présente certains aspects du discours direct (ponctuation, interjections) et certains aspects du discours indirect (changement des pronoms, concordance des temps, modification des adverbes de temps). Il est caractérisé par l'absence de verbe introducteur et de subordination.

Le style indirect libre s'intègre au récit. La langue parlée et la langue écrite sont rapprochées, sans intervention de l'auteur.

Ce procédé est très couramment employé par les romanciers.

« Il se disait qu'on la sauverait sans doute ; *les médecins trouveraient un remède, c'était sûr!* » Flaubert, *Madame Bovary.*

NE DITES PAS	DITES
Je ne sais pas qu'est-ce qui se passe.	Je ne sais pas **ce qui** se passe.
Il m'a dit il avait compris.	Il m'a dit **qu'il** avait compris.
Je voudrais savoir où habitez-vous.	Je voudrais savoir où **vous habitez.**
Je me demande s'il y aura du soleil et on pourra aller à la plage.	Je me demande s'il y aura du soleil et **si** on pourra aller à la plage.
Le client a dit qu'il prendrait un steack et il le voulait bien cuit.	Le client a dit qu'il prendrait un steack et **qu'**il le voulait bien cuit.

29

L'expression de la cause

1. **Les enfants ne peuvent pas jouer dans le jardin *parce qu'il pleut.***
2. ***À cause de la pluie,* les enfants ne peuvent pas jouer dans le jardin.**
3. **Les enfants ne peuvent pas jouer dans le jardin : *il pleut.***

▸ **La proposition subordonnée (1), le groupe préposition + nom (2), la juxtaposition (3) sont quelques-uns des moyens d'exprimer la cause.**

SOMMAIRE

LES PROPOSITIONS SUBORDONNÉES À L'INDICATIF

Elles sont introduites par les conjonctions suivantes :

■ PARCE QUE

Répond à la question « pourquoi ? ».

- Pourquoi es-tu en retard?
  - *Parce que mon réveil n'a pas sonné.*
- La voiture a dérapé *parce qu'il y avait du verglas.*
  (la question « Pourquoi a-t-elle dérapé ? » est sous-entendue)
- Je fais mes courses aujourd'hui *parce que demain il y aura trop de monde dans les magasins.*

Remarques

1. En général, la subordonnée suit la principale.
2. Pour mettre en relief la cause, on peut employer ***c'est parce que*** ou ***c'est que*** :

- Pourquoi la voiture a-t-elle dérapé?
  - *C'est parce qu'*il y avait du verglas.
  - *C'est qu'*il y avait du verglas.

■ PUISQUE

Présente la relation entre la cause et la conséquence comme évidente; la cause est généralement un fait connu de l'interlocuteur.

- *Puisque tu connais bien New York,* dis-moi ce qu'il faut absolument visiter.
- Je vais offrir ce roman à Stéphanie *puisqu'elle ne l'a pas encore lu.*

Remarque

En général, la subordonnée précède la principale.

Comparez *puisque* et *parce que* :

- Combien de langues parles-tu?
- *Puisque* je suis suédois, je parle évidemment le suédois ; je parle aussi le français.
- Ah oui ! Pourquoi?
- *Parce que* je l'ai appris à l'école.

■ COMME

Insiste moins que *puisque* sur la relation entre la cause et la conséquence.

- *Comme ma voiture était en panne,* j'ai pris un taxi.
- *Comme elle avait oublié ses clés,* elle a dû attendre à la porte le retour de son mari.

Remarque

La subordonnée précède toujours la principale.

■ ÉTANT DONNÉ QUE, DU FAIT QUE, VU QUE

Introduisent un fait dont la réalité est indiscutable.

- *Étant donné que beaucoup de monuments sont menacés par la pollution,* on remplace souvent les statues par des copies.
- *Du fait qu'il est devenu sourd,* cet homme ne peut plus exercer son métier.
- Nous sommes rentrés à la maison, *vu qu'il était trop tard pour aller au cinéma.*

■ SOUS PRÉTEXTE QUE

La cause est contestée par le locuteur.

- Il n'allait pas souvent voir ses parents, *sous prétexte qu'ils habitaient loin.*
  (Ce n'est pas la vraie raison : en réalité, il n'avait pas envie de les voir)
- Le garçon a refusé de nous servir, *sous prétexte que le café allait fermer.*
  (Ce n'est pas la vraie raison : en réalité, il n'avait pas envie de nous servir)

■ ***DU MOMENT QUE = *puisque*

- *Du moment que Muriel est là pour garder les enfants,* nous pouvons partir.
  (Puisque Muriel est là, nous pouvons partir)
- Je veux bien vous prêter ce livre, *du moment que vous me le rendez lundi.*
  (= puisque je sais que vous me le rendez lundi)

■ ***D'AUTANT QUE, ***D'AUTANT PLUS QUE, SURTOUT QUE (langue familière)

Remarque

La subordonnée suit la principale.

Ces conjonctions renforcent la cause.

- Finalement, je n'ai pas acheté ce petit meuble, *d'autant que je n'en avais pas vraiment besoin.*
- Ne dis pas ça, *d'autant plus que c'est faux.*
- Elle n'a pas envie de sortir, *surtout qu'il fait un temps épouvantable.*

- **Remarque générale sur les propositions subordonnées à l'indicatif**

On peut employer le conditionnel à la place de l'indicatif.
Comparez :
- Ne dis pas ça parce qu'on *se moquera* de toi. (certitude → indicatif)
- Ne dis pas ça, parce qu'on *se moquerait* de toi. (hypothèse → conditionnel)

***LES PROPOSITIONS SUBORDONNÉES AU SUBJONCTIF

■ ***SOIT QUE... SOIT QUE

Deux causes sont possibles.

- Le paquet n'est pas encore arrivé, *soit qu'il se soit perdu, soit qu'il n'ait pas été expédié.*
  (= parce qu'il s'est perdu ou parce qu'il n'a pas été expédié)

■ ***CE N'EST PAS QUE, ***NON QUE ou NON PAS QUE

Une cause possible est écartée et elle est suivie de la vraie raison.

- N'allez pas voir cette pièce, *ce n'est pas qu'elle soit mal jouée,* mais le texte n'est pas intéressant.
- Dans cette petite ville, M. Dubois n'est pas aimé, *non que l'on puisse vraiment lui reprocher quoi que ce soit,* mais il est différent des autres.

Remarque

La subordonnée suit la principale.

- **Remarque générale sur les propositions subordonnées à l'indicatif et au subjonctif**

Quand il y a deux subordonnées, on ne répète pas la conjonction, on la remplace par ***que :***

- *Comme* il n'y avait plus de place dans le train et *que* nous devions être à Nice le soir même, nous avons pris l'avion.

AUTRES MOYENS D'EXPRIMER LA CAUSE

1. Mots de liaison

■ CAR (surtout à l'écrit), EN EFFET (surtout à l'écrit)

Introduisent l'explication d'un fait qu'on vient de mentionner.

- Les lampes halogènes ont beaucoup de succès, *car* elles donnent un éclairage très agréable.
- On trouve des cactus et des palmiers sur la Côte d'Azur, *en effet,* la température y reste douce en hiver.

■ TELLEMENT, TANT (moins fréquent)

Introduisent une explication à laquelle s'ajoute une idée d'intensité.

- On ne pouvait pas entrer au stade Roland-Garros, *tellement* il y avait de monde !
- De nombreux gouvernements ont décidé de lutter contre la drogue, *tant* ce problème est devenu grave.

2. Préposition + nom ou infinitif

■ À CAUSE DE / EN RAISON DE (surtout à l'écrit) / PAR SUITE DE (surtout à l'écrit) + nom

- Le match a été reporté au lendemain *à cause de la pluie.*
- Nous sommes arrivés en retard *à cause de lui.*
- *En raison du prix des appartements,* il est de plus en plus difficile de se loger à Paris.
- *Par suite d'un accident* sur la route, la circulation est ralentie.

Remarque

À cause de peut être suivi d'un pronom

■ GRÂCE À + nom (ou pronom)

Cause entraînant un résultat positif.

- Nous avons trouvé facilement votre maison *grâce au plan* que vous nous aviez envoyé.
- Merci beaucoup ! *Grâce à toi,* j'ai enfin terminé ce travail.

■ ***FAUTE DE = par manque de

1. *Faute de* + nom :

– Je n'ai pas pu aller voir cette exposition *faute de temps.*
(= ... parce que je manquais de temps)

2. *Faute de* + infinitif (moins fréquent).
Il a le même sujet que le verbe principal.

– *Faute d'avoir rendu* son dossier d'inscription à temps, il n'a pas pu passer l'examen.
(= Parce qu'il n'avait pas rendu son dossier à temps...)

Renvoi

Pour l'omission de l'article, voir le chapitre 15 sur les articles, p. 117.

■ ***À FORCE DE

Idée d'intensité.

1. *À force de* + nom sans déterminant dans certaines expressions :

– *À force de volonté,* il a pu recommencer à marcher après son accident.
(= Parce qu'il a eu beaucoup de volonté...)

et aussi : à force de travail, courage, patience, gentillesse, etc.

2. *À force de* + infinitif.
Il a le même sujet que le verbe principal.

– *À force d'écouter* ce disque, je le connais par cœur.
(= Parce que j'ai beaucoup écouté ce disque...)

■ ÉTANT DONNÉ / VU / DU FAIT DE / ***COMPTE TENU DE + nom

Cause incontestable.

– *Étant donné son âge,* on lui a refusé l'entrée du casino.
– *Vu l'heure,* il faudrait rentrer.
– *Du fait de son infirmité,* il bénéficie d'une carte de priorité.
– *Compte tenu de la tension internationale,* le Président a annulé tous ses déplacements.

■ SOUS PRÉTEXTE DE + infinitif

– Il m'a téléphoné *sous prétexte de me demander* l'adresse d'un dentiste.
(= mais ce n'était pas la vraie raison)

■ ***POUR

1. *Pour* + nom :

- Il a été condamné *pour meurtre.*
  (= parce qu'il a commis un meurtre)
- Ce restaurant est très connu *pour ses desserts.*

2. *Pour* + infinitif passé :

- Il a eu une amende *pour avoir garé* sa voiture sur le trottoir.
  (= parce qu'il avait garé sa voiture sur le trottoir)
- Il a reçu une décoration *pour avoir sauvé* un enfant de la noyade.

■ *** PAR + nom

- Il a fait cela *par amitié* pour moi.
- Il a surpris tout le monde *par son calme.*

3. Emploi du participe

► **Renvoi**

Voir le chapitre 12 sur le participe.

■ GÉRONDIF

Même sujet que le verbe principal.

- Je me suis tordu la cheville *en tombant dans l'escalier.*
  (= parce que je suis tombé...)

■ ***PARTICIPE PRÉSENT OU PASSÉ (surtout à l'écrit)

Relié à un nom ou à un pronom.

- *Souffrant de maux de tête,* elle dut garder la chambre.
  (= Comme elle souffrait...)
- Les cambrioleurs, *surpris par le gardien,* ont pris la fuite.
  (= parce qu'ils ont été surpris...)

■ ***PROPOSITION PARTICIPIALE (surtout à l'écrit)

Le participe a son propre sujet.

- *La nuit venant,* les promeneurs se décidèrent à rentrer.
  (= Comme la nuit venait...)
- *Un incendie de forêt s'étant déclaré,* le camping municipal a été évacué.
  (= Comme un incendie de forêt s'était déclaré...)

4. La juxtaposition

Deux propositions indépendantes séparées par deux points ou par un point-virgule.

- Ils sont très contents : ils viennent d'avoir un bébé.
- Le déficit du commerce extérieur s'aggrave ; la France importe plus qu'elle n'exporte.

NE DITES PAS	DITES
~~C'est la raison que...~~	C'est **parce que...**
~~... à cause d'avoir faim.~~	... **parce que** j'ai faim.
~~... à cause qu'il pleut.~~	... **parce qu'**il pleut.
~~Faute de l'argent...~~	**Faute d'**argent...
~~Faute du mauvais temps, je ne sors pas.~~	**À cause du** mauvais temps...
~~À cause de lui, jai trouvé un travail.~~	**Grâce à lui,** j'ai trouvé...
~~Car je suis malade, je reste à la maison.~~	**Comme** je suis malade... Je reste à la maison **car** je suis...

EXPRESSION DE LA CAUSE

Conjonctions	Prépositions		Autres moyens
	+ nom	+ infinitif	Mots de liaison
Parce que	À cause de		Car
	En raison de		En effet
Puisque	Par suite de		Tellement
	Grâce à		Tant
Comme	***Faute de	***Faute de	
	***À force de	***À force de	Emploi du participe
Étant donné que	Étant donné		Gérondif
Vu que	Vu		***Participe présent ou passé
Du fait que	Du fait de		
	***Compte tenu de		***La sub. participiale
Sous prétexte que		Sous prétexte de	
***Du moment que	***Pour	***Pour (+ inf. passé)	
			Juxtaposition
***D'autant que	***Par		
***D'autant plus que			
Surtout que			
***Soit que... soit que			
***Ce n'est pas que			
***Non que (non pas que)			

30

L'expression de la conséquence

1. Il faisait *tellement* beau *que nous avons déjeuné dans le jardin.*
2. Il faisait très beau, *si bien que nous avons déjeuné dans le jardin.*
3. Il faisait très beau ; *alors nous avons déjeuné dans le jardin.*

▶ **La proposition subordonnée introduite par *« tellement... que »* (1), la subordonnée conjonctive (2), deux propositions réunies par un mot de liaison (3) sont quelques-uns des moyens d'exprimer la conséquence.**

▶ **La conséquence apparaît toujours comme le résultat logique d'une cause exprimée dans la première partie de la phrase.**

SOMMAIRE

LES PROPOSITIONS SUBORDONNÉES À L'INDICATIF

1. Subordonnée introduite par *que*

La subordonnée introduite par que est annoncée dans la principale par un adverbe ou l'adjectif *tel*.

■ Verbe + TANT QUE / TELLEMENT QUE

– Il fume *tant qu'il tousse beaucoup.*
(= il fume beaucoup; résultat : il tousse beaucoup)
– Ils aiment *tellement* la mer *qu'ils passent toutes leurs vacances sur leur bateau.*
– J'ai *tellement* écouté ce disque *qu'il est tout rayé.*

Attention!

Notez la place de ***tant*** ou de ***tellement*** aux temps composés entre l'auxiliaire et le participe passé.

■ SI / TELLEMENT + adjectif ou adverbe + *que*

– Je joue *si* mal au tennis *que je n'ose pas jouer avec toi!*
(= je joue très mal au tennis; résultat : je n'ose pas jouer...)
– Ce film était *tellement* long *qu'on l'a présenté en deux parties à la télévision.*

*****Attention!**

On ne peut pas employer ***si*** devant un participe passé-verbe.
Comparez :
– Sa question m'a *tant* surpris que je n'ai pas pu répondre. (passé composé)
– J'ai été *si* surpris que je n'ai pas pu répondre à sa question. (participe passé adjectif)

■ TELLEMENT DE / TANT DE + nom + *que*

Idée de quantité.

– Ce pommier donne *tellement de* fruits *que ses branches touchent le sol.*
(= beaucoup de fruits; résultat : les branches touchent le sol)
– Il a *tant de* soucis *qu'il ne dort plus.*

Remarque

Avec les expressions *avoir peur, envie, besoin, soif,* etc., on emploie ***si*** ou ***tellement*** et non pas ***tellement de*** ou ***tant de :***
– Il a eu *si/tellement* peur *qu'il est devenu tout pâle.*

■ **UN(E) TEL(LE) / DE TEL(LE)S + nom + *que***

Idée d'intensité.

– Le vent soufflait avec *une telle* violence *qu'il était dangereux de sortir en mer.*
(= avec une très grande violence ; résultat : il était dangereux de sortir...)
– Elle a fait *de tels* progrès en ski *qu'elle a été sélectionnée pour les championnats.*

*****Remarque**

Être tel(le)/tels(les) que est une structure moins fréquente :
– La violence du vent *était telle qu'il était dangereux de sortir en mer.*
(= ... était si grande que...)
– La situation politique *est telle qu'on peut craindre un coup d'État.*
(= ... est si grave que...)

2. Subordonnée introduite par d'autres conjonctions

■ **SI BIEN QUE, DE SORTE QUE**

Simple conséquence sans nuance particulière.

– Je n'avais pas vu Pierre depuis longtemps, *si bien que je ne l'ai pas reconnu.*
– Ce camion est mal garé, *de sorte qu'il empêche les voitures de passer.*

*****Remarque**

Tant et si bien que : forme d'insistance.
– L'enfant se balançait sur sa chaise, *tant et si bien qu'il est tombé.*

■ *****DE (TELLE) MANIÈRE QUE, DE (TELLE) FAÇON QUE, DE (TELLE) SORTE QUE**

Insistance sur la manière d'agir.

– Il a agi *de telle façon que personne n'a été satisfait.*
– Dans cette école, les activités sont organisées *de telle manière que chaque enfant peut suivre son propre rythme.*

Attention !

Ne confondez pas ***si bien que*** avec ***bien que***. Comparez :
– Il vient *bien qu'il* soit malade. (opposition)
– Il est malade *si bien qu'il* ne vient pas. (conséquence)

■ *****AU POINT QUE, À TEL POINT QUE**

Idée d'intensité.

– Il souffrait *à tel point que le médecin a dû lui faire une injection de morphine.*
– Le vieux château menaçait de s'écrouler, *au point qu'on a dû en interdire l'accès aux visiteurs.*

*****Remarque**

De sorte que, de façon que et *de manière que* + subjonctif expriment le but. Voir le chapitre 31 sur l'expression du but, p. 257.

• **Remarque générale sur les propositions subordonnées à l'indicatif**

On peut employer le conditionnel à la place de l'indicatif.
Comparez :
– J'ai une telle envie de dormir que je *vais me coucher* tout de suite.
(fait réel → indicatif)
– J'ai une telle envie de dormir que je *me coucherais* bien tout de suite.
(fait souhaité → conditionnel)

LES PROPOSITIONS SUBORDONNÉES AU SUBJONCTIF

La conséquence est liée à une appréciation qui la présente comme irréalisable ou éventuelle.

■ ASSEZ... POUR QUE, TROP... POUR QUE

1. Avec un verbe :

- Il pleut *trop pour que le match de tennis commence à 15 heures comme prévu.*
  (= Il pleut beaucoup, le match ne commence pas)

2. Avec un adjectif ou un adverbe :

- Ce jeune pianiste joue *assez* bien *pour qu'on l'accepte au Conservatoire.*
  (= on l'acceptera peut-être)
- La route est *trop* étroite *pour que je puisse dépasser ce camion.*
  (= je ne peux pas dépasser ce camion)

3. *Assez de / trop de* + nom :

- L'agence de voyages a annoncé qu'il n'y avait pas *assez de* participants *pour que l'excursion ait lieu.*
  (= l'excursion n'aura pas lieu)
- Quelle queue ! Il y a *trop de* monde *pour que j'attende.*
  (= je n'attendrai pas)

Attention !

La principale et la subordonnée ne doivent pas avoir le même sujet, sinon on emploie l'infinitif. Voir dans ce chapitre, p. 251.

******Remarque***

Autres constructions :
- *Il suffit* d'une tasse de café *pour que je ne dorme pas.*
(= Une tasse, c'est assez pour que je ne dorme pas)
- *Que se passe-t-il pour qu'il ne soit pas là ?*
(= Que se passe-t-il d'assez grave pour qu'il ne...)
- Il *n'*y a *aucune* raison *pour que vous vous inquiétiez.*

■ ***AU POINT QUE, SI... QUE, TELLEMENT... QUE, TANT... QUE, TEL(LE)S QUE

Ces conjonctions sont suivies du subjonctif lorsque la principale est interrogative ou négative (langue soutenue).

- Il ne fait pas *un tel* froid *qu'il soit nécessaire d'allumer le chauffage.*
  (= Il ne fait pas assez froid pour qu'il soit nécessaire d'allumer le chauffage)
- Est-il malade *au point qu'on doive l'hospitaliser?*
  (= Est-il assez malade pour qu'on doive l'hospitaliser?)
- Cet avocat n'est pas *si* occupé *qu'il ne puisse prendre cette affaire en charge.*
  (= Il n'est pas très occupé; donc il pourrait prendre cette affaire en charge)

Attention!
ne = ne... pas.

- **Remarque générale sur les propositions subordonnées à l'indicatif et au subjonctif**

Quand il y a deux subordonnées, on ne répète pas la conjonction, on la remplace par ***que*** **:**
- Tout le monde fumait dans la salle de réunion *si bien que* je ne pouvais plus respirer et *que* je suis sorti.

AUTRES MOYENS D'EXPRIMER LA CONSÉQUENCE

1. Préposition + infinitif

L'infinitif a le même sujet que le verbe principal.

■ ASSEZ / TROP... POUR

- J'ai *trop de* diapositives *pour* te les montrer toutes en une heure.
- Cet ordinateur est *assez* puissant *pour* contenir toute une encyclopédie.

■ ***AU POINT DE

- Il se fait beaucoup de souci pour son examen, *au point de* ne plus dormir.
  (= au point qu'il ne dort plus)

2. Mots de liaison

■ DONC

- Le 14 juillet est un vendredi ; { *donc* il y aura un week-end de trois jours. / il y aura *donc* un week-end de trois jours. }

■ ALORS

- Je n'ai pas entendu mon réveil, *alors* je suis parti sans prendre de petit déjeuner.

Renvoi

Pour un autre sens de *alors*, voir le chapitre 21 sur les adverbes, p. 182.

■ C'EST POURQUOI, C'EST POUR ÇA QUE (à l'oral)

– Le Québec est une ancienne possession française ; *c'est pourquoi* on y parle le français.
– J'avais oublié mes livres ; *c'est pour ça que* je n'ai pas fait mes exercices.

■ PAR CONSÉQUENT, EN CONSÉQUENCE (langue administrative)

– Notre loyer a beaucoup augmenté ; *par conséquent,* nous allons être obligés de déménager.
– « ... *En conséquence,* l'Assemblée nationale reconnaît et déclare les droits suivants de l'homme et du citoyen... » *(Déclaration des droits de l'homme et du citoyen.)*

■ AINSI, COMME ÇA (à l'oral)

– Dans ce jardin, on a aménagé un espace de jeux pour les enfants ; ils peuvent *ainsi* jouer en toute sécurité.
– Prends une clé ; *comme ça,* tu pourras entrer même si je ne suis pas là.

► ***Remarque***

À l'écrit, ***ainsi*** en tête de phrase peut entraîner l'inversion du sujet :
– ... *ainsi peuvent-ils* jouer en toute sécurité.

■ D'OÙ, DE LÀ (généralement suivis d'un nom)

– Nous ne l'attendions pas ; *d'où* notre étonnement lorsqu'il a ouvert la porte.
– Il ne pleuvait pas depuis des mois ; *de là* l'inquiétude des agriculteurs.

■ DU COUP (fréquent à l'oral)

– Notre fille a dû être opérée d'urgence ; *du coup,* nous ne sommes pas partis en vacances.

■ ***AUSSI (à l'écrit avec inversion du sujet)

– La lumière d'Île-de-France est d'une grande douceur ; *aussi* a-t-elle inspiré les peintres impressionnistes.
– Notre jardin est très grand ; *aussi* avons-nous renoncé à l'entretenir parfaitement.

► **Attention !**

Ne confondez pas avec ***aussi* = *également*** qui n'est jamais placé en tête de phrase :
– Les peintres impressionnistes ont beaucoup peint en plein air ; ils ont fait *aussi* de nombreux portraits.

3. Juxtaposition

Deux propositions indépendantes séparées par un point-virgule ou par deux points.

- Ma grand-mère ne voyait plus très bien : elle a dû cesser de conduire.
- Cet appareil avait un défaut de fabrication ; on l'a retiré de la vente.

EXPRESSION DE LA CONSÉQUENCE

Conjonctions	Prépositions + infinitif	Autres moyens
+ indicatif		Mots de liaison
Verbe { + tellement + que + tant + que		Donc Alors
Tellement Si } + (adjectif/adverbe) + que		C'est pourquoi C'est pour ça que
Tellement de Tant de } + nom + que		
Tel + nom + que		Par conséquent En conséquence
Si bien que De sorte que		Ainsi Comme ça
***De telle manière que ***De telle sorte que ***De telle façon que		D'où De là Du coup
***Au point que ***À tel point que	Au point de	***Aussi
+ subjonctif		
Assez + verbe/adjectif/adverbe Trop + verbe/adjectif/adverbe } pour que		Juxtaposition
Assez de + nom Trop de + nom } pour que	Assez... pour Trop... pour	
***Au point que ***Si... que ***Tellement... que ***Tant... que ***Tel que		

NE DITES PAS	DITES
Je suis tant étonné que...	Je suis **si/tellement** étonné que...
Sa réponse m'a si étonné que...	... m'a **tellement/tant** étonné que...
Je suis tellement fatigué parce que...	Je suis **tellement** fatigué **que...**
Il y a si beaucoup de monde que...	Il y a **tant/tellement** de monde que...
Il avait tellement de peur...	Il avait **tellement peur...**
Elle habite une maison tellement belle.	Elle habite une maison **très belle.**
	Elle habite une maison **tellement belle que** tout le monde la prend en photo.
Il est trop paresseux.	Il est **très** paresseux.
	Il est **trop** paresseux **pour** faire du sport.
Par conséquence	Par conséquent/En conséquence
On fait beaucoup de ski en Suède, aussi on fait beaucoup d'autres sports.	... de ski en Suède ; **aussi y a-t-il** de nombreux champions.
	... de ski en Suède ; **on pratique aussi** beaucoup d'autres sports.

31

L'expression du but

1. Il y a toujours un agent de police devant l'école *pour que les enfants puissent traverser la rue en toute sécurité.*
2. *Pour faire ce gâteau,* il faut du beurre, des œufs et du chocolat.

▶ **La proposition subordonnée conjonctive (1), le groupe préposition + infinitif (2), sont quelques-uns des moyens d'exprimer le but.**

SOMMAIRE

LES PROPOSITIONS SUBORDONNÉES AU SUBJONCTIF

Elles expriment un résultat que l'on désire atteindre; c'est pourquoi elles sont au subjonctif. Elles suivent généralement la proposition principale.

■ POUR QUE, AFIN QUE (moins fréquent)

– Mets cette affiche ici *pour que tout le monde puisse la voir.*
– Elle portait des lunettes noires *afin qu'on ne la reconnaisse pas.*

■ DE PEUR QUE (NE), DE CRAINTE QUE (NE) [moins fréquent]

– Ils parlaient tout bas *de peur qu'on (ne) les entende.*
(= *pour qu'*on *ne* les entende *pas*)
– Elle porta ses bijoux à la banque *de crainte qu'on (ne) les lui vole.*
(= *pour qu'*on *ne* les lui vole *pas*)

► ***Remarque***
L'emploi du ***ne*** explétif est facultatif.

■ QUE = *pour que*

Après un verbe à l'impératif (à l'oral).
– « Ouvrez la bouche *que je voie votre gorge* », a dit le médecin.
– Mets la radio moins fort *que le bébé puisse dormir !*

■ ***DE SORTE QUE, DE FAÇON (À CE) QUE, DE MANIÈRE (À CE) QUE

Ces conjonctions insistent sur la manière d'agir pour atteindre le but souhaité.

- Dites-nous à quelle date vous arriverez, *de manière que nous puissions réserver des chambres à l'hôtel.*
- La secrétaire range les dossiers *de façon qu'on puisse les retrouver facilement.*

Remarque

De manière que, de façon que, de sorte que suivis de l'indicatif expriment la conséquence.
Comparez :
– Le conférencier parlait dans un micro, *de sorte que chacun l'entende clairement.* (résultat souhaité)
– Le conférencier parlait dans un micro, *de sorte que chacun l'entendait clairement.* (résultat obtenu)
Voir le chapitre 30 sur l'expression de la conséquence, p. 248.

• **Remarque générale sur les propositions subordonnées au subjonctif**

Quand il y a deux subordonnées, on ne répète pas la conjonction. On la remplace par ***que :***
– J'ai laissé ma voiture chez le garagiste *pour qu'*il vérifie les freins et *qu'*il change les pneus.

AUTRES MOYENS D'EXPRIMER LE BUT

1. Préposition + infinitif

L'emploi de l'infinitif est obligatoire pour toutes les subordonnées de but lorsque l'infinitif a le même sujet que le verbe principal.

- Elle a téléphoné *pour prendre rendez-vous.*
  (et non pas : Elle a téléphoné pour qu'elle prenne rendez-vous.)
- Je prendrai un taxi *de peur d'être en retard.*
- Il a le téléphone dans sa voiture *de façon à pouvoir contacter ses clients à tous moments.*

Subordonnée (sujets différents)	**Infinitif** (même sujet)
pour que afin que de peur que de crainte que de façon que de manière que	pour afin de de peur de de crainte de de façon à de manière à

Remarque

Après certains verbes de mouvement : *aller, partir, retourner, venir, passer, sortir, monter, descendre* et après le verbe *rester*, la préposition ***pour*** est fréquemment omise :
- Il est sorti *acheter le journal.*
- Je passerai *vous dire au revoir.*

■ ***EN VUE DE, DANS LE BUT DE, DANS L'INTENTION DE (prépositions moins fréquentes)

Elles ont le même sens que *pour :*

- Il suit des cours du soir *en vue d'obtenir un diplôme d'expert-comptable.*

2. Préposition + nom

■ POUR

- *Pour le nettoyage de vos objets en argent,* employez Argex !

■ EN VUE DE

- De nombreuses réunions ont lieu *en vue des prochaines élections.*

■ **DE PEUR DE, DE CRAINTE DE (moins fréquent)**

– La visibilité était mauvaise ; il roulait lentement *de peur d'un accident.*

3. Subordonnée relative au subjonctif

– Nous cherchons un appartement *qui soit calme et ensoleillé.*

Renvoi

Voir le chapitre 26 sur la proposition subordonnée relative, p. 217.

NE DITES PAS	DITES
~~Je reste à la maison pour que je suis fatigué.~~	... **parce que** je suis fatigué.
~~Je ferme la fenêtre pour que je n'aie pas froid.~~	... **pour ne pas** avoir froid.
~~J'ai pris un parapluie de peur qu'il ne pleuve pas.~~	... **de peur qu'**il (ne) pleuve.

EXPRESSION DU BUT

Conjonctions	Prépositions		Autres moyens
+ subjonctif	+ nom	+ infinitif	
Pour que Afin que	Pour En vue de	Pour Afin de	Subordonnée relative au subjonctif
De peur que De crainte que	De peur de De crainte de	De peur de De crainte de	
Que			
***De sorte que ***De façon (à ce) que ***De manière (à ce) que		De façon à De manière à	
		***En vue de ***Dans le but de ***Dans l'intention de	

32

L'expression du temps

1. **Teresa et moi, nous irons à Fontainebleau *demain*.**
2. ***Depuis qu'elle est arrivée en France,* Teresa a visité les châteaux de la Loire et le Mont-Saint-Michel.**
3. ***Depuis son arrivée en France,* Teresa a visité les châteaux de la Loire et le Mont-Saint-Michel.**

▸ **L'adverbe (1), la proposition subordonnée conjonctive (2), le groupe préposition + nom (3) sont quelques-uns des moyens d'exprimer le temps.**

SOMMAIRE

LOCALISATION ET DURÉE

1. Adverbes et expressions diverses

1. Ils sont très nombreux et expriment la localisation, la durée, la répétition, la succession, l'habitude :

Hier, demain, à ce moment-là, tout à l'heure, d'abord, longtemps, tout le temps, encore, déjà, toujours, ensuite, enfin, souvent, soudain, quelquefois, maintenant, tout à coup, etc.

De jour, de nuit, de nos jours, de mon temps, de toute la semaine, etc.

Par temps de pluie, par mauvais temps, par un temps pareil, etc.

- *En ce moment,* mes parents sont en Suisse. (localisation dans le temps)
- Il nous racontait *tout le temps* les mêmes histoires. (habitude)
- *D'abord,* nous prendrons des huîtres, *puis* du saumon à l'oseille, *enfin* une charlotte aux framboises. (succession)
- Je suis resté *longtemps* à contempler la mer. (durée)
- Je n'aime pas conduire *de nuit.* (pendant la nuit)
- Je n'ai pas vu Yves *de toute la semaine.* (pendant toute la semaine)
- *Par beau temps,* on aperçoit le mont Blanc. (Quand il fait beau)

2. Difficultés d'emploi de certaines expressions de temps.

■ TOUJOURS

- Il habite *toujours* boulevard Saint-Michel. (= encore)
- Il va *toujours* à la messe le dimanche. (= invariablement)

■ TOUT À L'HEURE

- Le docteur Poirier passera *tout à l'heure.* (proximité dans le futur)
- Marc t'a appelé *tout à l'heure,* je lui ai dit de te rappeler plus tard. (proximité dans le passé)

■ **TOUT DE SUITE**

– J'ai bien reçu ton invitation et j'y ai répondu *tout de suite.* (= immédiatement)
– Attendez-moi ! Je reviens *tout de suite.* (= dans quelques minutes)

■ **EN CE MOMENT et À CE MOMENT-LÀ**

– *En ce moment,* on parle beaucoup des changements politiques survenus en Europe de l'Est. (= maintenant)
– J'étais étudiant dans les années 60 ; *à ce moment-là,* il n'y avait qu'une université à Paris. (= à un moment donné du passé)

■ **AN/ANNÉE, SOIR/SOIRÉE, MATIN/MATINÉE, JOUR/JOURNÉE**

Le suffixe *-ée* exprime la durée.

– J'ai passé *la soirée* à travailler. (= du début à la fin)
– Je fais de la gymnastique *deux soirs* par semaine.
– *Ce soir,* il n'y a rien d'intéressant à la télévision.

► ***Remarque***

– Il passera *dans la matinée.* (= à un moment ou à un autre)

2. La date, l'heure, la saison

– Il est né *le 5 mai 1985.*
– Ce livre est paru { *en mai 1988.* / *au mois de mai 1988.*
– Ce chanteur était très populaire *dans les années 80.*
– *Au xxe siècle,* la science a fait de nombreux progrès.
– Il est arrivé { *à* 8 heures du matin. / *à* 15 heures ou *à* 3 heures de l'après-midi. / *à* midi.

– Nous sommes { *en* automne. / *en* hiver. / *en* été. / *au* printemps.

3. Mesures du temps

■ **PENDANT**

– Il a dormi *pendant* toute l'après-midi.

► ***Remarque***

Pendant est fréquemment omis devant un nombre :
– Il a dormi *huit heures.*

■ POUR : durée prévue

– John vient d'arriver à Paris ; il est là *pour* deux ans.
(= il a l'intention de rester deux ans)

■ EN : durée nécessaire pour accomplir une action

– Nous avons fait le trajet *en* deux heures.
(= Nous avons mis deux heures pour faire le trajet)
– Vous obtiendrez ce visa *en* quelques jours.
(= Il vous faudra quelques jours pour obtenir ce visa)

■ DANS : s'emploie seulement dans un contexte futur

– Il est midi ; le train va partir *dans* un quart d'heure.
(= un quart d'heure à partir de maintenant)
– Patrick sera de retour *dans* une semaine.
(= une semaine à partir d'aujourd'hui)

■ IL Y A : ne s'emploie qu'avec un temps du passé

– Patrick est rentré *il y a* une semaine.
(= une semaine avant aujourd'hui)
– Il était en Italie *il y a* trois mois.
(= trois mois avant aujourd'hui)

■ DEPUIS : indique le point de départ d'une action qui dure encore

Cette préposition est employée avec le présent et l'imparfait :

– Est-ce que tu *es* là *depuis* longtemps ?
– Non, je ne *suis* là que *depuis* dix minutes.
– Il *neigeait depuis* trois jours ; toutes les routes étaient bloquées.

■ IL Y A... QUE / ÇA FAIT... QUE } = *depuis*

Ces constructions sont très fréquentes.

– *Il y a/ça fait* dix minutes *que* je suis là.
– *Il y avait/ça faisait* trois jours *qu'*il neigeait.
– *Il y a/ça fait* dix ans *qu'*ils ont quitté la France.
– *Il y aura/ça fera* bientôt cinq ans *que* M. Dulong est maire de notre ville.

Remarque

L'expression ***en avoir pour*** est courante :
– Je vais faire une course ; *j'en ai pour* un quart d'heure. (= cette course durera un quart d'heure)

Remarque

Depuis s'emploie avec le passé composé, lorsque celui-ci indique une action passée qui a des conséquences dans le présent, C'est le cas :
• avec des verbes conjugués avec l'auxiliaire ***être*** :
– Il *est parti depuis* trois semaines. (= Il est absent)
• avec des verbes souvent à la forme négative :
– Je n'*ai* pas *fait* de ski *depuis* trois ans.
(Aujourd'hui encore, je ne fais pas de ski)
• avec des verbes indiquant une progression *(grandir, augmenter, progresser)* ou impliquant un changement *(finir, quitter)* :
– Mon fils a beaucoup grandi *depuis* six mois. (= Il *est* plus grand aujourd'hui qu'il y a six mois)
– Ils ont quitté la France *depuis* dix ans. (= Ils *sont* à l'étranger depuis dix ans)

■ **DE... À, DEPUIS... JUSQU'À**

– Je serai absent { *de* 8 heures *à* midi. / *du* 15 mai *au* 30 juin. / *depuis* le 15 mai *jusqu'au* 30 juin.

■ **À PARTIR DE : marque le point de départ d'une durée à venir**

– Le numéro de téléphone va changer ; *à partir du* 1er septembre, vous composerez le 33-46-14-49.

■ **AU BOUT DE : indique la fin d'une durée**

– Ils en avaient assez d'attendre ; ils sont partis *au bout d'*une demi-heure.

4. Périodicité – habitude

■ **TOUS/TOUTES LES...**

– J'achète le journal *tous les jours.*
(= chaque jour)
– La femme de ménage vient *tous les deux jours.*
(= un jour oui, un jour non)
– Nous allons presque *toutes les semaines* à la campagne.

■ **LE MATIN, LE SOIR, etc.**

– Dans cette école, *le* matin est consacré à l'enseignement général et *l'*après-midi au sport.
(= chaque matin, chaque après-midi)

■ **SUR**

– Dans ma classe, nous faisons une dictée *un jour sur deux.*
(= tous les deux jours)
– Cette infirmière travaille la nuit *une semaine sur trois.*

■ **PAR**

– Je dois prendre ce médicament *trois fois par jour.*
– Cette pharmacie est ouverte tous les jours et aussi *un dimanche par mois.*

LES SUBORDONNÉES DE TEMPS INTRODUCTION

Entre la proposition principale et la proposition subordonnée, il peut y avoir un rapport de :

1. Simultanéité

L'action de la principale et celle de la subordonnée ont lieu *en même temps*. Pour exprimer la simultanéité, on emploie deux fois le même temps :

- Quand je *travaille*, j'*écoute* de la musique.
- Quand il m'*a vu*, il m'*a souri*.
- Quand je le *verrai*, je lui *donnerai* de tes nouvelles.

Au passé, il peut y avoir deux temps différents, l'un exprimant la durée, l'autre un fait ponctuel (dans la subordonnée ou dans la principale) :

- L'an dernier, *quand nous étions en Espagne,* nous *avons appris* la naissance d'Antoine.
  (durée dans la subordonnée, fait ponctuel dans la principale)
- L'an dernier, nous *étions* en Espagne *quand nous avons appris la naissance d'Antoine,*.
  (durée dans la principale, fait ponctuel dans la subordonnée)

2. Antériorité

L'action de la subordonnée a lieu *avant* celle de la principale.
Le verbe de la subordonnée est à un temps composé :

- Marc voyage beaucoup ; aussitôt qu'il *est arrivé* à destination, **(action 1)** il *téléphone* à sa femme. **(action 2)**

3. Postériorité

L'action de la subordonnée a lieu *après* celle de la principale :

- Il vaudrait mieux rentrer à la maison avant qu'il (ne) *fasse* nuit.

LES SUBORDONNÉES À L'INDICATIF

■ QUAND, LORSQUE (surtout a l'écrit)

1. Simultanéité

- **dans le présent**
  - *Quand Yves travaille,* il n'aime pas être dérangé.
- **dans le passé**
  - *Lorsque j'étais enfant,* j'aimais beaucoup accompagner mon père à la chasse.
  - *Quand je me suis réveillé,* il était midi.
- **dans le futur**
  - Je te prêterai ma voiture *quand tu auras ton permis de conduire.*

2. Antériorité.

- *Quand la banque aura donné son accord,* vous pourrez encaisser le chèque.
- *Quand il a eu terminé ses études,* il est allé travailler un an à l'étranger.

Renvoi

Voir le tableau des rapports de temps, p. 269.

■ DÈS QUE, AUSSITÔT QUE

1. Simultanéité presque immédiate.

- *Dès qu'il y a un rayon de soleil,* les gens s'asseyent aux terrasses des cafés.
- *Aussitôt qu'il rentrait chez lui,* il écoutait les messages sur son répondeur téléphonique.

2. Antériorité immédiate.

- *Dès que j'aurai vu ce film,* je te dirai ce que j'en pense.
- C'était un grand lecteur ; *aussitôt qu'il avait fini un livre,* il en commençait un autre.

Renvoi

Voir le tableau des rapports de temps, p. 269.

■ UNE FOIS QUE

1. Simultanéité.

- *Une fois qu'il sera à la retraite,* il pourra enfin cultiver son jardin.

2. Antériorité.

- *Une fois qu'on a goûté ces chocolats,* on ne veut plus en manger d'autres.
- Envoyez la lettre, *une fois qu'elle aura été signée par le directeur.*

Renvoi

Voir le tableau des rapports de temps, p. 269.

■ APRÈS QUE

Antériorité proche ou lointaine.

- Nous ferons changer la moquette *après que le peintre aura posé le papier peint.*
- Il a fallu tout ranger *après que les derniers invités ont été partis.*

Renvoi

Voir le tableau des rapports de temps, p. 269.

Remarque

On entend souvent ***après que*** avec le subjonctif. Cet emploi **incorrect** est de plus en plus fréquent dans la langue courante.

■ AU MOMENT OÙ

Simultanéité à un moment précis.

- Au théâtre, *au moment où le rideau se lève,* le silence se fait dans la salle.
- J'ai été appelé par le directeur, *juste au moment où j'allais partir.*

Remarque

On trouve également ***jusqu'au moment où , à partir du moment où :***
- Les élèves ont joué dans la cour *jusqu'au moment où* la cloche a sonné.

■ ***COMME = *au moment où*

Employé seulement dans un récit au passé.

- *Comme les deux premiers coureurs atteignaient la ligne d'arrivée,* l'un d'eux s'écroula sur le sol, épuisé.

■ PENDANT QUE

Insiste sur la durée.

- C'est une jeune fille au pair qui garde mes enfants *pendant que je travaille.*
- *Pendant que nous nous promenions dans les vieux quartiers de la ville,* un orage a éclaté.
- Ce chef d'État étranger aura un entretien avec le président de la République, *pendant que son épouse visitera le musée du Louvre.*

■ ALORS QUE, TANDIS QUE (surtout à l'écrit) = *pendant que*

- Stéphane est arrivé *alors que nous étions en train de prendre le café.*
- *Alors que l'avion décollait,* un moteur est tombé en panne.
- *Tandis que l'orateur parlait,* on entendit des protestations dans la salle.

Renvoi

Tandis que et ***alors que*** expriment aussi l'opposition. Voir le chapitre 33, p. 280.

■ TANT QUE, AUSSI LONGTEMPS QUE

Les deux faits ont la même durée et sont liés par un rapport de cause.

- Les personnes âgées, *tant qu'elles peuvent vivre seules,* préfèrent généralement rester chez elles.
  (Quand elles peuvent et parce qu'elles peuvent vivre seules)
- Vous prendrez ce médicament, *tant que la fièvre durera.*
- Les manifestants ont résisté aux forces de police *aussi longtemps qu'ils l'ont pu.*

Remarque

Tant que et ***aussi longtemps que*** peuvent aussi introduire un fait antérieur à celui de la principale. Dans ce cas-là, la subordonnée est négative :
– Vous prendrez ce médicament *tant que la fièvre n'aura pas baissé.*

Attention!

Ne confondez pas avec ***tant que*** exprimant la conséquence. Voir le chapitre 30, p. 247.

■ ***À MESURE QUE, AU FUR ET À MESURE QUE

Les deux faits progressent proportionnellement l'un à l'autre. Les deux verbes sont au même temps.

- *À mesure que je fais des progrès en français,* je me sens moins étrangère en France.
- La bibliothécaire rangeait les livres *au fur et à mesure qu'on les lui rendait.*

■ DEPUIS QUE, MAINTENANT QUE, À PRÉSENT QUE

Ces conjonctions indiquent le point de départ d'une situation qui se prolonge. Le verbe de la subordonnée peut exprimer l'antériorité ou la simultanéité.

DEPUIS QUE

Indique un point de départ.

- *Depuis qu'il y a eu de nouvelles élections,* ce parti n'a plus la majorité au Parlement.
- Ce vieillard ne se sentait plus le courage de vivre *depuis qu'il avait appris la disparition de son fils.*
- *Depuis qu'il prend ce médicament,* il se porte beaucoup mieux.
- Ils allaient rarement au cinéma *depuis qu'ils avaient la télévision.*

MAINTENANT QUE, À PRÉSENT QUE

Idée de cause.

- Le médecin a dit *qu'elle pouvait sortir maintenant qu'elle allait mieux.*
  (= depuis que et parce qu'elle allait mieux)

*****Remarque**

Dès lors que : langue soutenue.
– *Dès lors qu'un enfant est majeur,* il n'a pas besoin d'autorisation parentale pour aller à l'étranger.
(= à partir du moment où... et puisque...)

– *Maintenant qu'elle a obtenu son diplôme,* elle va commencer à travailler.
– *À présent qu'ils ont une maison de campagne,* ils y vont presque tous les week-ends.

■ ***À PEINE... QUE

1. Antériorité immédiate dans la principale.

– Le soir, il est *à peine* rentré *que déjà on l'appelle au téléphone.* (= tout de suite après qu'il est rentré, on l'appelle...)

2. Simultanéité presque immédiate.

– Le chien entendait *à peine* la voix de son maître *qu'il courait vers lui en aboyant joyeusement.*

Remarques

1. Dans la langue soutenue, ***à peine,*** placé en tête de phrase, entraîne l'inversion du sujet :
– Le soir, *à peine est-il rentré que déjà on l'appelle au téléphone*
2. ***Ne... (même) pas... que / ne... pas encore... que :***
– La pianiste *n'*avait *pas encore* joué la dernière note que les applaudissements éclataient.
(= Elle avait à peine joué la dernière note que...).

■ CHAQUE FOIS QUE, TOUTES LES FOIS QUE

Répétition, habitude.

– *Chaque fois que Robert allait à l'étranger,* il rapportait des cadeaux aux enfants.
– Jean dîne chez moi *toutes les fois qu'il vient à Lyon.*
– *Chaque fois qu'il avait obtenu une bonne note,* ses parents lui donnaient un petit cadeau.

TABLEAU DES RAPPORTS DE TEMPS

Pour exprimer l'antériorité avec *dès que, aussitôt que, quand, lorsque, une fois que, après que*

Dès que l'enfant *a terminé* ses devoirs, sa mère lui *permet* d'aller jouer.

(passé composé)	**(présent)**
avait terminé **(plus-que-parfait)**	*permettait* **(imparfait)**
eut terminé **(passé antérieur)**	*permit* **(passé simple)**
a eu terminé **(passé surcomposé)**	*a permis* **(passé composé)**
aura terminé **(futur antérieur)**	*permettra* **(futur simple)**

*****La forme passive peut aussi exprimer l'antériorité. Dans ce cas les deux verbes sont au même temps :**

– Nous emménagerons **(futur actif)** dans notre nouvel appartement aussitôt que les travaux *seront achevés.* **(futur passif)**
– Une fois que sa décision *a été prise* **(passé composé passif),** elle n'a plus voulu en parler. **(passé composé actif)**

LES SUBORDONNÉES AU SUBJONCTIF

■ **AVANT QUE (NE)**

– *Avant que l'avion (ne) parte*, j'ai eu le temps de regarder toutes les boutiques de l'aéroport.
– L'écureuil avait disparu dans un arbre *avant que les enfants (n')aient pu le voir*.

Remarque

L'emploi du ***ne*** explétif est facultatif → *(ne)*.

■ **JUSQU'À CE QUE**

– Reste ici *jusqu'à ce que je revienne!*
– Réclamez *jusqu'à ce que vous obteniez satisfaction!*

Attention!

La principale et la subordonnée introduite par ***avant que, en attendant que*** ou ***le temps que*** ne doivent pas avoir le même sujet, sinon on emploie l'infinitif. Voir dans ce chapitre p. 271-272.

■ **EN ATTENDANT QUE**

– Nous sommes allés boire une bière *en attendant qu'il revienne*.
– *En attendant que ma voiture soit réparée*, j'en ai loué une.

■ **LE TEMPS QUE**

– Attends-moi *le temps que j'aille acheter un paquet de cigarettes*.
(= pendant le temps nécessaire pour que j'achète...)
– L'autoroute sera interdite à la circulation *le temps que le camion accidenté soit dégagé*.

■ *****D'ICI (À CE) QUE**

– *D'ici à ce qu'on sache la vérité*, il se passera beaucoup de temps.
(= Beaucoup de temps se passera avant qu'on sache la vérité)
– *D'ici que l'orage éclate*, nous serons rentrés à la maison.
(= Nous serons rentrés à la maison bien avant que l'orage éclate)

• **Remarque générale sur les subordonnées à l'indicatif et au subjonctif**

Quand il y a deux subordonnées, on ne répète pas la conjonction; on la remplace par ***que.***
– Il faut se méfier du verglas *quand* le temps est pluvieux et *que* le thermomètre descend au-dessous de zéro.
– Restez couchée *jusqu'à ce que* la fièvre soit tombée et *que* la douleur ait disparu.

AUTRES MOYENS D'EXPRIMER LE TEMPS

1. Préposition + nom ou + infinitif

► **Attention!**
L'infinitif doit avoir le même sujet que le verbe principal.

■ À + nom, ***LORS DE + nom (surtout à l'écrit)

- Je serai là *à ton retour.*
  (= quand tu rentreras)
- *À l'annonce* de la mort du Président, les députés observèrent une minute de silence.
  (= Quand on annonça la mort du Président...)
- *Lors de sa parution,* ce livre reçut un accueil enthousiaste.
  (= Lorsqu'il parut...)

■ AVANT + nom, AVANT DE + infinitif

- J'ai tout rangé *avant mon départ.*
- J'ai tout rangé *avant de partir.*

■ APRÈS + nom, APRÈS + infinitif passé

- Elle boit une tasse de tisane *après le dîner.*
- Elle boit une tasse de tisane *après avoir dîné.*
  (= après qu'elle a dîné)

■ DÈS + nom

- Les étudiants quittent la salle *dès la fin du cours.*
  (= dès que le cours est fini)
- *Dès mon arrivée à Nice,* je vous téléphonerai.
  (= Dès que je serai arrivé à Nice...)

■ JUSQU'À + nom

- Il a vécu chez ses parents *jusqu'à sa majorité.*
  (= jusqu'à ce qu'il soit majeur)
- *Jusqu'à la découverte de la pénicilline,* beaucoup de maladies infectieuses étaient mortelles.
  (= Jusqu'à ce qu'on ait découvert la pénicilline...)

■ PENDANT + nom, AU COURS DE + nom (surtout à l'écrit), DURANT + nom (surtout à l'écrit)

– *Pendant mes études à Toulouse,* je me suis fait beaucoup d'amis.
(= Pendant que j'étudiais à Toulouse...)
– *Au cours de la discussion,* plusieurs opinions se sont exprimées.
(= Pendant qu'on discutait...)
– *Durant son exil à Jersey,* Victor Hugo écrivit *les Châtiments.*
(= Pendant qu'il était en exil...)

■ AU MOMENT DE + nom, AU MOMENT DE + infinitif

– *Au moment du lever du rideau,* le silence se fait dans la salle.
(= Au moment où le rideau se lève...)
– *Juste au moment de sortir,* j'ai été appelé par le directeur.
(= Juste au moment où je sortais...)

■ DEPUIS + nom

– *Depuis mon séjour en Espagne,* je m'intéresse aux corridas.
(= Depuis que j'ai fait un séjour...)
– *Depuis la destruction du mur de Berlin,* les relations Est-Ouest sont profondément modifiées.
(= Depuis que le mur a été détruit...)

■ EN ATTENDANT + nom, EN ATTENDANT DE + infinitif

– *En attendant le départ du train,* nous avons pris un café.
(= En attendant que le train parte...)
– Les gens bavardaient dans le hall *en attendant de pouvoir entrer dans la salle de concert.*

■ ***AU FUR ET À MESURE DE + nom

– L'ouvreuse place les spectateurs *au fur et à mesure de leur arrivée.*
(= au fur et à mesure qu'ils arrivent)

■ LE TEMPS DE + infinitif

– Je suis entré dans un café *le temps de me réchauffer.*
(= le temps nécessaire pour me réchauffer)

■ ***D'ICI (À) + nom

- *D'ici la fin du mois,* les travaux seront terminés.
  (= Avant que le mois soit fini...)

2. Emploi du participe

Renvoi

Voir le chapitre 12 sur le participe, p. 78 à 82.

■ LE GÉRONDIF

1. Il a le même sujet que le verbe de la principale. Il marque la simultanéité.

- J'ai rencontré Marie *en sortant* de la poste.
  (= quand je sortais de la poste)
- Le lion leva paresseusement la tête *en entendant* du bruit.
  (= quand il entendit du bruit)

2. Le gérondif précédé de *tout* insiste sur l'idée de durée.

- *Tout en surveillant* les enfants, Isabelle feuillette une revue.
  (= Pendant qu'elle surveille...)

■ ***LE PARTICIPE

Il s'emploie surtout à l'écrit. Le groupe participe est placé à côté du nom ou du pronom.

- *Étant* enfant, j'aimais beaucoup accompagner mon père à la chasse.
  (= Lorsque j'étais enfant...)
- *Ayant remonté* les Champs-Élysées, le cortège présidentiel s'arrêta devant l'Arc de Triomphe.
  (= Après qu'il eut remonté...)
- *Parvenus* au sommet de la montagne, ils s'assirent pour contempler le paysage.
  (= Quand ils furent parvenus...)

Remarque

Pour insister sur l'antériorité, on peut employer ***aussitôt*** ou ***une fois :***
- *Aussitôt/une fois parvenus* au sommet, ils s'assirent pour contempler le paysage.

■ ***LA SUBORDONNÉE PARTICIPIALE

Elle s'emploie surtout à l'écrit. Le participe a son propre sujet.

- *Les enfants partis,* la maison paraît bien calme.
  (= Depuis que les enfants sont partis...)
- *Aussitôt/une fois la nuit venue,* les rues du village se vidaient.
  (= Aussitôt/une fois que la nuit était venue...)

NE DITES PAS	DITES
J'ai habité à Paris pour trois ans.	J'ai habité à Paris **pendant** trois ans.
Il était en Italie il y avait huit jours.	Il était en Italie **il y a** huit jours.
Dans le xxe siècle.	**Au** xxe siècle.
Au même temps.	**En** même temps.
Je l'ai rencontré depuis cinq ans.	Je l'ai rencontré **il y a** cinq ans.
Ils sont partis après une demi-heure.	Ils sont partis **au bout d'**une demi-heure. ... une demi-heure **plus tard.**
Chaque deux jours.	**Tous les** deux jours.
Tu liras ce livre quand tu as le temps.	Tu liras ce livre quand tu **auras** le temps.
Quand il avait fini son travail, il est sorti.	Quand il **a eu fini** son travail...
Dès qu'il avait fait beau, nous faisions de la planche à voile.	Dès qu'il **faisait beau,** nous faisions de la planche à voile.
Dès que je l'avais vu, je lui ai dit bonjour.	Dès que **je l'ai vu,** je lui ai dit bonjour.
Dès qu'il prend des cours de tennis, il a fait des progrès.	**Depuis qu'**il prend des cours de tennis...
J'ai tout rangé avant que je parte.	J'ai tout rangé **avant de partir.**
... jusqu'à je sois majeur.	... **jusqu'à ce que** je sois majeur.
Quand j'ai le temps et j'ai de l'argent...	Quand j'ai le temps **et que** j'ai de l'argent...
Le voleur a pris les bijoux, cependant tout le monde dormait.	... **pendant que** tout le monde dormait.

EXPRESSION DU TEMPS

Conjonctions	Prépositions		Autres moyens
+ indicatif	+ nom	+ infinitif	Emploi du participe
Quand	À		le gérondif
Lorsque	Lors de		***le participe
			***la sub. participiale
Dès que	Dès		
Aussitôt que			
Une fois que			
Après que	Après	Après (+ inf. passé)	
Au moment où	Au moment de	Au moment de	
***Comme			
Pendant que	Pendant		
	Durant		
	Au cours de		
Alors que			
Tandis que			
Tant que			
Aussi longtemps que			
***À mesure que			
Au fur et à mesure que	Au fur et à mesure de		
Depuis que	Depuis		
Maintenant que			
À présent que			
Chaque fois que			
Toutes les fois que			
***À peine... que			
+ subjonctif			
Avant que (ne)	Avant	Avant de	
Jusqu'à ce que	Jusqu'à		
En attendant que	En attendant	En attendant de	
Le temps que		Le temps de	
***D'ici (à ce) que	D'ici (à)		

33

L'expression de l'opposition

1. *Bien qu'elle ait quelques ennuis de santé,* cette vieille dame mène encore une vie très active.
2. Cette vieille dame mène encore une vie très active, *alors que son mari ne sort presque plus.*
3. *Malgré ses ennuis de santé,* cette vieille dame mène encore une vie très active.
4. Cette vieille dame mène une vie très active, *encore qu'elle ait quelques ennuis de santé.*

▶ **La proposition subordonnée (1, 2, 4) et le groupe préposition + nom (3) sont quelques-uns des moyens d'exprimer l'opposition.**

• *****Remarque générale**

On distingue **concession, opposition** et **restriction.**
• Dans les phrases 1 et 3, une cause devrait agir mais elle n'agit pas : c'est **une concession.**
• Dans la phrase 2, on constate simplement une différence : c'est **une opposition.**
• Dans la phrase 4, on exprime une opposition partielle : c'est **une restriction.**
La distinction entre ces trois valeurs est souvent difficile à établir; c'est pourquoi les moyens de les exprimer sont groupés dans le même chapitre.

SOMMAIRE

LES PROPOSITIONS SUBORDONNÉES AU SUBJONCTIF

1. Subordonnées introduites par une conjonction

■ BIEN QUE, QUOIQUE

- *Bien que Christine et Isabelle soient jumelles,* elles ne se ressemblent pas.
  (= Christine et Isabelle sont jumelles, mais elles ne se ressemblent pas)
- *Quoique ce film ait reçu de mauvaises critiques,* il connaît un grand succès.
  (= Ce film a été très critiqué mais il connaît un grand succès)

******Remarque***

Lorsque le sujet est le même dans la principale et la subordonnée, ***bien que*** et ***quoique*** peuvent être suivis :

1. d'un adjectif :
– *Bien que très jeune,* Marie joue remarquablement du piano.
(= Bien qu'elle soit très jeune...)
2. d'un participe présent :
– *Bien que connaissant* les dangers de la montagne en hiver, ils ont décidé de faire cette ascension.
(= Bien qu'ils connaissent les dangers...)

■ SANS QUE

Introduit un fait négatif.

- Je t'ai croisé en voiture *sans que tu me voies.*
  (= ... mais tu ne m'as pas vu)
- Elle a fait le travail *sans qu'on le lui ait demandé.*

Remarque

Sans que a un sens négatif, c'est pourquoi :

1. L'article partitif ou indéfini est modifié comme après une négation :
– Le coupable a été identifié *sans qu'*il y ait *d'*erreur possible.
2. Il est préférable de ne pas employer ***ne*** avec les indéfinis négatifs *personne, rien, aucun,* etc.
– Il parle *sans que personne* ose l'interrompre.

Attention!

La principale et la subordonnée ne doivent pas avoir le même sujet.

►►

■ À MOINS QUE (NE)

Restriction et hypothèse.

– Le débat est terminé, *à moins que quelqu'un (ne) veuille intervenir.*

> **Renvoi**
> Voir le chapitre 34 sur l'expression de la condition, p. 292.

■ ***ENCORE QUE

Restriction après une affirmation. La subordonnée suit la principale.

– La météo prévoit un très beau week-end, *encore qu'on puisse craindre quelques pluies dimanche en fin de journée.*
(affirmation) **(restriction)**

– Votre devoir est excellent, *encore que l'introduction soit un peu longue.*
(affirmation) **(restriction)**

> ***Remarque***
> Dans la langue courante, ***encore que*** est souvent suivi du conditionnel :
> – Elle a voulu faire ses études à Paris, *encore qu'elle aurait pu les faire en province en restant chez ses parents.*

2. ***Constructions avec un adjectif

■ SI + adjectif + *que*

Idée d'intensité et d'appréciation.

– Le soleil, *si agréable qu'il soit,* peut aussi être dangereux.
(= Bien que le soleil soit très agréable, il peut...)

– *Si curieux que cela paraisse pour un vieux Parisien comme moi,* je ne suis jamais monté en haut de la tour Eiffel.
(= Bien que cela paraisse curieux, je...)

> ***Remarques***
> 1. On peut aussi dire :
> – *Si agréable que soit le soleil,* il peut...
> – *Si agréable soit-il,* le soleil peut...
> 2. On rencontre également ***aussi*** à la place de ***si :***
> – *Aussi brutal qu'ait été le choc,* aucun passager n'a été blessé.

■ QUELQUE + adjectif + *que*, POUR + adjectif + *que*

Langue soutenue.

– Cet enfant a une excellente mémoire ; il se rappelle tous les mots qu'il entend, *quelque compliqués qu'ils soient.*
(= ... même s'ils sont compliqués)

– Cette décision, *pour raisonnable qu'elle soit,* a été vivement critiquée par les partis d'opposition.
(= Bien qu'elle soit très raisonnable, cette décision a été...)

> **Attention !**
> Dans cette construction ***quelque*** est un adverbe. Il est donc invariable.

3. ***Constructions avec un nom

■ QUEL(LE)S + *que* + *être* + sujet

Construction très fréquente.

- S.O.S. Dépannage ! *Quelle que soit l'heure,* quelqu'un répondra à votre appel.
  (= À n'importe quelle heure, quelqu'un répondra à votre appel)
- Votre cadeau, *quel qu'il soit,* sera très apprécié.
  (= N'importe quel cadeau sera apprécié)
- *Quels qu'aient été leurs problèmes,* ils n'ont jamais désespéré.

Attention !
Quel est un adjectif qui s'accorde avec le sujet du verbe *être.*

■ QUELQUE(S) + nom + *que*

Langue soutenue.

- *Quelques efforts qu'il fasse,* il n'arrive pas à prononcer correctement ce mot.
  (= Bien qu'il fasse des efforts...)
- Cette opération est délicate ; *quelques précautions que l'on prenne,* elle ne réussit pas toujours.
  (= Même si on prend des précautions...)

Attention !
Dans cette construction, ***quelque*** est un adjectif : il s'accorde avec le nom qu'il précède.

4. ***Relatifs indéfinis

■ QUI QUE

Peu fréquent. *Qui* représente une personne.

- *Qui que vous soyez,* vous devez respecter la loi.
  (= Peu importe qui vous êtes...)

■ QUOI QUE

***Quoi* représente une chose.**

- *Quoi que je dise, quoi que je fasse,* tu me critiques !
  (= Peu importe ce que je dis, ce que je fais...)
- *Quoi qu'il arrive,* elle garde son sang-froid.
  (= Peu importe ce qu'il arrive, elle garde...)

Attention !
Ne confondez pas ***quoi que*** avec ***quoique.***
– J'ai raison, *quoi que vous en pensiez.*
(= peu importe ce que vous en pensez)
– J'ai raison, *quoique cela puisse sembler surprenant*
(= ... bien que cela puisse sembler surprenant).

■ OÙ QUE

- Jérôme est très sympathique ; *où qu'il aille,* il se fait tout de suite des amis.
  (= Peu importe l'endroit où il va, Jérôme se fait...)
- Dans ce théâtre, *où que l'on soit placé,* on voit très bien.
  (= Peu importe l'endroit où l'on est placé...)

LES PROPOSITIONS SUBORDONNÉES À L'INDICATIF ET AU CONDITIONNEL

■ ALORS QUE

Opposition.

– Antoine est arrivé dimanche à la maison, *alors qu'il devait rentrer lundi de Madrid.*
(= mais il devait rentrer lundi de Madrid.)
– Elle n'est pas venue *alors qu'elle avait promis de venir.*

Renvoi

Alors que et ***tandis que*** peuvent également introduire une subordonnée de sens temporel. Voir le chapitre 32 sur l'expression du temps, p. 267.

■ TANDIS QUE

Constat d'une différence.

– Ma fille aînée est très sportive *tandis que l'autre est toujours plongée dans ses livres.*
– Ces tulipes fleurissent dès le mois de mars *tandis que celles-là fleurissent plutôt en fin de saison.*

■ MÊME SI

Opposition et hypothèse.

– *Même si vous êtes en retard,* n'hésitez pas à entrer.
(hypothèse : vous serez peut-être en retard ; opposition : entrez quand même)
– Cette maison ne nous plaisait pas vraiment ; nous ne l'aurions pas achetée *même si elle avait été moins chère.*

Remarque

L'emploi des temps est le même que dans les subordonnées introduites par *si.* Voir le chapitre 34 sur l'expression de la condition, p. 288-289.

■ SAUF QUE, ***SI CE N'EST QUE

Restriction.

– Mes vacances se sont bien passées, *sauf qu'il a plu du premier au dernier jour.*
– On ne sait rien de la vie privée de cette actrice, *si ce n'est qu'elle a deux enfants.*
(= On sait seulement qu'elle a deux enfants)

■ ***SI

Concession. Langue soutenue. La subordonnée précède la principale.

- *Si Julia s'exprime très bien à l'oral,* elle fait encore beaucoup de fautes à l'écrit.
  (= Bien que Julia s'exprime très bien...)
- *Si certaines prises de position du Premier ministre sont critiquées,* l'ensemble de sa politique est bien accueilli par tous les partis.
  (= Bien que certaines prises de position du Premier ministre soient critiquées...)

■ ***TOUT + nom/adjectif + *que*

- *Toute jeune qu'elle est,* Marie a beaucoup d'autorité sur les enfants.
  (= Bien qu'elle soit très jeune...)
- *Tout musicien qu'il est,* il a confondu Mozart et Haydn.
  (= Bien qu'il soit musicien...)

Remarque

On peut également employer le subjonctif :
- Toute jeune qu'elle soit...
- Tout musicien qu'il soit...

Renvoi

Tout est un adverbe variable. Voir le chapitre 18 sur les indéfinis, p. 145.

■ ***QUAND BIEN MÊME + conditionnel

Opposition et hypothèse. Langue soutenue.

- *Quand bien même cette entreprise recevrait une aide de l'État,* elle serait dans l'obligation de licencier une partie de son personnel.
  (= Même si cette entreprise recevait une aide, elle serait...)
- *Quand bien même on le repeindrait,* cet appartement resterait triste.
  (= Même si on le repeignait, cet appartement...)

Remarque

Le conditionnel est fréquent dans la principale.

• **Remarque générale sur les propositions subordonnées au subjonctif, à l'indicatif et au conditionnel**

Quand il y a deux subordonnées, on ne répète pas la conjonction, on la remplace par ***que*** **:**
- *Bien qu'*il soit tard et *que* je prenne l'avion demain à 7 heures, je vous accompagnerai au restaurant.

AUTRES MOYENS D'EXPRIMER L'OPPOSITION

1. Préposition + nom

■ MALGRÉ, EN DÉPIT DE (moins fréquent)

- L'avion a pu atterrir à Roissy *malgré le brouillard.*
  (= Bien qu'il y ait du brouillard...)
- J'ai poussé un cri *malgré moi.*
- *En dépit des difficultés qu'elle a rencontrées,* cette jeune femme a réussi à créer une entreprise très prospère.
  (= Bien qu'elle ait rencontré des difficultés...)

■ CONTRAIREMENT À

- *Contrairement à vous,* je n'ai pas apprécié ce concert.
- *Contrairement aux prévisions,* le cyclone n'a pas touché les côtes de la Floride.

2. Préposition + infinitif

L'infinitif a le même sujet que le verbe principal.

■ SANS

- Il a pris cette décision *sans* me *demander* conseil.
  (= mais il ne m'a pas demandé conseil)
- J'ai relu trois fois le texte *sans* y *trouver* la moindre faute.
  (= mais je n'y ai pas trouvé la moindre faute)

■ AU LIEU DE

Une chose à la place d'une autre.

- Tu ferais mieux de lire *au lieu de passer* l'après-midi devant la télévision.
- Nous irons en vacances dans le Midi *au lieu d'aller* en Bretagne comme prévu.

■ ***LOIN DE

Langue écrite.

- Quand je lui ai dit la vérité, *loin de se fâcher,* il a ri.
  (= ... il ne s'est pas fâché, au contraire, il a ri)
- La situation économique dans cette région, *loin de s'améliorer,* s'est plutôt aggravée.
  (= Elle ne s'est pas améliorée, au contraire, elle s'est aggravée)

■ ***QUITTE À

- *Quitte à se faire* critiquer, il ne changera pas d'avis.
  (= ... même s'il risque de se faire critiquer)
- Je dis toujours ce que je pense, *quitte à choquer* les gens.
  (= ... même si je risque de choquer les gens)

3. *Avoir beau* + infinitif

Toujours en tête de phrase.

- Elle *a beau suivre* un régime, elle n'arrive pas à maigrir.
  (= Bien qu'elle suive un régime, elle ne maigrit pas)
- Il *a beau y avoir* beaucoup de soleil, la mer reste froide.
  (= Bien qu'il y ait du soleil, la mer reste froide)
- L'enfant *a eu beau protester,* il a été obligé d'obéir.
  (= Bien que l'enfant ait protesté...)

4. Mots de liaison

■ MAIS

- « Traditionnel » s'écrit avec deux « n », *mais* « traditionaliste » n'en a qu'un !

■ QUAND MÊME, TOUT DE MÊME

Fréquemment précédés de *mais.* Toujours placés après le verbe.

- « Je n'ai plus très faim. – Prends *quand même* un peu de gâteau, il est délicieux. »
- J'ai beaucoup de travail *mais* j'irai aux sports d'hiver *tout de même.*

Remarque

Quand même et ***tout de même*** peuvent aussi avoir une valeur de renforcement :
– Tu ne veux jamais m'aider ! Tu exagères *quand même !*

■ POURTANT, CEPENDANT (à l'écrit)

- Mon magnétoscope est de nouveau en panne, *pourtant* je viens de le faire réparer.
  (= ... alors que je viens de le faire réparer)
- La médecine a fait beaucoup de progrès, il y a *cependant* des maladies qu'on ne peut pas guérir.
  (= Bien que la médecine ait fait beaucoup de progrès...)

■ ***NÉANMOINS, ***TOUTEFOIS

Restriction.

- La situation économique de ce pays reste difficile, *néanmoins* les experts prévoient une reprise de la croissance dans les mois à venir.
  (= ... encore que les experts prévoient...)
- Les sismographes enregistrent de légères secousses dans cette région ; *toutefois,* d'après les spécialistes, il n'y aurait aucun risque de tremblement de terre important.
  (= ... encore que d'après les spécialistes il n'y ait aucun risque...)

■ EN REVANCHE, PAR CONTRE

Insistent sur l'opposition.

- Cette banque est fermée le lundi, *en revanche* elle est ouverte le samedi.
  (= ... alors qu'elle est ouverte le samedi)
- Je n'aime pas le lait, *par contre* j'aime beaucoup les yaourts.

■ SEULEMENT (à l'oral)

- Vous pouvez entrer dans la chambre de la malade, *seulement* ne restez pas trop longtemps.
  (= ... mais ne restez pas trop longtemps)

■ AU CONTRAIRE

- « Ça ne vous dérange pas que j'ouvre la fenêtre ? – *Au contraire,* j'allais vous le proposer. »

■ ***POUR AUTANT

- Il a beaucoup d'argent, il n'en est pas plus heureux *pour autant.*
  (= ... mais ce n'est pas pour cela qu'il est plus heureux)
- Il n'y a plus de manifestations ; *pour autant,* les problèmes ne sont pas résolus.
  (= mais ce n'est pas pour cela que les problèmes sont résolus)

■ ***OR

Introduit un élément nouveau qui modifie le résultat attendu.

- Ils voulaient sortir ; *or* il s'est mis à pleuvoir, donc ils ont renoncé à leur promenade.
- Le roi Louis XIII mourut en 1643 ; *or* Louis XIV n'avait que cinq ans, ce fut donc la reine Anne d'Autriche qui exerça la régence.

5. Gérondif

Obligatoirement précédé de *tout*.

- *Tout en comprenant* les raisons de ton choix, je ne l'approuve pas totalement.
  (= Bien que je comprenne les raisons...)
- Elle a décidé de préparer un doctorat *tout en sachant* que ce serait long et difficile.

6. ***Propositions juxtaposées au conditionnel

- Il ne *gagnerait* pas ce match, il *resterait* un grand joueur.
  (= Même s'il ne gagnait pas ce match, il resterait...)
- Je lui *aurais donné* la preuve de son erreur, il ne m'*aurait* pas *cru*.
  (= Même si je lui avais donné la preuve...)

► ***Remarque***

On peut dire aussi :
– Il ne gagnerait pas ce match *qu'*il resterait un grand joueur.
– Je lui aurais donné la preuve de son erreur *qu'*il ne m'aurait pas cru.

NE DITES PAS	DITES
~~Christine est blonde pendant que sa sœur est brune.~~	Christine est blonde **alors que (tandis que)** sa sœur est brune.
~~Le voleur a pris les bijoux, cependant tout le monde dormait.~~	... **pendant que** tout le monde dormait.
~~Comme même.~~	**Quand** même.
~~Il pleut, quand même j'ai envie de me promener.~~	Il pleut, mais j'ai envie de me promener **quand même.**
~~Quand même le brouillard est épais, il rentrera en voiture.~~	Le brouillard est épais, il rentrera **quand même** en voiture.

►►

~~Il y a beau y avoir une longue file d'attente, personne ne s'énerve.~~	**Il a beau** y avoir une longue file...
~~J'ai beau faire des efforts mais je ne comprends pas.~~	J'ai beau faire des efforts, je ne comprends pas.

EXPRESSION DE L'OPPOSITION

Conjonctions et constructions diverses	Prépositions		Autres constructions
+ subjonctif	+ nom	+ infinitif	
			Avoir beau + infinitif
Bien que Quoique	Malgré En dépit de		Mots de liaison
		Sans	
Sans que	Contrairement à		Mais
***Encore que		Au lieu de ***Loin de	Quand même Tout de même
***Si ***Quelque } adjectif + que ***Pour		***Quitte à	Pourtant Cependant
***Quel(s) + que + être + nom ***Quelque(s) + nom + que			***Néanmoins ***Toutefois
***Qui que ***Quoi que ***Où que			En revanche Par contre Seulement
+ indicatif Alors que Tandis que			Au contraire ***Pour autant
Même si ***Si ce n'est que Sauf que ***Si ***Tout + adjectif + que			***Or Gérondif (précédé de « tout »)
+ conditionnel ***Quand bien même			***Juxtaposition

34

L'expression de la condition et de l'hypothèse

1. Je serais allé en Sicile à Pâques *si j'avais eu moins de travail.*
2. Cet été j'irai en Sicile avec Martin, *à condition qu'il puisse prendre ses vacances en même temps que moi.*
3. *En cas de danger,* tirez la sonnette d'alarme.

▶ **La proposition subordonnée conjonctive (1, 2), le groupe préposition + nom (3) sont quelques-uns des moyens d'exprimer la condition et l'hypothèse.**

SOMMAIRE

Les propositions subordonnées à l'indicatif

LES SUBORDONNÉES INTRODUITES PAR « SI »

1. Les combinaisons de temps les plus courantes

■ SI + présent / futur dans la principale

L'hypothèse concerne le futur, la condition peut se réaliser.

– *Si vous êtes à Paris en octobre prochain,* vous *pourrez* assister au Festival d'automne.
(condition) **(hypothèse)**

– *Si tu ne te dépêches pas,* tu *vas être* en retard.

– Nous *irons* nous promener en forêt *s'il y a du soleil demain.*

■ SI + imparfait / conditionnel présent dans la principale

• L'hypothèse concerne le futur, la condition a peu de chances de se réaliser

– *S'il y avait du soleil demain,* nous *irions* nous promener en forêt.
(condition) **(hypothèse)**

• L'hypothèse concerne le présent, la condition ne peut pas se réaliser

– *Si nous avions un chalet à la montagne,* nous *ferions* du ski plus souvent.
(... mais nous n'avons pas de chalet)

– Je *ferais* du sport *si je n'avais pas mal au dos.*

Attention!

– *Si + il(s)* → ***s'il(s)***
– *Si on* → ***si l'on*** dans la langue soutenue. (euphonie)

Remarques

1. *Si* tu as le temps demain, *viens* me voir.
2. *S'*ils sont fatigués, *qu'ils aillent* se coucher.
L'impératif (1) et le subjonctif (2) ont une valeur de futur.

■ **SI + plus-que-parfait / conditionnel passé dans la principale**

L'hypothèse concerne le passé, la condition ne s'est pas réalisée.

– Samedi dernier, *s'il y avait eu moins de monde*, nous *serions allés* visiter cette exposition.
(... mais il y avait beaucoup de monde)
– Je vous *aurais prêté* ma caméra *si vous me l'aviez demandée.*
(... mais vous ne me l'avez pas demandée)

******Remarque***

Si **+ imparfait/conditionnel passé :**
– *Si* je *parlais* anglais, dimanche dernier j'*aurais pu* renseigner ce touriste.
(... mais je ne parle pas anglais)
– *Si* Nathalie *aimait* la musique, nous l'*aurions emmenée* au concert hier soir.
L'imparfait indique la permanence de la condition par rapport à une action passée.

2. ***Combinaisons de temps lorsque la subordonnée exprime l'antériorité

■ **SI + passé composé / présent dans la principale**

– *Si vous avez déjà eu cette maladie,* vous *êtes* maintenant immunisé.
– *Si tu as fini tes devoirs,* tu *peux* regarder la télévision.

■ **SI + passé composé / futur dans la principale**

– *S'il a obtenu son visa avant le 15 juin,* il *pourra* partir pour les États-Unis le 1er juillet.
– *Si la fièvre n'a pas baissé demain,* je *rappellerai* le médecin.

■ **SI + plus-que-parfait / conditionnel présent dans la principale**

– Ta plaisanterie m'*amuserait si je ne l'avais pas entendue vingt fois !*
– *Si je n'avais pas acheté cette veste en solde,* le magasin accepterait de l'échanger.

3. Si = quand, chaque fois que

■ **SI + présent / présent dans la principale**

– *En vacances, s'il pleut,* nous *jouons* aux cartes.
(habitude dans le présent)

■ **SI + imparfait / imparfait dans la principale**

– *En vacances, s'il pleuvait,* nous *jouions* aux cartes.
(habitude dans le passé)

******Remarque***

– *Si elle avait fini son travail à 5 heures,* elle prenait un thé à la Coupole.
Le plus-que-parfait exprime l'antériorité.

4. Si... et si, ***Si... et que
(langue soutenue)

Quand il y a deux subordonnées, on peut répéter *si*, ou employer *que* + subjonctif :
- *Si vous annulez un voyage au dernier moment, et si vous ne présentez pas de justificatif,* l'agence ne vous rembourse pas.
- *Si le brouillard persistait et que l'avion ne puisse pas décoller,* les passagers devraient passer la nuit à l'hôtel.

5. Conjonctions formées avec *si*

■ MÊME SI

Exprime l'*opposition et l'hypothèse* :
- Il refuserait ta proposition *même si tu insistais.*

Renvoi
Voir le chapitre 33 sur l'expression de l'opposition, p. 280.

■ SAUF SI, EXCEPTÉ SI

Expriment la *restriction et l'hypothèse* :
- Il reprendrait son travail demain, *sauf s'il avait encore de la fièvre.*
- Je rentrerai vers 7 heures, *excepté si la réunion se prolonge.*

■ COMME SI

Exprime la *comparaison et l'hypothèse* :
- C'est un égoïste ; il agit toujours *comme s'il était seul au monde.*

Renvoi
Voir le chapitre 35 sur l'expression de la comparaison, p. 302.

- **Remarque générale sur les subordonnées introduites par *si*.**

On n'emploie jamais le futur ni le conditionnel après la conjonction ***si***.

Les propositions subordonnées à l'indicatif

LES SUBORDONNÉES INTRODUITES PAR D'AUTRES CONJONCTIONS

■ ***DANS LA MESURE OÙ

Restriction.

- Nous achèterons ce tableau *dans la mesure où* son prix ne dépassera pas 20000 francs.
  (= à condition que son prix ne dépasse pas 20000 francs)
- *Dans la mesure où* on en boit peu, l'alcool n'est pas dangereux.

■ ***SELON QUE... OU (QUE), ***SUIVANT QUE... OU (QUE)

Double hypothèse.

- *Selon qu'il y aura du soleil ou qu'il pleuvra,* nous prendrons le café dans le jardin ou dans le salon.
- *Suivant que vous regardez ce tableau de face ou de côté,* vous ne voyez pas la même chose.

Suivant que vous regardez ce tableau de face ou de côté, vous ne voyez pas la même chose!

LES PROPOSITIONS SUBORDONNÉES AU SUBJONCTIF ET AU CONDITIONNEL

■ À CONDITION QUE

Condition indispensable.

- On vous acceptera dans cette école *à condition que vous ayez le baccalauréat.*
  (= le baccalauréat est indispensable)
- J'achèterai des huîtres *à condition qu'elles viennent du bassin d'Arcachon.*

■ POURVU QUE (moins fréquent)

Seule condition suffisante.

- *Pourvu qu'il ait son ours en peluche,* mon fils s'endort facilement.
  (= son ours est la seule chose qu'il demande)
- Il comprenait facilement *pourvu qu'*on lui parle lentement.

Renvoi

- *Pourvu qu'*il fasse beau dimanche! (expression d'un souhait)

Voir le chapitre 24 sur la phrase exclamative, p. 202.

■ À MOINS QUE (ne)

Restriction + hypothèse.

- Le malade sortira de l'hôpital dans huit jours *à moins qu'il (n)'y ait des complications.*
  (= ... sauf s'il y a des complications)
- Je vous retrouverai au restaurant *à moins que je ne puisse pas quitter mon bureau assez tôt.*
  (= ... sauf si je ne peux pas quitter...)

Remarque

L'emploi du ***ne*** explétif est facultatif → *(ne).*

■ ***POUR PEU QUE

Condition minimale suffisante.

- *Pour peu que j'aie cinq minutes de retard,* ma mère s'inquiète.
  (= cinq minutes de retard suffisent pour que ma mère s'inquiète)
- *Pour peu que la nuit soit claire,* on peut voir la Grande Ourse.
  (= Il suffit que la nuit soit claire pour que...)

■ ***SOIT QUE... SOIT QUE, ***QUE... OU QUE

Deux hypothèses envisagées.

– *Soit qu'il vienne en voiture, soit qu'il prenne le métro,* il est toujours en retard.
– *Qu'il pleuve ou qu'il fasse beau,* Jean fait deux heures de marche le dimanche.

***Remarque**

En tête de phrase, ***que*** peut avoir le sens de ***si :***
– *Qu'il y ait la moindre difficulté,* il ne sait plus quoi faire.
(= S'il y a la moindre difficulté, il ne sait...)

■ ***EN ADMETTANT QUE, ***EN SUPPOSANT QUE

Hypothèse peu probable provisoirement admise.

– *En admettant que j'obtienne un prêt bancaire,* j'achèterai cette maison.
– *En supposant que tous nos invités viennent,* nous serons vingt-cinq à table.

■ ***SI TANT EST QUE

Restriction et doute.

– Le garagiste réparera ma vieille voiture, *si tant est qu'il puisse trouver une pièce de rechange.*
(... mais je doute qu'il en trouve une)
– Cet acteur va se marier pour la sixième fois, *si tant est qu'on puisse croire tout ce que disent les journaux.*
(... mais je doute que ce soit vrai)

■ AU CAS OÙ + conditionnel

Exprime l'éventualité.

– *Au cas où il pleuvrait,* le match n'aurait pas lieu.
(= Si par hasard il pleuvait...)
– *Au cas où il aurait plu,* le match n'aurait pas eu lieu.
(= Si par hasard il avait plu...)
– *Au cas où il y aurait un incendie,* fermez toutes les ouvertures et appelez les pompiers.

Remarques

1. Le conditionnel est très fréquent dans la principale.
2. ***Si jamais*** = *au cas où :*
– *Si jamais* vous passez par Lyon, venez nous voir !
– *Si jamais* je ne pouvais pas venir à la réunion, M. X... me remplacerait.

• **Remarque générale sur les propositions subordonnées au subjonctif**

Quand il y a deux subordonnées, on ne répète pas la conjonction, on la remplace par ***que :***
– L'éditeur acceptera mon roman *à condition que* je *fasse* quelques coupures *et que* je *change* le titre.

AUTRES MOYENS D'EXPRIMER LA CONDITION ET L'HYPOTHÈSE

1. Préposition + infinitif

L'infinitif a le même sujet que le verbe principal.

■ À CONDITION DE

– Vous supporterez bien ce médicament *à condition de le prendre* au cours des repas.
(= ... à condition que vous le preniez au cours des repas)

■ À MOINS DE

– On ne peut pas prendre de photos dans ce musée, *à moins d'avoir* une autorisation.
(= ... à moins qu'on ait une autorisation)

******Remarque***

On emploie **à + infinitif** dans un certain nombre d'expressions :
– *À faire trop de choses en même temps,* on n'arrive à rien de bon.
(= Si on fait trop de choses en même temps, on...)
– *À l'entendre,* il n'y a que lui qui soit intelligent.

2. Préposition + nom

■ EN CAS DE

– *En cas de maladie,* vous devez prévenir votre employeur dans les 48 heures.
(= Au cas où vous tomberiez malade...)
– *En cas de pluie,* le match aura lieu sur un court couvert.

Attention!

Le nom est employé sans article.

■ AVEC

– *Avec un zeste de citron,* ce gâteau sera meilleur.
(= Si on ajoute un zeste de citron...)

■ SANS

– *Sans amis,* la vie serait triste.
(= Si on n'avait pas d'amis...)

Renvoi

Pour l'emploi de l'article, voir le chapitre 15 sur les articles p. 118.

■ **À MOINS DE (moins fréquent)**

– *À moins d'une difficulté de dernière minute,* les travaux seront finis le 15 avril.
(= À moins qu'il y ait une difficulté...)

Remarque

Sauf s'emploie dans des expressions figées :
– *Sauf erreur,* ce film muet date de 1924.
(= Si je ne me trompe pas...)
et aussi : sauf exception, sauf contrordre, sauf avis contraire, etc.

3. Le gérondif

– Il aurait pu réussir *en travaillant* davantage.
(= ... s'il avait travaillé davantage)
– *En lisant* beaucoup, vous ferez des progrès en français.
(= Si vous lisez beaucoup...)

4. Un participe ou un adjectif

– *Seul,* il ne pourra pas régler ce problème.
(= S'il est seul...)
– *Repeinte,* la chambre serait plus agréable.
(= Si elle était repeinte...)

5. La juxtaposition

1. Les deux propositions sont *au conditionnel* :

– Vous *seriez* majeur, vous *pourriez* voter.
(= Si vous étiez majeur...)
– Tu *serais arrivé* plus tôt, tu *aurais vu* Bernard, mais il vient de partir.
(= Si tu étais arrivé...)

2. La première proposition est *à la forme interrogative, en tête de phrase* :

– *Vous voulez changer d'appareil de chauffage ?* Demandez-nous une documentation !
(= Si vous voulez changer...)

►►

6. L'adverbe *sinon* = *si... ne... pas*

– Fermez la fenêtre, *sinon* il y aura un courant d'air.
(= Si vous ne fermez pas...)

Remarque

À l'oral :
Autrement / *sans ça.* } = *sinon*

– Je n'avais pas ton adresse : *autrement* je t'aurais envoyé une carte.

NE DITES PAS	DITES
~~Je viendrai si j'aurai le temps.~~	Je viendrai si j'**ai** le temps.
~~S'il pourrait, il viendrait.~~	S'il **pouvait**, il viendrait.
~~Nous sortirons à moins qu'il ne pleuve pas.~~	Nous sortirons à moins qu'il **ne** pleuve. ... à moins qu'il **ne** fasse **pas** beau.
~~Au cas où il y aura du soleil...~~	Au cas où il y **aurait** du soleil...
~~Au cas de maladie...~~	**En cas de** maladie...

EXPRESSION DE LA CONDITION ET DE L'HYPOTHÈSE

Conjonctions	Prépositions		Autres constructions
+ indicatif	+ infinitif	+ nom	
Si Sauf si Excepté si Dans la mesure où ***Selon que... ou (que) ***Suivant que... ou (que)		Avec Sans	Le gérondif ***Le participe ou l'adjectif La juxtaposition Sinon
+ subjonctif			
À condition que Pourvu que À moins que (ne) ***Pour peu que ***Soit que... soit que ***Que... ou que ***En admettant que ***En supposant que ***Si tant est que	À condition de À moins de	À moins de	
+ conditionnel Au cas où		En cas de	

35

L'expression de la comparaison

1. La Chine est le pays *le plus peuplé* du monde.
2. À Paris, il y a *moins de* circulation le dimanche *que* les autres jours.
3. Il conduit *comme* un fou.

▶ ***Le plus...*** **(1),** ***moins de... que*** **(2),** ***comme*** **(3) sont quelques-uns des moyens d'exprimer la comparaison.**

▶ **La subordonnée est fréquemment elliptique (= sans verbe) [2 et 3].**

SOMMAIRE

LE COMPARATIF DE SUPÉRIORITÉ, D'ÉGALITÉ, D'INFÉRIORITÉ

■ PLUS / AUSSI / MOINS + adjectif ou adverbe + *que*

– Françoise a habité à Marseille *plus* longtemps *que* moi.

– Dimanche, il a fait { *moins* / *plus* } beau *qu'*on (ne) l'espérait.

– Il n'est pas *aussi* compétent *qu'*il le dit.

Remarque

Après *plus* et *moins*, l'emploi du ***ne*** explétif est facultatif → *(ne).*

Remarque

Après une négation et après une interrogation, on peut remplacer ***aussi*** par ***si*** *:*
– Il n'est pas *si* compétent qu'il le dit.

■ COMPARATIFS IRRÉGULIERS

BON, BIEN

ont des comparatifs de supériorité irréguliers :

Bon → meilleur
Bien → mieux

– Ces croissants sont *meilleurs que* ceux que j'ai achetés hier.

– Il joue *mieux* au tennis *que* moi.

Attention!

On ne dit pas *beaucoup meilleur*, mais *bien meilleur.*

PETIT, MAUVAIS

ont deux comparatifs de supériorité :

Petit → plus petit (s'emploie pour indiquer la taille, la mesure)
→ moindre (s'emploie pour apprécier la valeur, l'importance)

– Ma chambre est *plus petite que* la tienne.
(et non pas : ma chambre est moindre que la tienne)

– Cette pièce a eu un succès *moindre que* prévu.
(et non pas : un succès plus petit)

Mauvais → plus mauvais
→ pire (forme d'insistance)

– Attention! Votre devoir est *plus mauvais que* le précédent.

– Tout va mal! La situation est *pire que* l'an dernier.

■ PLUS DE / AUTANT DE / MOINS DE + nom + *que*

- Aujourd'hui, il y a *plus de* vent *qu'*hier.
- Pour aller à l'aéroport, nous avons mis *moins de* temps *que* nous (ne) le pensions.
- En France, il y a *autant de* fromages *que de* jours dans l'année.

Avec un nombre, on emploie : ... *de plus que*, ... *de moins que*.

- J'ai *deux* ans *de plus que* ma sœur et *trois* ans *de moins que* notre frère aîné.

> ***Remarque***
>
> Après une négation et après une interrogation, on peut remplacer ***autant*** par ***tant :***
>
> – Il n'a pas *tant de* travail *qu'*il le dit.

> **Attention!**
>
> Notez la répétition de la préposition ***de*** devant le deuxième nom.

■ Verbe + PLUS / AUTANT / MOINS + *que*

- Ce quartier s'est beaucoup transformé ; je l'aime *moins qu'*avant.
- Il ne travaille pas *autant qu'*il le faudrait pour être reçu à son examen.

■ DE PLUS EN PLUS, DE MOINS EN MOINS

Idée de progression.

- **+ verbe**

- Sa profession l'oblige à *voyager de plus en plus.*

- **+ nom**

- *De plus en plus de Français* sont propriétaires de leur logement.

- **+ adverbe**

- Cet appareil marche *de moins en moins bien.*

- **+ adjectif**

- Carmen étudie le français depuis un an, son vocabulaire est *de plus en plus* riche.

> **Attention!**
>
> On ne dit pas :
> « de plus en plus bien » mais *de mieux en mieux.*

LE SUPERLATIF

■ LE / LA / LES + PLUS / MOINS + adjectif

- Le Louvre est *le plus grand* musée de France.
- Voici le restaurant *le moins cher* du quartier.
- Zola a écrit beaucoup de romans ; *Germinal* est un *des plus connus*.

Remarque

La place du superlatif dépend de la place de l'adjectif. Mais on peut toujours placer un superlatif après le nom, en répétant l'article :
- Le Louvre est le musée *le plus grand* de France.

■ LE PLUS / LE MOINS + adverbe

- Prenez ces fleurs ; ce sont celles qui durent *le plus longtemps*.

■ SUPERLATIFS IRRÉGULIERS

BON, BIEN

Bon → **le meilleur**, la meilleure, les meilleur(e)s.
Bien → **le mieux.**

- On a élu *la meilleure* actrice de l'année.
- Pour aller à Dijon, *le mieux* c'est de prendre l'autoroute.

PETIT

deux superlatifs } le plus petit / le moindre

- C'est *le plus petit* téléviseur qui existe.
  (= le plus petit par la taille)
- Il fait attention *aux moindres* détails.
  (= même aux détails sans importance)
- Elle ne dort pas bien ; *le moindre* bruit la réveille.
  (= le bruit le plus léger)
- Où sont-ils partis en vacances ? – Je n'en ai pas *la moindre* idée.
  (= Je n'en ai aucune idée.)

MAUVAIS

deux superlatifs } le plus mauvais / le pire

- Pour ce spectacle, il ne restait que *les plus mauvaises* places ; je n'ai donc pas pris de billets.
- Pour moi, quitter Paris, ce serait *la pire* des choses !
  (forme d'insistance)

■ **Verbe + LE PLUS / LE MOINS**

– C'est ce journal qui se vend *le plus*.

■ **LE PLUS DE / LE MOINS DE + nom**

– C'est à 18 heures qu'il y a *le plus de monde* dans le métro.

■ **COMPLÉMENT DU SUPERLATIF**

Il est introduit par la préposition *de*.

– *La plus* jeune *de* la famille, c'est ma fille Charlotte.
– *La Joconde* est *le plus* connu *des* tableaux de Léonard de Vinci.
– L'Éverest est *la plus* haute montagne *du* monde.

LA COMPARAISON

1. Conjonctions diverses

Le verbe de la subordonnée est à l'indicatif ou au conditionnel, mais il est fréquemment sous-entendu.

■ COMME

- Préférez-vous que je règle par chèque ou en espèces ? – Faites *comme* vous voulez.
- Ils ont une maison *comme* j'aimerais en avoir une.
- Il sera pharmacien *comme* son père.
  (sous-entendu : comme son père est pharmacien)

■ COMME SI

Comparaison et hypothèse.
Toujours suivi de l'imparfait ou du plus-que-parfait (pour exprimer l'antériorité) :

- Elle parle à son chien *comme si* c'était un être humain.
- Nous nous sommes croisées dans la rue mais elle a fait *comme si* elle ne m'avait pas vue.

■ ***AINSI QUE (moins fréquent)

- À quatre-vingts ans, il se levait à 7 heures du matin, *ainsi qu*'il l'avait toujours fait.
  (= ... comme il l'avait toujours fait)

■ ***DE MÊME QUE, DE MÊME QUE... DE MÊME

- Le musée du Louvre ferme le mardi, *de même que* tous les musées nationaux.
  (= ... comme tous les musées nationaux)

Attention!

Ne pas confondre avec la préposition ***comme*** suivie d'un nom sans déterminant (= en tant que).
– Suzanne travaille *comme* jeune fille au pair dans une famille française.
– Que prendrez-vous *comme* dessert ?

Remarque

Notez l'emploi du conditionnel exprimant le souhait.

- *De même que* le « s » de « temps » vient du mot latin *tempus, de même* le « y » de « cycle » s'explique par son origine grecque.

■ ***AUSSI BIEN QUE

- Après cet attentat, l'indignation a été générale, en France *aussi bien qu'*à l'étranger.
  (= ... comme à l'étranger)

■ PLUTÔT QUE

Indique une préférence ou une appréciation.

- Pour cette soirée, mets un nœud-papillon *plutôt qu'*une cravate.
  (= ... de préférence à une cravate)
- Vous trouverez ce livre dans une librairie spécialisée *plutôt que* dans une librairie générale.
  (= ... plus facilement que dans une librairie générale)
- Je n'aime pas du tout ce chanteur, il crie *plutôt qu'*il (ne) chante.
  (= ... au lieu de chanter)
- Par ce beau soleil, vous devriez aller vous promener *plutôt que* de rester à la maison.
  (= au lieu de rester...)

► ***Remarque***

Le ***ne*** explétif est facultatif → *(ne).*

2. Comparaison et proportion

■ PLUS... PLUS, MOINS... MOINS

- *Plus* il pleut, *plus* la route est glissante.
- *Plus* j'ai d'argent, *plus* j'en dépense.
- *Moins* on roule vite, *moins* on consomme d'essence.

■ PLUS... MOINS, MOINS... PLUS

- *Plus* il y a de films à la télévision, *moins* les gens vont au cinéma.
- *Moins* vous fumerez, *mieux* ce sera!

■ AUTANT... AUTANT

Oppose un fait et son contraire.

- *Autant* j'ai aimé ce livre, *autant* j'ai été déçu par son adaptation au cinéma.

– *Autant* il faisait beau hier, *autant* il fait froid et humide aujourd'hui.

■ *****D'AUTANT PLUS... QUE... PLUS**

– Il guérira *d'autant plus* vite *qu'*il suivra *plus* strictement son régime.
(= Plus il suivra strictement son régime, plus vite il guérira)
– Elle se porte *d'autant mieux qu'*elle fait *plus* de sport.
(= Plus elle fait de sport, mieux elle se porte)

■ *****DANS LA MESURE OÙ**

– Il participera aux travaux de la commission *dans la mesure où* son emploi du temps le lui permettra.
(= Il participera autant qu'il le pourra)

Renvoi

Dans la mesure où peut avoir le sens de *à condition que.*
Voir le chapitre 34 sur la condition, p. 291.

3. Identité et différence

Renvoi

Voir le chapitre 18 sur les indéfinis, p. 139-140.

■ **LE, LA MÊME... / LES MÊMES... *(que)***

– Descartes a vécu à *la même* époque *que* Galilée.
– Ma mère habite *le même* immeuble *que* moi.
– Le champagne et le mousseux, ce n'est pas *la même* chose !

■ **UN(E) AUTRE... / D'AUTRES... *(que)***

– Il est *d'un autre* avis que moi.
– Auriez-vous *d'autres* modèles de robes que ceux-là ?

■ **TEL(LE)S *(que)*, TEL... TEL**

– Un écrivain *tel que* Zola nous donne un précieux témoignage sur la société de son époque.
(= comme Zola)
– N'attendons pas Martine ! *Telle que* je la connais, elle arrivera en retard.
– Que faire dans *de telles* circonstances ?
(= dans des circonstances comme celles-là)
– Il est musicien comme son père. *Tel* père, *tel* fils !

- **Remarque générale sur les phrases comparatives**

La proposition principale est fréquemment reprise par un pronom neutre dans la subordonnée.

– La réunion a duré moins longtemps que nous ne **le** pensions.
– Il a été plus aimable que je ne m'**y** attendais.

NE DITES PAS	DITES
Il n'est pas autant grand que moi.	Il n'est pas **aussi** grand que moi.
Il a autant des livres que moi.	Il a **autant de** livres que moi.
Il travaille plus mieux que moi.	Il travaille { **bien mieux** que moi. / **beaucoup mieux** que moi.
Plus bon marché.	**Meilleur** marché.
Ce restaurant est beaucoup meilleur marché que l'autre.	Ce restaurant est **bien meilleur** marché que l'autre.
Il a plus beaucoup de livres que moi.	Il a **beaucoup plus** de livres que moi.
Elle travaille aussi beaucoup que moi.	Elle travaille **autant** que moi.
Tu as le même âge comme moi.	Tu as **le même** âge **que** moi.
C'est le pont plus vieux.	C'est le pont **le plus** vieux.
C'est l'étudiant le plus grand dans la classe.	... l'étudiant le plus grand **de** la classe.
Le plus je le vois, le plus je le trouve sympathique.	**Plus** je le vois, **plus** je le trouve...

EXPRESSION DE LA COMPARAISON

Comparatifs et superlatifs	Autres constructions
Plus / Aussi / Moins } + adj./adv. + que	Plus... plus Moins... moins
Plus de / Autant de / Moins de } + nom + que	Plus... moins Moins... plus
Verbe + { plus / autant / moins } + que	Autant... autant
De plus en plus De moins en moins	Le même... / La même... / Les mêmes... } (que)
Le / La / Les } + plus/moins + adjectif	Un(e) autre... que D'autres... que
Le plus / Le moins } + adverbe	Tel(le)s que Tel... tel
Verbe + { le plus / le moins	
Le plus de / Le moins de } + nom	

Conjonctions

Comme
Comme si

***Ainsi que

***De même que
***De même que... de même

***Aussi bien que
Plutôt que
***D'autant plus... que... plus
***Dans la mesure où

TABLEAUX RÉCAPITULATIFS

COMME

1. Exclamation
- *Comme* ce bébé est mignon !
- *Comme* tu joues bien du piano !

2. Cause
- *Comme* nous étions en retard, nous avons pris un taxi.

3. ***Temps
- *Comme* le président de la République remontait les Champs-Élysées, la pluie se mit à tomber.

4. Comparaison
- Félix veut devenir avocat *comme* son père.

5. = en tant que
- Elle travaille *comme* vendeuse dans un supermarché.
- Que prendrez-vous *comme* dessert ?

QUE

1. Pronom relatif complément d'objet direct
- Comment s'appelle le village *que* nous venons de traverser ?

2. Pronom interrogatif objet direct
- *Que* faites-vous ici ?

3. Conjonction de subordination
- J'espère *que* vous avez bien compris mes explications.
- Comme il pleuvait et *que* je craignais d'attraper un rhume, je suis resté chez moi.

4. Exclamation
- *Qu'*il fait beau !

5. ***Mise en relief
- C'est demain *que* je pars pour le Brésil.

SI

1. **Affirmation** (= *Oui,* après une question à la forme négative)
– Tu n'as pas acheté de pain? – *Si,* j'en ai acheté.

2. **Exclamation** (= *tellement*)
– Ne t'inquiète pas, ce n'est pas *si* grave!

3. **Interrogation indirecte**
– Nos parents nous ont demandé *si* nous les accompagnerions à la montagne.

4. **Condition**
– Ce soir, *s'*il n'y a pas de nuages, nous verrons les étoiles.

5. **Habitude** (= *chaque fois que*)
– *Si* je m'absente, je branche le répondeur téléphonique.

6. **Suggestion**
Catherine! *Si* on allait au cinéma ce soir?

7. **Conséquence**
– La route était *si* glissante *qu'*il fallait conduire très prudemment.

8. *****Opposition** (= *bien que*)
– *Si* jeune *qu'*il soit, on peut lui faire confiance.
– *S'*il a des défauts, il a aussi des qualités.

9. **Comparaison** (= *aussi*)
– Georges n'est pas *si* malade *qu'*il le dit.

10. *****Mise en relief**
– *S'*il n'est pas encore arrivé, *c'est qu'*il a manqué le train de 7 heures.

Tableaux des conjugaisons

On classe les verbes en trois groupes.

■ 1er GROUPE

Infinitif en -**er** → dans-**er**, ferm-**er**

La conjugaison de ces verbes est régulière, mais certains présentent des modifications orthographiques et phonétiques. Environ quatre-vingt-dix pour cent des verbes sont du 1er groupe.

■ 2e GROUPE

Infinitif en -ir → fin-ir, chois-ir

La conjugaison de ces verbes est régulière ; elle est caractérisée par la présence de -*iss* à certains temps. Ces verbes sont peu nombreux (environ 300).

Nous fin**iss**-ons, je chois**iss**-ais

■ 3e GROUPE

infinitif en -**re**	→ entend-**re**,	éteind-**re**,	boi-**re**,
infinitif en -**oir**	→ sav-**oir**,	pouv-**oir**,	v-**oir**,
infinitif en -ir	→ ven-ir,	part-ir,	ouvr-ir,

Ces verbes sont irréguliers : ils peuvent avoir plusieurs radicaux. Ils sont un peu plus nombreux que les verbes du 2e groupe (environ 370) et très usités.

Boire :	je **boi**-s nous **buv**-ons ils **boiv**-ent	Voir :	je **voi**-s nous **voy**-ons	Venir :	je **vien**-s nous **ven**-ons ils **vienn**-ent

VERBE ÊTRE

Indicatif

Temps simples

Présent		Futur		Imparfait		Passé simple	
Je	suis	Je	serai	J'	étais	Je	fus
Tu	es	Tu	seras	Tu	étais	Tu	fus
Il/elle	est	Il/elle	sera	Il/elle	était	Il/elle	fut
Nous	sommes	Nous	serons	Nous	étions	Nous	fûmes
Vous	êtes	Vous	serez	Vous	étiez	Vous	fûtes
Ils/elles	sont	Ils/elles	seront	Ils/elles	étaient	Ils/elles	furent

Temps composés

Passé composé	Futur antérieur	Plus-que-parfait	Passé antérieur
J'ai été	J'aurai été	J'avais été	J'eus été

Conditionnel

Temps simple

Présent	
Je	serais
Tu	serais
Il/elle	serait
Nous	serions
Vous	seriez
Ils/elles	seraient

Temps composé

Passé
J'aurais été

Subjonctif

Temps simples

Présent		Imparfait	
Que je	sois	Que je	fusse
tu	sois	tu	fusses
il/elle	soit	il/elle	fût
nous	soyons	nous	fussions
vous	soyez	vous	fussiez
ils/elles	soient	ils/elles	fussent

Temps composés

Passé	Plus-que-parfait
Que j'aie été	Que j'eusse été

Impératif

Présent
Sois
Soyons
Soyez

Participe

Présent	Passé
Étant	Ayant été Été

Infinitif

Présent	Passé
Être	Avoir été

VERBE AVOIR

Indicatif

Temps simples

Présent		Futur		Imparfait		Passé simple	
J'	ai	J'	aurai	J'	avais	J'	eus
Tu	as	Tu	auras	Tu	avais	Tu	eus
Il/elle	a	Il/elle	aura	Il/elle	avait	Il/elle	eut
Nous	avons	Nous	aurons	Nous	avions	Nous	eûmes
Vous	avez	Vous	aurez	Vous	aviez	Vous	eûtes
Ils/elles	ont	Ils/elles	auront	Ils/elles	avaient	Ils/elles	eurent

Temps composés

Passé composé	Futur antérieur	Plus-que-parfait	Passé antérieur
J'ai eu	J'aurai eu	J'avais eu	J'eus eu

Conditionnel

Temps simple

Présent	
J'	aurais
Tu	aurais
Il/elle	aurait
Nous	aurions
Vous	auriez
Ils/elles	auraient

Temps composé

Passé
J'aurais eu

Subjonctif

Temps simples

Présent		Imparfait	
Que j'	aie	Que j'	eusse
tu	aies	tu	eusses
il/elle	ait	il/elle	eût
nous	ayons	nous	eussions
vous	ayez	vous	eussiez
ils/elles	aient	ils/elles	eussent

Temps composés

Passé	Plus-que-parfait
Que j'aie eu	Que j'eusse eu

Impératif	Participe		Infinitif	
Présent	**Présent**	**Passé**	**Présent**	**Passé**
Aie Ayons Ayez	Ayant	Ayant eu Eu	Avoir	Avoir eu

VERBES DU PREMIER GROUPE

Indicatif			
Temps simples			
Présent	**Futur**	**Imparfait**	**Passé simple**
Je pense	Je penserai	Je pensais	Je pensai
Tu penses	Tu penseras	Tu pensais	Tu pensas
Il/elle pense	Il/elle pensera	Il/elle pensait	Il/elle pensa
Nous pensons	Nous penserons	Nous pensions	Nous pensâmes
Vous pensez	Vous penserez	Vous pensiez	Vous pensâtes
Ils/elles pensent	Ils/elles penseront	Ils/elles pensaient	Ils/elles pensèrent
Temps composés			
Passé composé	Futur antérieur	Plus-que-parfait	Passé antérieur
J'ai pensé	J'aurai pensé	J'avais pensé	J'eus pensé

Conditionnel	**Subjonctif**	
Temps simple	*Temps simples*	
Présent	Présent	Imparfait
Je penserais	Que je pense	Que je pensasse
Tu penserais	tu penses	tu pensasses
Il/elle penserait	il/elle pense	il/elle pensât
Nous penserions	nous pensions	nous pensassions
Vous penseriez	vous pensiez	vous pensassiez
Ils/elles penseraient	ils/elles pensent	ils/elles pensassent
Temps composé	*Temps composés*	
Passé	Passé	Plus-que-parfait
J'aurais pensé	Que j'aie pensé	Que j'eusse pensé

Impératif	**Participe**		**Infinitif**	
Présent	Présent	Passé	Présent	Passé
Pense Pensons Pensez	Pensant	Ayant pensé Pensé	Penser	Avoir pensé

Particularités des verbes du premier groupe

■ **VERBES EN *-GER*** **ge + a / o**

Neiger : il neig**e**ait
Voyager : nous voyag**e**ons

De même: *bouger, changer, charger, diriger, interroger, loger, manger, mélanger, nager, obliger, partager, protéger, ranger,* etc.

■ **VERBES EN *-CER*** **ç + a / o**

Avancer : avançant
Commencer : nous commençons

De même : *annoncer, forcer, lancer, placer, renoncer,* etc.

■ **VERBES EN *-ELER* ET *-ETER*** ***ll* et *tt* devant un *e* muet (*e* non prononcé)**

• **Appeler**

Présent	J'appelle Tu appelles Il appelle Ils appellent	mais	Nous appelons Vous appelez

(*-e, -es, -ent* ne se prononcent pas)

Futur et conditionnel J'appellerai Etc. J'appellerais Etc.

(Le e souligné n'est pas prononcé)

• **Jeter**

Je jette Etc. mais Nous jetons Vous jetez

Je jetterai Etc. Je jetterais Etc.

De même : *épeler, étinceler, feuilleter, ruisseler, renouveler,* etc.

CAS PARTICULIER

Verbes comme *acheter, geler* : on ne double pas la consonne, on met un *accent grave* sur le *e*.

Acheter :	J'achète Etc.	mais	Nous achetons Vous achetez
	J'achèterai Etc.		J'achèterais Etc.
Geler :	Il gèle	mais	Il gelait

De même : *peler, haleter,* etc.

■ VERBES AYANT UN « E » OU UN « É » À L'AVANT-DERNIÈRE SYLLABE

e → *è*
é → *è* } **quand la consonne est suivie d'un *e* muet**

Peser :	Ils pèsent Il pèsera	mais	Nous pesons
Espérer :	J'espère	mais	Nous espérons

De même : *achever, mener, lever,* etc.
***préférer, posséder, répéter,* etc.**

■ VERBES EN *-OYER, -UYER, -AYER* :

y → *i* devant le *e* muet

Nettoyer :	Je nettoie Tu nettoies Il nettoie Ils nettoient	mais	Nous nettoyons Vous nettoyez
	Je nettoierai Etc.	Je nettoierais Etc.	

De même : *employer, envoyer, noyer, tutoyer,* etc.
***appuyer, ennuyer, essuyer,* etc.**
***balayer, effrayer, essayer, payer,* etc.**

► ***Remarques***

1. *Envoyer* a un futur irrégulier : j'env**errai.**
2. Pour les verbes en ***-ayer,*** on peut aussi conserver le *y* devant un *e* muet :
je paie ou je paye,
tu essaieras ou tu essayeras.

► **Attention**

aux verbes comme *étudier, crier, remercier, skier,* etc.
Le *i* fait partie du radical : j'étudi**e**, j'étudier**ai.** Donc, à l'imparfait et au subjonctif présent, il y a deux *i* à la 1re et à la 2e personne du pluriel : étudiions, étudiiez.

VERBES DU DEUXIÈME GROUPE

Indicatif

Temps simples

Présent		Futur		Imparfait		Passé simple	
Je	fin**is**	Je	fini**rai**	Je	finiss**ais**	Je	fin**is**
Tu	fin**is**	Tu	fini**ras**	Tu	finiss**ais**	Tu	fin**is**
Il/elle	fin**it**	Il/elle	fini**ra**	Il/elle	finiss**ait**	Il/elle	fin**it**
Nous	finiss**ons**	Nous	fini**rons**	Nous	finiss**ions**	Nous	fin**îmes**
Vous	finiss**ez**	Vous	fini**rez**	Vous	finiss**iez**	Vous	fin**îtes**
Ils/elles	finiss**ent**	Ils/elles	fini**ront**	Ils/elles	finiss**aient**	Ils/elles	fin**irent**

Temps composés

Passé composé	Futur antérieur	Plus-que-parfait	Passé antérieur
J'ai fin**i**	J'aurai fin**i**	J'avais fin**i**	J'eus fin**i**

Conditionnel

Temps simple

Présent	
Je	fini**rais**
Tu	fini**rais**
Il/elle	fini**rait**
Nous	fini**rions**
Vous	fini**riez**
Ils/elles	fini**raient**

Temps composé

Passé
J'aurais fin**i**

Subjonctif

Temps simples

Présent		Imparfait	
Que je	finiss**e**	Que je	fin**isse**
tu	finiss**es**	tu	fin**isses**
il/elle	finiss**e**	il/elle	fin**ît**
nous	finiss**ions**	nous	fin**issions**
vous	finiss**iez**	vous	fin**issiez**
ils/elles	finiss**ent**	ils/elles	fin**issent**

Temps composés

Passé	Plus-que-parfait
Que j'aie fin**i**	Que j'eusse fin**i**

Impératif · Participe · Infinitif

Impératif – Présent	Participe – Présent	Participe – Passé	Infinitif – Présent	Infinitif – Passé
Fin**is** Finiss**ons** Finiss**ez**	Finiss**ant**	Ayant fin**i** Fin**i**	Fin**ir**	Avoir fin**i**

Liste des principaux verbes du 2e groupe.

abolir, aboutir, abrutir, accomplir, (s') accroupir, adoucir, affaiblir, affermir, affranchir, agir, agrandir, alourdir, alunir, amerrir, anéantir, aplanir, aplatir, appauvrir, applaudir, approfondir, arrondir, assainir, assombrir, assoupir, assourdir, attendrir, atterrir, avertir, bâtir, blanchir, blêmir, (re) bondir, brandir, brunir, chérir, choisir, compatir, convertir, définir, dégourdir, démolir, démunir, désobéir, divertir, durcir, éblouir, éclaircir, élargir, embellir, endurcir, enfouir, engloutir, engourdir, enlaidir, enrichir, envahir, épaissir, épanouir, établir, étourdir, (s') évanouir, faiblir, finir, fleurir, fournir, fraîchir, franchir, frémir, garantir, garnir, gémir, grandir, gravir, grossir, guérir, intervertir, investir, jaillir, jaunir, maigrir, mincir, moisir, munir, mûrir, noircir, nourrir, obéir, obscurcir, pâlir, périr, pourrir, punir, raccourcir, rafraîchir, raidir, rajeunir, ralentir, réagir, réfléchir, refroidir, réjouir, remplir, resplendir, rétablir, retentir, rétrécir, réunir, réussir, rougir, saisir, salir, subir, surgir, trahir, unir, verdir, vernir, vieillir, vomir, etc.

TROISIÈME GROUPE : VERBES IRRÉGULIERS

Dans ce tableau des principaux verbes irréguliers, on ne donne que la 1re personne du singulier.
La 1re et la 3e personne du pluriel sont données lorsque la conjugaison est irrégulière.
On ne trouvera pas :
***L'imparfait de l'indicatif* parce qu'il est formé sur la 1re personne pluriel de l'indicatif présent.**
***Le conditionnel présent* parce qu'il est formé sur le radical du futur.**
***Le subjonctif imparfait* parce qu'il est formé sur le passé simple.**
***L'impératif*, sauf lorsqu'il est irrégulier, parce qu'il est formé sur le présent de l'indicatif.**

INFINITIF	INDIC. PRÉSENT	FUTUR	PASSÉ SIMPLE	SUBJ. PRÉSENT	PARTICIPE
Acquérir	J'acquier**s** Nous acquér**ons** Ils acquièr**ent**	J'acquerr**ai**	J'acqu**is**	Que j'acquièr**e** Que nous acquér**ions** Qu'ils acquièr**ent**	Acquér**ant** Acqu**is**
de même : ***conquérir, requérir, s'enquérir***					
Apercevoir	J'aperçoi**s** Nous apercev**ons** Ils aperçoiv**ent**	J'apercevr**ai**	J'aperç**us**	Que j'aperçoiv**e** Que nous apercev**ions** Qu'ils aperçoiv**ent**	Apercev**ant** Aperç**u**
de même : ***concevoir, décevoir, percevoir, recevoir***					
Asseoir	J'assied**s**/assoi**s** Nous assey**ons**/ assoy**ons** Ils assey**ent**/ assoi**ent**	J'assiér**ai**/ assoir**ai**	J'ass**is**	Que j'assey**e**/assoi**e** Que nous assey**ions**/ assoy**ions** Qu'ils assey**ent**/ assoi**ent**	Assoy**ant**/ assey**ant** Ass**is**
Battre	Je bat**s** Nous batt**ons**	Je battr**ai**	Je batt**is**	Que je batt**e**	Batt**ant** Batt**u**
de même : ***abattre, combattre, débattre***					
Boire	Je boi**s** Nous buv**ons** Ils boiv**ent**	Je boir**ai**	Je b**us**	Que je boiv**e** Que nous buv**ions** Qu'ils boiv**ent**	Buv**ant** B**u**
Bouillir	Je bou**s** Nous bouill**ons**	Je bouillir**ai**	Je bouill**is**	Que je bouill**e**	Bouill**ant** Bouill**i**
Conclure	Je conclu**s**	Je conclur**ai**	Je concl**us**	Que je concl**ue**	Conclu**ant** Concl**u**
de même : ***exclure, inclure**** **(participe passé :** ***inclus*****)**					
Conduire	Je condui**s** Nous conduis**ons**	Je conduir**ai**	Je conduis**is**	Que je conduis**e**	Conduis**ant** Condu**it**
de même : ***construire, cuire, déduire, détruire, enduire, induire, instruire, introduire, produire, réduire, séduire, traduire, luire et nuire**** **(participe passé :** ***lui, nui*****)**					
Connaître	Je connai**s** Nous connaiss**ons**	Je connaîtr**ai**	Je conn**us**	Que je connaiss**e**	Connaiss**ant** Conn**u**
de même : ***apparaître, disparaître, paraître, reconnaître**** **(accent circonflexe sur** ***i*** **devant** ***t*** **:** ***il connaît*****)**					
Coudre	Je coud**s** Nous cous**ons**	Je coudr**ai**	Je cous**is**	Que je cous**e**	Cous**ant** Cous**u**

INFINITIF	INDIC. PRÉSENT	FUTUR	PASSÉ SIMPLE	SUBJ. PRÉSENT	PARTICIPE
Courir	Je cour**s**	Je cour**rai**	Je cour**us**	Que je cour**e**	Cour**ant** Cour**u**
de même : ***accourir, concourir, parcourir, recourir, secourir***					
Craindre	Je crain**s** Nous craign**ons**	Je craindr**ai**	Je craign**is**	Que je craign**e**	Craign**ant** Crain**t**
de même : ***contraindre, plaindre***					
Croire	Je croi**s** Nous croy**ons** Ils croi**ent**	Je croir**ai**	Je cr**us**	Que je croi**e** Que nous croy**ions** Qu'ils croi**ent**	Croy**ant** Cr**u**
Croître	Je croi**s** Nous croiss**ons**	Je croîtr**ai**	Je cr**ûs**	Que je croiss**e**	Croiss**ant** Cr**û**, cr**ue**
de même : ***accroître, décroître***					
Cueillir	Je cueill**e**	Je cueiller**ai**	Je cueill**is**	Que je cueill**e**	Cueill**ant** Cueill**i**
de même : ***accueillir, recueillir***					
Devoir	Je doi**s** Nous dev**ons** Ils doiv**ent**	Je devr**ai**	Je d**us**	Que je doiv**e** Que nous dev**ions** Qu'ils doiv**ent**	Dev**ant** D**û**, d**ue**
Dire	Je di**s** Nous dis**ons**	Je dir**ai**	Je d**is**	Que je dis**e**	Dis**ant** D**it**
de même : ***contredire, se dédire, interdire, médire, prédire*** **(Attention :** ***dire → vous dites*****)**					
Dormir	Je dor**s** Nous dorm**ons**	Je dormir**ai**	Je dorm**is**	Que je dorm**e**	Dorm**ant** Dorm**i**
Écrire	J'écri**s** Nous écriv**ons**	J'écrir**ai**	J'écriv**is**	Que j'écriv**e**	Écriv**ant** Écri**t**
de même : ***décrire, inscrire, prescrire, proscrire, souscrire, transcrire***					
Émouvoir	J'émeu**s** Nous émouv**ons** Ils émeuv**ent**	J'émouvr**ai**	J'ém**us**	Que j'émeuv**e** Que nous émouv**ions** Qu'ils émeuv**ent**	Émouv**ant** Ém**u**
de même : ***mouvoir*** **(participe passé :** ***mû, mue*****),** ***promouvoir***					
Extraire	J'extrai**s** Nous extray**ons** Ils extrai**ent**	J'extrair**ai**	Inusité	Que j'extrai**e** Que nous extray**ions** Qu'ils extrai**ent**	Extray**ant** Extrai**t**
de même : ***distraire, soustraire, traire***					
Faillir	Inusité	Je faillir**ai**	Je faill**is**	Inusité	Inusité Faill**i**
Falloir	Il fau**t**	Il faudr**a**	Il fall**ut**	Qu'il faill**e**	Fall**u**
Fuir	Je fui**s** Nous fuy**ons** Ils fui**ent**	Je fuir**ai**	Je fu**is**	Que je fui**e** Que nous fuy**ions** Qu'ils fu**ient**	Fuy**ant** Fu**i**
de même : ***s'enfuir***					

INFINITIF	INDIC. PRÉSENT	FUTUR	PASSÉ SIMPLE	SUBJ. PRÉSENT	PARTICIPE
Joindre	Je join**s** Nous joign**ons**	Je joindr**ai**	Je joign**is**	Que je joign**e**	Joign**ant** Join**t**
de même : ***adjoindre, disjoindre, rejoindre***					
Lire	Je li**s** Nous lis**ons**	Je lir**ai**	Je l**us**	Que je lis**e**	Lis**ant** L**u**
de même : ***élire***					
Mettre	Je met**s** Nous mett**ons**	Je mettr**ai**	Je m**is**	Que je mett**e**	Mett**ant** M**is**
de même : ***admettre, commettre, démettre, émettre, omettre, permettre, promettre, soumettre, transmettre***					
Moudre	Je moud**s** Nous moul**ons**	Je moudr**ai**	Je moul**us**	Que je moul**e**	Moul**ant** Moul**u**
Mordre	Je mord**s**	Je mordr**ai**	Je mord**is**	Que je mord**e**	Mord**ant** Mord**u**
de même : ***perdre, tordre***					
Mourir	Je meur**s** Nous mour**ons** Ils meur**ent**	Je mourr**ai**	Je mour**us**	Que je meur**e** Que nous mour**ions** Qu'ils meur**ent**	Mour**ant** Mor**t**
Naître	Je nai**s** Nous naiss**ons**	Je naîtr**ai**	Je naqu**is**	Que je naiss**e**	Naiss**ant** N**é**
*** accent circonflexe sur *i* devant le *t* : il naît**					
Ouvrir	J'ouvr**e**	J'ouvrir**ai**	J'ouvr**is**	Que j'ouvr**e**	Ouvr**ant** Ouv**ert**
de même : ***couvrir, découvrir, offrir, souffrir***					
Peindre	Je pein**s** Nous peign**ons**	Je peindr**ai**	Je peign**is**	Que je peign**e**	Peign**ant** Pein**t**
de même : ***astreindre, atteindre, ceindre, déteindre, enfreindre, éteindre, étreindre, feindre, geindre, restreindre, teindre***					
Plaire	Je plai**s** Nous plais**ons**	Je plair**ai**	Je pl**us**	Que je plais**e**	Plais**ant** Pl**u**
de même : ***déplaire, se taire*** **(Attention ! *Plaire → il plaît*)**					
Pleuvoir	Il pleu**t**	Il pleuvr**a**	Il pl**ut**	Qu'il pleuv**e**	Pl**u**
Pouvoir	Je peu**x** Nous pouv**ons** Ils peuv**ent**	Je pourr**ai**	Je p**us**	Que je puiss**e**	Pouv**ant** P**u**
Prendre	Je prend**s** Nous pren**ons** Ils prenn**ent**	Je prendr**ai**	Je pr**is**	Que je prenn**e** Que nous pren**ions** Qu'ils prenn**ent**	Pren**ant** Pr**is**
de même : ***apprendre, comprendre, entreprendre, s'éprendre, se méprendre, surprendre***					
Rendre	Je rend**s**	Je rendr**ai**	Je rend**is**	Que je rend**e**	Rend**ant** Rend**u**
de même : ***attendre, défendre, dépendre, descendre, détendre, entendre, étendre, fendre, pendre, prétendre, suspendre, tendre, vendre et répandre***					

INFINITIF	INDIC. PRÉSENT	FUTUR	PASSÉ SIMPLE	SUBJ. PRÉSENT	PARTICIPE
Répondre	Je répond**s**	Je répondr**ai**	Je répond**is**	Que je répond**e**	Répond**ant** Répond**u**
de même : ***confondre, correspondre, fondre, pondre, tondre***					
Résoudre	Je réso**us** Nous résolv**ons**	Je résoudr**ai**	Je résol**us**	Que je résolv**e**	Résolv**ant** Résol**u**
de même : ***dissoudre,*** **(participe passé :** ***dissous, dissoute*****)**					
Rire	Je ri**s**	Je rir**ai**	Je r**is**	Que je r**ie** Que nous ri**ions**	Ri**ant** R**i**
de même : ***sourire***					
Rompre	Je romp**s**	Je rompr**ai**	Je romp**is**	Que je romp**e**	Romp**ant** Romp**u**
de même : ***corrompre, interrompre***					
Savoir	Je sai**s** Nous sav**ons**	Je saur**ai**	Je s**us**	Que je sach**e**	Sach**ant** S**u**
*** impératif :** ***sache, sachons, sachez***					
Sentir	Je sen**s** Nous sent**ons**	Je sentir**ai**	Je sent**is**	Que je sent**e**	Sent**ant** Sent**i**
de même : ***consentir, démentir, mentir, pressentir, ressentir, se repentir***					
Servir	Je ser**s** Nous serv**ons**	Je servir**ai**	Je serv**is**	Que je serv**e**	Serv**ant** Serv**i**
Sortir	Je sor**s** Nous sort**ons**	Je sortir**ai**	Je sort**is**	Que je sort**e**	Sort**ant** Sort**i**
de même : ***partir***					
Suffire	Je suffi**s** Nous suffis**ons**	Je suffir**ai**	Je suff**is**	Que je suffis**e**	Suffis**ant** Suff**i**
Suivre	Je sui**s** Nous suiv**ons**	Je suivr**ai**	Je suiv**is**	Que je suiv**e**	Suiv**ant** Suiv**i**
de même : ***s'ensuivre, poursuivre***					
Tenir	Je tien**s** Nous ten**ons** Ils tienn**ent**	Je tiendr**ai**	Je t**ins** Nous t**înmes**	Que je tienn**e** Que nous ten**ions** Qu'ils tienn**ent**	Ten**ant** Ten**u**
de même : ***s'abstenir, appartenir, contenir, détenir, entretenir, maintenir, obtenir, retenir, soutenir***					
Tressaillir	Je tressaill**e**	Je tressailli**rai**	Je tressaill**is**	Que je tressaill**e**	Tressaill**ant** Tressaill**i**
de même : ***assaillir, défaillir***					
Vaincre	Je vainc**s** Nous vainqu**ons**	Je vaincr**ai**	Je vainqu**is**	Que je vainqu**e**	Vainqu**ant** Vainc**u**
attention : ***il vainc.*** **De même :** ***convaincre***					
Valoir	Je vau**x** Nous val**ons**	Je vaudr**ai**	Je val**us**	Que je vaill**e** Que nous val**ions**	Val**ant** Val**u**
de même : ***prévaloir***					

INFINITIF	INDIC. PRÉSENT	FUTUR	PASSÉ SIMPLE	SUBJ. PRÉSENT	PARTICIPE
Venir	Je vien**s** Nous ven**ons** Ils vienn**ent**	Je viendr**ai**	Je v**ins** Nous v**înmes**	Que je vienn**e** Que nous ven**ions** Qu'ils vienn**ent**	Ven**ant** Ven**u**
de même : ***contrevenir, convenir, devenir, intervenir, parvenir, prévenir, provenir, se souvenir, subvenir, survenir***					
Vêtir	Je vêt**s**	Je vêtir**ai**	Je vêt**is**	Que je vêt**e**	Vêt**ant** Vêt**u**
de même : ***dévêtir, revêtir***					
Vivre	Je v**is** Nous viv**ons**	Je vivr**ai**	Je véc**us**	que je viv**e**	Viv**ant** Véc**u**
de même : ***survivre***					
Voir	Je voi**s** Nous voy**ons** Ils voi**ent**	Je verr**ai**	Je v**is**	Que je voi**e** Que nous voy**ions** Qu'ils voi**ent**	Voy**ant** V**u**
de même : ***entrevoir, pourvoir*** **(futur :** ***je pourvoirai,*** **p. s. :** ***je pourvus*****) et** ***prévoir*** **(futur :** ***je prévoirai*****)**					
Vouloir	Je veu**x** Nous voul**ons** Ils veul**ent**	Je voudr**ai**	Je voul**us**	Que je veuill**e** Que nous voul**ions** Qu'ils veuill**ent**	Voul**ant** Voul**u**
*** impératif :** ***veuille, veuillons, veuillez***					

VERBE ALLER

Indicatif

Temps simples

Présent		Futur		Imparfait		Passé simple	
Je	vais	J'	irai	J'	allais	J'	allai
Tu	vas	Tu	iras	Tu	allais	Tu	allas
Il/elle	va	Il/elle	ira	Il/elle	allait	Il/elle	alla
Nous	allons	Nous	irons	Nous	allions	Nous	allâmes
Vous	allez	Vous	irez	Vous	alliez	Vous	allâtes
Ils/elles	vont	Ils/elles	iront	Ils/elles	allaient	Ils/elles	allèrent

Temps composés

Passé composé	Futur antérieur	Plus-que-parfait	Passé antérieur
Je suis allé(e)	Je serai allé(e)	J'étais allé(e)	Je fus allé(e)

Conditionnel

Temps simple

Présent	
J'	irais
Tu	irais
Il/elle	irait
Nous	irions
Vous	iriez
Ils/elles	iraient

Temps composé

Passé
Je serais allé(e)

Subjonctif

Temps simples

Présent		Imparfait	
Que j'	aille	Que j'	allasse
tu	ailles	tu	allasses
il/elle	aille	il/elle	allât
nous	allions	nous	allassions
vous	alliez	vous	allassiez
ils/elles	aillent	ils/elles	allassent

Temps composés

Passé	Plus-que-parfait
Que je sois allé(e)	Que je fusse allé(e)

Impératif	Participe		Infinitif	
Présent	**Présent**	**Passé**	**Présent**	**Passé**
Va Allons Allez	Allant	Étant allé(e) Allé(e)	Aller	Être allé(e)

VERBE FAIRE

Indicatif

Temps simples

Présent		Futur		Imparfait		Passé simple	
Je	fais	Je	ferai	Je	faisais	Je	fis
Tu	fais	Tu	feras	Tu	faisais	Tu	fis
Il/elle	fait	Il/elle	fera	Il/elle	faisait	Il/elle	fit
Nous	faisons	Nous	ferons	Nous	faisions	Nous	fîmes
Vous	faites	Vous	ferez	Vous	faisiez	Vous	fîtes
Ils/elles	font	Ils/elles	feront	Ils/elles	faisaient	Ils/elles	firent

Temps composés

Passé composé	Futur antérieur	Plus-que-parfait	Passé antérieur
J'ai fait	J'aurai fait	J'avais fait	J'eus fait

Conditionnel

Temps simple

Présent	
Je	ferais
Tu	ferais
Il/elle	ferait
Nous	ferions
Vous	feriez
Ils/elles	feraient

Temps composé

Passé
J'aurais fait

Subjonctif

Temps simples

Présent		Imparfait	
Que je	fasse	Que je	fisse
tu	fasses	tu	fisses
il/elle	fasse	il/elle	fît
nous	fassions	nous	fissions
vous	fassiez	vous	fissiez
ils/elles	fassent	ils/elles	fissent

Temps composés

Passé	Plus-que-parfait
Que j'aie fait	Que j'eusse fait

Impératif	Participe		Infinitif	
Présent	Présent	Passé	Présent	Passé
Fais Faisons Faites	Faisant	Ayant fait Fait	Faire	Avoir fait

LA VOIX PASSIVE

VERBE IMITER

Indicatif

Temps simples

Présent		Futur		Imparfait		Passé simple	
Je	suis imité(e)	Je	serai imité(e)	J'	étais imité(e)	Je	fus imité(e)
Tu	es imité(e)	Tu	seras imité(e)	Tu	étais imité(e)	Tu	fus imité(e)
Il/elle	est imité(e)	Il/elle	sera imité(e)	Il/elle	était imité(e)	Il/elle	fut imité(e)
Nous	sommes imité(e)s	Nous	serons imité(e)s	Nous	étions imité(e)s	Nous	fûmes imité(e)s
Vous	êtes imité(e)s	Vous	serez imité(e)s	Vous	étiez imité(e)s	Vous	fûtes imité(e)s
Ils/elles	sont imité(e)s	Ils/elles	seront imité(e)s	Ils/elles	étaient imité(e)s	Ils/elles	furent imité(e)s

Temps composés

Passé composé	Futur antérieur	Plus-que-parfait	Passé antérieur
J'ai été imité(e)	J'aurai été imité(e)	J'avais été imité(e)	J'eus été imité(e)

Conditionnel

Temps simple

Présent	
Je	serais imité(e)
Tu	serais imité(e)
Il/elle	serait imité(e)
Nous	serions imité(e)s
Vous	seriez imité(e)s
Ils/elles	seraient imité(e)s

Temps composé

Passé
J'aurais été imité(e)

Subjonctif

Temps simples

Présent		Imparfait	
Que je	sois imité(e)	Que je	fusse imité(e)
tu	sois imité(e)	tu	fusses imité(e)
il/elle	soit imité(e)	il/elle	fût imité(e)
nous	soyons imité(e)s	nous	fussions imité(e)s
vous	soyez imité(e)s	vous	fussiez imité(e)s
ils/elles	soient imité(e)s	ils/elles	fussent imité(e)s

Temps composés

Passé	Plus-que-parfait
Que j'aie été imité(e)	Que j'eusse été imité(e)

Impératif	Participe		Infinitif	
Présent	**Présent**	**Passé**	**Présent**	**Passé**
Sois imité(e) Soyons imité(e)s Soyez imité(e)s	Étant imité(e)	Ayant été imité(e)	Être imité(e)	Avoir été imité(e)

LA FORME PRONOMINALE

VERBE SE LAVER

Indicatif							
Temps simples							
Présent		**Futur**		**Imparfait**		**Passé simple**	
Je	me lave	Je	me laverai	Je	me lavais	Je	me lavai
Tu	te laves	Tu	te laveras	Tu	te lavais	Tu	te lavas
Il/elle	se lave	Il/elle	se lavera	Il/elle	se lavait	Il/elle	se lava
Nous	nous lavons	Nous	nous laverons	Nous	nous lavions	Nous	nous lavâmes
Vous	vous lavez	Vous	vous laverez	Vous	vous laviez	Vous	vous lavâtes
Ils/elles	se lavent	Ils/elles	se laveront	Ils/elles	se lavaient	Ils/elles	se lavèrent
Temps composés							
Passé composé		**Futur antérieur**		**Plus-que-parfait**		**Passé antérieur**	
Je me suis lavé(e)		Je me serai lavé(e)		Je m'étais lavé(e)		Je me fus lavé(e)	

Conditionnel		**Subjonctif**			
Temps simple		*Temps simples*			
Présent		**Présent**		**Imparfait**	
Je	me laverais	Que je	me lave	Que je	me lavasse
Tu	te laverais	tu	te laves	tu	te lavasses
Il/elle	se laverait	il/elle	se lave	il/elle	se lavât
Nous	nous laverions	nous	nous lavions	nous	nous lavassions
Vous	vous laveriez	vous	vous laviez	vous	vous lavassiez
Ils/elles	se laveraient	ils/elles	se lavent	ils/elles	se lavassent
Temps composé		*Temps composés*			
Passé		**Passé**		**Plus-que-parfait**	
Je me serais lavé(e)		Que je me sois lavé(e)		Que je me fusse lavé(e)	

Impératif	**Participe**		**Infinitif**	
Présent	**Présent**	**Passé**	**Présent**	**Passé**
Lave-toi Lavons-nous Lavez-vous	Se lavant	S'étant lavé(e)	Se laver	S'être lavé(e)

Index

Mode de classement de l'index.
« La plupart de » est classé à → **L**a plupart de.
« Il s'agit de » à → **I**l s'agit de.
Mais « Le/la/les même(s) » est classé à → **M**ême(s) [le, la, les]
« Le/la/les mien(s), mienne(s) » à → **M**ien(s), mienne(s) [le, la, les]

Table des matières

DEUXIÈME PARTIE : **LE GROUPE DU NOM ET LES PRONOMS**

TROISIÈME PARTIE : **LES MOTS INVARIABLES**

QUATRIÈME PARTIE : **LES DIFFÉRENTS TYPES DE PHRASES**

CINQUIÈME PARTIE : **LA PHRASE COMPLEXE**

Imprimé en France par I.M.E. - 25110 Baume-les-Dames
Dépôt légal n° 881-07/1995
Collection n° 23 - Edition n° 06
15/4778/5